本丛书为 2021 年度宁波市科技发展专项资金项目（市重点技术研发第三批）"区域文化基因解码与精准传播服务技术研究及应用"（项目编号：2021Z017）研究成果

汇三

涌江

海曙、鄞州、奉化卷

"宁波文化基因解码丛书"编委会 编著

ZHEJIANG UNIVERSITY PRESS
浙江大学出版社
·杭州·

程"，并于 2021 年下半年启动培育"浙江文化标识"。该工程力图通过全面挖掘文化内涵，推动中华文明创造性转化、创新性发展，激活其生命力，使中华民族最基本的文化基因与当代文化相适应、与现代社会相协调，彰显出跨越时空、超越国界，富有永恒魅力、具有当代价值的文化魅力。

当前，宁波已全面开启建设现代化先行市和共同富裕先行市的新征程，文化已成为决定城市高度和竞争力的核心要素。破解好文化软实力与经济硬实力不相匹配问题，是宁波争先进位、走在前列的"必答考卷"。我们要坚持以习近平新时代中国特色社会主义思想为指导，深入学习贯彻习近平文化思想，围绕举旗帜、聚民心、育新人、兴文化、展形象的职责使命，赓续中华文明历史文脉，坚定文化自信、增强文化自觉、强化文化担当、激发文化创造，全面实施文化优先发展战略，加快推动文化迭代升级，培育港城文化新标识，构建文化建设大平台，形成文化发展新格局，着力打造与现代化先行市和共同富裕先行市相适应的新时代文化高地，为当好"重要窗口"模范生，建设现代化滨海大都市，奋力打造中国式现代化市域样板，提供强大思想保证、精神动力和文化条件。

"周虽旧邦，其命维新。"进一步了解中华文明的悠久历史、感悟中华文化的博大精深，是时代发展对我们提出的重大命题，也是为中国式现代化建设积聚更多智慧和力量的重要遵循。让我们继续努力，不断深化拓展"第二个结合"，让收藏在博物馆里的文物、陈列在广阔大地上的遗产、书写在古籍里的文字活起来，不断创造中国式现代化的文化形态，以守正创新的正气和锐气，赓续历史文脉、谱写当代华章，为全面推进中华民族伟大复兴、建设中华民族现代文明提供强大的精神力量。

"宁波文化基因解码丛书"编委会

2023 年 11 月

推进文化基因解码工程　打造宁波重大文化标识
为全力打造"文化高地、旅游名城"夯实基础研究

习近平总书记指出："文化是一个国家、一个民族的灵魂。文化兴国运兴，文化强民族强。"① 文化的发展是历久弥新的过程，中华文化既坚守根本又不断与时俱进，在继承创新中不断发展，在应时处变中不断升华。在新的起点上继续推动文化繁荣、建设文化强国、建设中华民族现代文明，是新时代新的文化使命。浙江省委、省政府和宁波市委、市政府历届领导强调，要将传承中华文明摆在突出位置，使之成为共同富裕新征程中的重要内容和精神支撑，为浙江、宁波加快打造新时代文化高地，为共同富裕示范区建设注入强大力量。

为传承好浙江历史文脉，更好地促进全民精神富有、赋能物质富裕，浙江省文化和旅游厅于 2020 年启动实施"文化基因解码工程"，旨在通过全面挖掘文化内涵，解码每一种文化形态，在将文化元素提取好、传承好的过程中，找到文化存在的内在"基因"，拓展丰富各文化元素的利用领域，以促进文旅融合发展，助推经济社会发展。在解码文化基因的基础上，2021 年下半年启动培育"浙江文化标识"。以文化标识建设，牵引资源普查、基因解码、产业应用研究、文化遗产保护传承、文艺精品创作、文化和旅游产业、文化公共服务、国际交流合作等文化和旅游工

---

① 习近平：《坚定文化自信，建设社会主义文化强国》，《求是》2019 年第 12 期。

作。浙江省第十五次党代会也把"彰显浙江深厚历史底蕴的文化标识"作为未来五年的奋斗目标。

宁波市文化广电旅游局积极推进宁波文化基因解码与文化标识建设工作。至2021年12月，共填报一般元素4294条，重点元素194个，解码报告194份。2022年，宁波"梁祝文化""千年慈城"等11个项目入选"首批100项浙江文化标识"培育项目。"阳明文化"被列入"文化标识建设创新项目名单"，"海洋渔文化"被列入"文化标识建设创新培育项目名单"；"张人亚党章学堂""《渔光之城》滨海场景演艺秀"入选浙江省文化和旅游厅公布的"首批文化基因解码成果转化利用示范项目"。"宁波文化基因解码丛书"是一项文化研究基础工程，立足浙江省文化基因工程数据库成果，由宁波市文化旅游研究院组织专家团队与县（市、区）文旅局干部、专家共同努力推进。它是对"宁波文化基因解码工程"的一次总结和提升，为宁波文化标识建设提供了重要的基础性文献。

中华文明是世界四大文明中唯一自古延续至今、从未中断的文明，形成了独具特色、博大精深的价值观念和文明体系，具有突出的连续性、突出的创新性、突出的统一性、突出的包容性、突出的和平性。文化基因是决定文化系统传承与发展的基本因子，是历代社会成员在生活、生产活动过程中心灵创造的积累，维系了中华民族在漫长历史过程中的生存和发展，是铸就中华文化生命力量、文化特征的根本因素。宁波是中华文明的重要起源地和发展创新重地，8000年来文化发展海陆交汇，一脉相承，展现出蔚为大观的文明成就，映现出绚丽多彩的文化气象。宁波文化作为重大区域文化，其文化基因为中华民族生生不息、发展壮大提供了丰厚滋养。宁波现有2个世界级文化遗产，拥有各级文物保护单位总数达611处，其中全国重点文物保护单位33处，省级文物保护单位87处，历史文化街区、古镇古村、名人故居举不胜举，文化遗产资源数量和质量居国家历史文化名城前列和计划单列市首位。拥有国家级非物质文化遗产代表性项目28项、省级105项，国家级非遗代表性传承人16名、省级101名；国家级传统工艺振兴目录项目5个、省级10个。

　　我们要以大历史观,审视宁波8000多年文化发展史,由之引导人们读懂中国之路的历史必然、文化内涵与独特优势。距今8300年的井头山遗址具有浓厚而鲜明的海洋文化属性,是中国先民适应海洋、利用海洋的最早例证,表明余姚、宁波乃至浙江沿海地区是中国海洋文化的重要源头区域,是中国海洋文化探源的一次重大发现。河姆渡遗址是"中国20世纪100项考古大发现"之一,在我国考古史上具有里程碑意义,其发现证明长江流域与黄河流域一样,也拥有灿烂的新石器文明,也是中华文明的发源地之一。在冒险开拓的海洋精神激励下,河姆渡人的稻作文化、制陶文化、干栏式建筑、有段石锛等诸多具有开创性的文明成果也借助海洋实现了对外传播,覆盖现浙江、福建、广东等地,并跨越广袤的大洋,影响了东亚、东南亚乃至太平洋众多岛屿的文明进程。

　　中唐以来,中国的经济文化中心向东南迁移,宁波作为中国大运河与海上丝绸之路相衔接的城市,兴起了青瓷、茶叶等饱含中华气象的新兴产业。宁波海洋贸易汇聚,新产品生产与定价,高收入人群、科技文化人才集聚,折射着中国海权社会特征的成长,展现着中国社会与文化发展的重要新动力,体现着农商经济引领中国经济新形态、海陆型国家形态代替传统内陆型国家形态的过程。宁波港城文化繁荣,至今仍然保存着当时城市建设的一些重大工程,如鼓楼、天封塔、灵桥、它山堰—南塘河水利工程等,盐碱之地变成商贸繁荣、人水和谐的富裕之地。

　　文化更是代表一定民族特点,反映其理论思维水平的精神风貌、心理状态、思维方式和价值取向等精神成果的总和。宁波崇文重教,是著名的文献大邦。浙东学术顺应中国社会发展和时代前进的要求而兴起,积极构建新儒学话语体系,积极回答时代之问、人民之问。从南宋"淳熙四君子"到阳明心学,及至浙东史学派,千年接续发展,为经营万里丝路与中国大运河,持续提供了新的精神价值支持。"新四民""工商皆本""经世致用"等主张,激励自作主宰、勇于担当的主体性精神,为宁波以工商为本的城市发展提供了强大的价值支撑。这是"宁波帮"从明末清初开始逐渐发展壮大,并积极抓住机遇,成为中国近代史上最成功最具代表性的商

帮，成就长盛不衰奇迹的思想基础。

文明因交流而多彩，文明因互鉴而丰富。文明交流互鉴，是中华文明几千年持续发展的重要动力，也是推动人类文明进步和世界和平发展的重要动力。海纳百川的包容气度，勇立潮头的开创精神，使得宁波能在汲取其他文明养分的过程中促进自身发展，不断焕发新的生命力。充满自信的中华文明对各种外来文明产生了强大吸引力。宁波也是东亚文化之都，自唐代开元盛世建立三江口州治以来，宁波一直是展示中国文明的重要窗口，被日本等国称为"圣地宁波"。宁波天童寺等禅宗名刹成为日本临济宗、曹洞宗祖庭，深刻影响东亚诸国文化的发展。研究宁波文化基因，要在与世界其他文明的横向比较中，阐释清楚中华文明突出特性，知其然、其所以然、其所以必然。

宁波也是一座富有光荣革命传统和红色基因的城市，现有革命遗址507处，数量位居全省前列。其中浙东抗日根据地旧址群、樟村四明山革命烈士陵园、张人亚党章学堂、大革命时期中共宁波地委旧址纪念馆等一批在全国具有重要地位和影响力的革命遗址与红色场馆，被列为国家和省级爱国主义教育基地、党史学习教育基地。2021年，余姚梁弄镇横坎头村被列为国家红色美丽村庄建设试点单位。浙东抗日根据地旧址群为全国百个红色旅游经典景区、中国红色旅游十大景区之一。宁波市还有奉化区松岙红色旅游基地等4处省级红色旅游教育基地、江北区冯定纪念馆等8处浙江省党员教育培训基地、镇海区招宝山街道等8个市红色旅游融合发展示范区、海曙区樟村四明山革命烈士陵园等18处市红色旅游教育基地，红色文化资源已成为引领宁波市乡村振兴的红色引擎。

1979年，宁波港对外开放。在40多年中，宁波港迅速从内河港、河口港，转变为集装箱船、大型油轮时代的海港。从2009年开始，年货物吞吐量连续居于世界第一，有力地支撑了长江三角洲地区基础产业发展。宁波舟山港已与世界上100多个国家和地区的600多个港口通航。港口发展带动了宁波石化、电力、钢铁等临港工业体系的形成，推动了民营企业的全球化贸易。专业市场发达、市场化程度全国领先已成为当代中国经济的"宁波现象"。宁波初步具备规模巨大、结构合理、设施完善、环境优美等现代化滨海大都市特征,"一核两翼、两带三湾"多节点网络化现代都市大格局基本成型。宁波市委、市政府高度重视文化建设,相继实施文化大市和文化强市战略,着力改善文化民生,文化事业、文化产业建设取得重大成就,为推动全市经济社会发展,全面建成惠及全民的小康社会,提供了强劲的文化动力。

摸清宁波文化家底,建立宁波文化基因库,对于守护民族精魂、赓续中华文脉、建设中华民族现代文明有着重大意义。文化基因解码工程的"解"是上半篇文章,"用"是下半篇文章。研究阐释宁波文化基因,并非沉湎于过往辉煌的自我陶醉,而是从当下宁波现实出发的理性回溯,从高站位、宽视野、大格局把握宁波文明的历史特色,用马克思主义真理力量激活中华优秀传统文化的生命力,使阳明文化、海洋文化、商帮文化和书香文化、慈孝文化等中华优秀传统文化与日常生活水乳交融、与现代生活需求紧密契合。在润物无声、日用不觉中增强人民精神力量,建设好最富魅力、最具辨识度的文化标识,用深厚的历史文化积淀提升宁波文化的知名度和影响力,推动当代宁波经济发展和社会进步。

现在,宁波立足"枕山、拥江、揽湖、滨海"的城市特色,按照"山海统筹、城乡兼顾、重点引领、区域协调"的布局理念,构建"北绘、东绣、南擎、西拓、中优"的文旅新布局,加快重大文化地标建设。以余姚江—甬江为基线,整合运河沿线文化遗产资源,以点带面,轴线发展,推动翠屏山片区联动发展,赓续宁波城市文脉,擦亮"海洋文明起源地"和"海上丝绸之路起航地"两大文化金名片,打造"中国大运河出海口"品牌。建设都市文化传承区、山地生态度假区和湾区滨海休闲区,建设大运河(宁波段)国家文化公园、宁波史前遗址保护利用示范区、浙东山水诗路文化旅游带、象山港湾滨海旅游休闲区、宁波前湾现代文旅产业集聚区、宁波南湾海洋旅游示范区"六大板块",搭建传播平台,实施文化节庆提亮工程,整合提升海上丝绸之路文化和旅游博览会、中国(象山)开渔节、中国徐霞客开游节等具有鲜明城市文化个性的大型节庆文化品牌。各县（市、区）正积极谋划重大文化标识建设项目，讲好中国故事、传播好中国声音，推动中华文明的创造性转化、创新性发展，激活其生命力，把宁波建设成为近悦远来的魅力之城。

文化是旅游的灵魂，旅游是文化的载体；文化是旅游的发动机，旅游是文化腾飞的翅膀。推动文旅融合，把中国的文化和旅游行业、企业、产业带入新的时代，已经成为国家层面的战略要求。进入新时代，踏上新征程，站在新起点，宁波全市文旅系统将奋楫笃行，勠力同心，以更实的作风、更强的担当、更拼的干劲，全面吹响文旅复苏冲锋号，谱写文化旅游事业高质量发展新篇章，为宁波切实扛起锻造硬核力量、唱好"双城记"、建好示范区、当好模范生、共同富裕示范先行的使命担当，奋进中国式现代化新征程，加快建设现代化滨海大都市，发挥"文化先行、旅游开道"的重大作用。

目
录

第一章

海曙区重点文化元素
基因解码及转化利用

宁波
文化基因解码

海定波宁，沧海为曙。海曙，是国家级历史文化名城核心区、"海上丝绸之路"始发港、"浙东唐诗之路"和"大运河诗路"的重要节点。自唐长庆元年（821）始建明州城以来，海曙成为宁波长达千余年的政治文化中心，历史文化遗存星罗棋布，历史文化遗产的级别和数量均居宁波全市首位。有世界文化遗产1处（中国大运河，包括宁波三江口、水则碑、大西坝旧址）、世界灌溉工程遗产1处（它山堰）、全国重点文物保护单位8处、省级文物保护单位17处、市级文物保护单位5处、区级文物保护单位100处、各级文物保护点195处、"三普"登录点1600余处、省级历史文化街区7个、历史建筑326处。此外，海曙区非物质文化遗产资源丰富、构成多元，共有非遗项目88项，其中国家级3项、省级9项、市级44项（包括国家级、省级）、区级88项（包括国家级、省级、市级），成功创建浙江省中医药文化传承生态保护区。

海曙区现共有A级景区5家（其中5A级1家、4A级2家）、旅行社及分支机构100家、星级饭店14家（其中五星级饭店4家）、特色民宿9家（其中省级民宿有白金宿1家、金宿1家、银宿2家）、宁波市级以上工业旅游示范点等"旅游+"融合基地（点）3个。培育评定"百县千碗"美食体验（示范）店7家，推出海曙旅游商品10件、旅游线路3条。"百千万"景区化工程有序推进，现有景区村101个、景区镇9个，占海曙区全部村、镇数量比分别达到67%和52%。本章展示的是海曙区10个重点文化元素基因解码及转化利用情况，其中优秀传统文化7个，革命文化1个，社会主义先进文化2个。

一、海曙楼（鼓楼）

　　宁波鼓楼又称海曙楼，位于海曙区中山西路公园路口，始建于唐长庆元年（821），至今已有1200余年历史。海曙楼的基础建筑为建于唐长庆元年（821）的子城南城门，是宁波史上正式置州治、立城市的标志。鼓楼占地700多平方米，城高8米，拱形门道深10米，城门宽5米，为石构建筑。东北处依城墙设有踏道，可拾级上楼。楼为五开间，三层檐歇山顶，飞檐翼角，气势雄伟，古朴多姿。民国十九年（1930），三楼的明间设置大时钟和铜钟，既用于报时，也用于报火警。

　　宁波鼓楼（海曙楼）是宁波仅存的古城楼，同时也是全国重点文物保护单位。民国十九年（1930），中西合璧、独树一帜的钟楼建设，使其建筑形象逐渐深入人心，成为海曙区乃至宁波的标志性建筑。为了保护鼓楼文物建筑及周边历史文化遗存，如中山公园门楼、府学等，20世纪90年代末海曙区委托开发商开发占地3.65万平方米，建成总面积约6.8万平方米的鼓楼步行街。

　　鼓楼历史街区东临宁波军分区，西至呼童街，南达中山西路，北至中山公园南侧的公园路，由9幢建筑组成，整体建筑为明清风格，是宁波市除城隍庙、天一广场外的第三大商贸旅游特色区域。经过10余年的建设，鼓楼历史街区形成了集文化产品、旅游小商品、古玩、餐饮、酒吧、服务业和文化创意产业于一体的旅游景点，为城市旅游和经济建设做出了较大贡献。

鼓楼声韵（余逸青摄）

（一）海曙楼（鼓楼）核心文化基因解析

1. 物质要素

（1）历史悠久的古代城楼建筑

鼓楼城高 8 米，拱形门深 10 米，宽 5 米，石砌建筑，东北处设有踏道。楼阁顶层檐下有牌匾，上书"四明伟观"，二层檐下牌匾上题"海曙楼"。2011 年，宁波鼓楼被列为第六批浙江省省级文物保护单位。

以鼓楼为中心，周围存有大量古代城楼建筑及遗址。位于鼓楼东侧的永丰库遗址，是一座宋、元、明时期的大型衙署仓储遗址。其原为南宋官府粮库"常平仓"；元代改称"永丰库"；明代更名为"宏济库"，将平准、永丰二库并为一库。

目前，永丰库遗址保存完整，布局清晰，是我国首次发现的古代地方城市大型仓库遗址，为宋元考古提供了重要实例，也是一处无可替代的宋元对外贸易港口城市历史遗迹。2006 年 5 月，永丰库遗址被国务院列为第六批全国重点文物保护单位；2008 年，遗址公园正式建成，免费对外开放；2016 年 3 月，按照国家文物局关于海上丝绸之路申遗的工作部署，永丰库遗址入选申遗预备名单。

中山西路上的天宁寺塔，亦称咸通塔，建于唐咸通四年（863），塔砖右侧存有"咸通四年造此砖记"铭文。唐代天宁寺前原有东西双塔，现仅存西塔。西塔共 5 层，底层略高并开有壸门，上部塔身逐层收缩变小；每层四壁均设有供奉佛像的龛，四周为砖砌叠涩檐，出挑密度 0.7 米左右。塔身古朴庄重，每层覆以层层密叠的腰檐，是我国长江以南现存唯一的唐代密檐式方形砖塔。该塔比较矮小，又形似乌龟，俗称"乌龟塔"。2006 年被国务院列为第六批全国重点文物保护单位。

（2）功能多样的历史文化街区

宁波有着上千年的建城史，目前共有 8 个历史文化街区，海曙区占了 7 个。其中，月湖盛园、南塘老街和鼓楼商业街是宁波现存历史街区中商业开发较早并已投入经营的历史文化风貌区；鼓楼沿、南塘老街、郁家巷（月湖盛园）等历史文化街区经过"有机更新"并对外开放，相继成为一张张充满特色的靓丽"文化名片"，不仅极大地丰富了人民群众的精神文化生活，也吸引着

五湖四海的游客纷至沓来。

鼓楼历史街区在作为商业步行街进行开发时，主要划分为"一轴五区"六大功能区域：民俗集市体验轴，时尚休闲美食区、古玩市场淘购区、异地风情体验区、街市小吃娱乐区以及二楼文化产业交流区。

鼓楼历史街区形状近似长方形，街区在东、南、北方向各设有一处入口，西边有两处入口，为游客提供了便利通道。连接古城楼与中山公园的中轴线贯穿街区南北，与中轴线相连的多条窄小的巷子，还原了明州古城千年不变的空间格局。鼓楼历史街区内多是白墙青瓦样式的两层建筑，局部为三或四层，采用外挑式回廊与江南典型的封火马头墙建筑形式，由22处天桥连接，建筑浑然一体，整体布局规范有序。街区内建筑一共有9幢，大多为新建的仿古建筑，主要参照明清时期江南地区的建筑风格，外墙有精致的木装饰，体现了厚重的历史文化感和宁波传统商业街特色。

2. 精神要素

（1）中西合璧的开放精神

自在三江口建城，宁波即成为中国沿海重要的商贸中心和对外贸易口岸，在中外经济文化交流和中国海洋文化的形成与发展过程中发挥了重要作用。宁波鼓楼作为宁波1200年建城史的标志性建筑，其"中西合璧"的城楼样式充分体现了宁波"海纳百川"的开放精神。

（2）济世救难、庇民护国的互助精神

明万历十三年（1585），时任宁波太守蔡贵易重建鼓楼，取名海曙楼。海曙楼之名，取自"海定波宁、沧海为曙"的典故，鼓楼上的铜钟被用于军事报警，鼓楼相当于瞭望台，一旦发现敌情，可立即敲钟通知城内军民做好战斗准备。

鼓楼在客观上起到了护佑民众平安的作用，进而扩展到寄托人们对济世救难、庇民护国的期望，并倡导同舟共济、救死扶伤、见义勇为、助人为乐和忘我无私的大无畏精神。

此外，宁波鼓楼的精神文化要素，还体现在与之相关的历史文化名人上。文化名人用自身的事迹和留存的作品，完美地诠释了宁波鼓楼的精神要素。鼓楼，初名谯楼。谯楼是指古时城门上的瞭望楼。诗句"谯楼鼓角晓连营"是元代诗人陈孚对宁波鼓楼的赞誉。谯楼内一般悬有巨钟，晨昏撞击，使老百姓听

了有敬畏之心。

北宋庆历八年（1048），著名的政治家、改革家、文学家王安石担任鄞县县令，为鼓楼刻漏作《新刻漏铭》："戊子王公，始治于明。丁亥孟冬，刻漏具成。追谓属人，嗟汝予铭。自古在昔，挈壶有职。匪器则弊，人亡政息。其政谓何，弗棘弗迟。君子小人，兴息维时。东方未明，自公召之。彼宁不勤，得罪于时。厥荒懈废，乃政之疵。呜呼有州，谨哉惟兹。兹惟其中，俾我后思。"王安石以刻漏为隐喻，表示自己处理政事的决心要像刻漏一样"弗棘弗迟"，要以刻漏勤于报时的精神来处理政治事务。

3. 语言与符号要素

宁波鼓楼的语言与符号要素集中体现在铜钟。鼓楼最顶层保存有宁波独一无二的自鸣钟。自鸣钟下方挂着一口硕大的铜钟。钟身上镌刻着"宁波警察厅警钟，民国九年七月，厅长林映青督造，商会长费绍冠重造，甬江顺记厂承造"字样。铜钟所在处相当于瞭望台，旧时用于军事报警，一旦发现敌情，可以立即敲钟通知城内军民做好战斗准备。

除了用于军事瞭望，铜钟还曾是老宁波人的"119"。20世纪40年代前，没有"119""110"，发生火灾需要敲响铜钟。先敲钟15秒，再按照全城的辖区划分，分别按预定信号以10秒间隔报警。当时宁波城区分为海曙、镇明、江东、江北四个辖区，如海曙区发生火警，就连敲两下；镇明区发生火警便连敲三下，随后救火会的人便会前往灭火。

救火会，相当于现在的消防队。救火会不但人员极少，而且设备简陋。救火会的主要设备有靠人力拉的二三辆救火车、十几副木制水桶担、七八把救火斧和几条消防带。那时候，大户人家家里往往有一口井，家门口写有"井"字，救火会便前往有井人家取水救火，这是从清朝延续下来的火灾救援方式。

（二）海曙楼（鼓楼）核心文化基因的提取与评价

宁波城是河姆渡文化的发祥地，是唐宋以来我国著名的港口城市、浙东文化的渊薮之地、明清以来反侵略斗争的前沿，鼓楼则是宁波城的政治、经济、文化中心。鼓楼的历史文化价值，在于其并不只是一个单体建筑，而是曾作为群体建筑即唐宋时期明州城行政所在地子城的重要组成部分，而子城的建成标志着宁波城的形成。

海曙区作为宁波历史文化名城的核心区，拥有天一阁、天封塔、月湖历史街区等历史文化遗产，集中反映了宁波的府城文化、港口贸易文化以及甬上名人文化的精髓。海曙区旅游资源成为鼓楼公园历史街区发展的助推力，成为城市的旅游资源是鼓楼历史街区吸引力的体现。宁波具有悠久的历史和丰富的文化遗产，鼓楼公园路历史街区在此基础上凭借自身休闲型历史文化街区的优势快速发展，推动经济、文化深度融合。

海曙楼（鼓楼）核心文化基因主要提取为"海纳百川，有容乃大"的开放精神以及"济世救难、庇民护国"的互助精神。

1. 生命力评价

从存续时间来看，宁波鼓楼文化自唐代初建起延续至今，大体上未曾明显中断，文化基因形态保持稳定。

鼓楼作为明州子城的城楼，具有1200多年的历史，是宁波置州立市的标志；随着历史的变迁，鼓楼成为宁波唯一一处保存完整的古城楼；由于子城是古代的政治中心、衙府所在处，因此鼓楼在宁波发展史上具有特殊的历史地位。在传统文化特色方面，鼓楼历史街区汇聚了大量的宁波民俗文化、民间技艺等，同时街区内有多处民俗风情博物馆，展示内容包括古代科举制度文化、刺绣文化、戏曲文化、手工艺文化等一批可以唤醒老宁波人记忆的甬城文化。在街区旅游资源吸引力方面，鼓楼、永丰库遗址公园、督学行署和古戏台成为鼓楼街区的标志性旅游景点；同时，鼓楼街区的商业发展程度较高，商业功能完善，街区的商业生态也成为吸引游客的重要旅游元素。

2. 凝聚力评价

宁波鼓楼历史街区位于海曙区，北至中山公园南侧的公园路，南至中山西路，西抵呼童街，东临宁波军分区。鼓楼街区作为宁波商业开发主导的历史街区之一，其商业性开发规划、建设早于南塘老街等历史街区，且商业性开发的成熟度与街区自身在市民及外来游客中有一定知名度。鼓楼历史街区是宁波市民休闲活动的重要场所，江南水乡特色与街道两旁仿宁波传统建筑特色的商业店铺成为吸引旅游者的重要资源，鼓楼历史街区逐渐形成了集文化、商贸、购物、休闲于一体的复合街区。极好的商业发展价值吸引了众多商户和消费者，体现了宁波鼓楼强大的凝聚力与发展力。

3. 影响力评价

鼓楼街区是宁波八大历史街区之一，为唐宋时期明州子城的遗址，是宁波市现存的唯一古城楼遗址和国家重点保护的古建筑群遗址之一。1989 年进行修复，1997 年被列为宁波市历史文化保护区，1998 年底作为开敞式商业步行街开始投入使用。2012 年 6 月，鼓楼历史街区更新项目开始实施，坚持保护与开发、传承与创新相结合的理念，在宁波鼓楼浓厚的历史文化氛围和繁荣商业的基础上对鼓楼进行旅游业、商业、休闲服务业的融合开发，以宁波老剪影、新宁波印象为线索，将鼓楼打造成集吃、住、行、游、购、娱于一体，历史和时尚并存，文化和创意相融的宁波民俗商游基地。2013 年 2 月，在历史街区开街仪式上被正式命名为"鼓楼沿历史文化街区"，更加形象地体现了鼓楼历史街区商业圈区域化发展的理念，具有巨大的影响力。

4. 发展力评价

历史文化街区是具有地方特色的历史文化遗产，是一种宝贵的文化旅游资源，它代表着历史文化名城的传统格局和历史风貌，承载着深厚的文化底蕴。文化是一座城市的灵魂，也是最重要的软实力。海曙区丰富的历史文化遗存承载着深厚的文化积淀，现代化的城市综合体可以复制，但鼓楼、城隍庙、天一阁却只有一个，是海曙区独有的宝贵财富，要保护传承好历史文化遗产，以此为依托形成文化产业集聚，推进文商旅互动，让老城区焕发新魅力。

从商业角度来看，鼓楼沿历史文化街区自古繁华，被誉为海曙区的"商贸航母"之一。宁波鼓楼在适应社会发展变化的过程中，早已担当传承城市历史文脉、实现文化演进和更新的使命，从而实现文化带动商业、商业传承文化的双赢局面。在今后的开发过程中，要遵循市场经济的发展规律，做到"有机更新"与商业活动的有效结合，实现历史文化的开发性与开放性传承。

从文化旅游或商贸旅游的角度来看，海曙区作为宁波市商贸商务中心区和历史文化名城核心区，既有以和义大道、天一广场为代表的现代高端商业区块，也有以天一阁为代表的特色历史文化标志，将鼓楼沿打造为宁波民俗"商游基地"，成为文化旅游与商贸旅游的最佳契合点，实现"有机更新"，这潜藏着巨大的发展潜力。

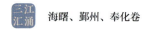

（三）海曙楼（鼓楼）核心文化基因的转化利用

1. 挖掘文史资源，充盈文化底蕴

从文化内涵来看，海曙区是宁波千年子城的重要组成部分，曾是宁波的政治、经济和文化中心。同时，宁波千年子城的范围大致包含在鼓楼沿历史文化街区中。

唐长庆元年（821），明州刺史韩察将明州州治从鄞江迁至三江口，修筑子城，宁波建城由此开端。子城的城墙在元兵占领宁波后被拆除，随后一直没有再复建，其大体位置在现在的东起蔡家弄，南至中山西路，西沿呼童街，北到中山公园大门。子城拥有鼓楼、督学府、永丰库等重要历史遗存，它们见证了宁波这座滨海城市风云变幻的历史。因此，对于鼓楼沿历史文化街区的保护实则是保护宁波城市的千年文明史，意义非同寻常。对于这些珍贵的遗迹留存，首先要做好文物保护，其次要开展宣传活动，举行相关历史文化遗迹展览，建立学习实践基地，吸引中小学生、大学生前来参观学习，并在基地内举办各种文化体验活动，以深入认识鼓楼沿丰富的历史底蕴。

加强对街区内的历史资料、民间传说和名人传记等的归纳整理，在提炼精品内容的基础上进行深入加工和精美包装，进一步丰富旅游内涵，增加产业竞争中的文化软实力；要充分利用海曙区历史文化街区内的古街巷，串联丰富的历史文化资源，大力发展历史文化旅游，将城市的根与商业开发有机结合，提升街区品位，不断增强对国内外游客的吸引力。如鼓楼沿历史文化街区委托宁波作家撰写出版了《鼓楼沿的前世今生》，不仅对鼓楼沿的千年历史进行了细细梳理，还对鼓楼沿历史文化街区的有机更新过程进行了跟踪报道。海曙区汇编了《千年海曙》《宁波老城的生命印记——鼓楼钟声》《千年海曙一城留芳》等人文历史及现存城市街巷的故事，丰富了鼓楼沿、城隍庙等历史文化街区的文化传播途径。要大力鼓励、支持更多的作家学者撰写宁波鼓楼历史故事，举办相关作品评选大赛，将优秀的作品改编撰写成剧本，邀请浙江籍或宁波籍演员拍摄相关影视作品，丰富宣传手段，让更多的人了解、学习宁波鼓楼的历史文化。

2. 拓展宣传渠道，繁荣民俗旅游

从文化旅游或商贸旅游的角度来看，海曙区作为宁波市商贸商务中心区和

历史文化名城核心区，有以和义大道、天一广场为代表的现代高端商业区块，也有以天一阁为代表的特色历史文化标志，旅游资源十分丰富。但从现代旅游追求历史民俗和文化创意相结合的角度审视，海曙区相对缺乏通过商业运作来展示历史文化、体现宁波民俗风情的区块。因此，在"有机更新"的过程中，将鼓楼沿打造为宁波民俗"商游基地"，实现文化旅游与商贸旅游相契合是未来的重要发展方向。

可以邀请媒体和影视制作团队前来海曙区特色景区进行实地采风，通过拍摄相关的旅游文化专题片、制作宣传画册等手段增加宣传渠道；以元宵、端午、重阳等传统节庆为载体筹划举办文化研讨会、艺术交流会、民俗风情展示会、民俗节庆庙会等活动，进一步丰富街区的文化内涵。例如南塘老街与鼓楼沿历史文化街区在传统节日诸如元宵节、端午节、中秋节等举办的一系列丰富多彩的民俗旅游活动及文化传播雅集，通过创意活动及加强宣传，吸引了成千上万的游客的积极参与。2022年是宁波子城建城1200年，鼓楼沿历史文化街区进行了一次"有机更新"，主要对街区建筑立面、地面铺装、公共家具、标识标牌等进行了更新，同时加入了商业街区智慧化管理系统、3D光影秀、全息投影舞台、公共艺术墙绘景观、灯阵风景线、爱心服务站等内容。

古戏台全息投影项目主要是在古戏台区域安装全息投影系统，构建零距离的光影表演空间，通过全息的影像内容演绎宁波风土人情。三代同堂铜雕塑图案灯搭建雕塑活化、文化活化微场景，在三代同堂铜雕塑组后的墙面设置光影联动，通过图案灯的动态演绎与雕塑配合，打造书院文化之景，让游客切身感知"书香宁波"。宋韵灯阵将宋韵文化与现代生活及城市街区肌理融合，让游客走进"宋韵宁波"。沉浸式的灯阵，以灯笼为载体，设置鳌山、跨街和沿街三类形态，使游客将"宋韵宁波"尽收眼底。除此之外，在鼓楼沿线还增加了9个新改造的唐风非遗亭，作为售货驿站，服务市民。非遗亭融入唐代建筑元素，结构简练、形体稳健、庄重大方，屋檐、门窗、柱脚等都有唐风元素，行走其中，浓郁的古风扑面而来。

在鼓楼沿的改造过程中，要将更多的宁波鼓楼文化元素融入其中，打造更全面更吸引人的民俗旅游活动。要充分利用城隍庙戏台、鼓楼步行街古戏台等设施，在街区内经常性地组织演出团体，举办宁波走书、四明南词、甬剧等传统民俗文艺表演，延长游客的逗留时间，增强游客的互动性和参与性，为街区

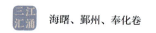

增加文化含量，使游客在游览、购物之余欣赏宁波文化。

3. 注重文化内涵，创建文化载体

前文指出，从商业角度来看，鼓楼沿线的历史文化街区自古繁华，被誉为海曙区的"商贸航母"之一。因此，鼓楼沿线应该一如既往地走历史文化街区发展路，一方面可以使明清建筑风格的建筑物保留建筑文化遗产的精神实质，另一方面又能在适应社会发展变化过程中传承城市历史文脉，实现文化的演进和更新，达到文化带动商业、商业传承文化的双赢局面。

文化产业已日益成为推动海曙区经济转型升级的生力军，成为提升城市文化软实力的重要抓手和核心要素。文化产业是指按市场规律配置文化资源，用物质生产方式和手段进行文化产品的生产、流通、消费，提供文化服务，从文化发展的角度推动新兴产业的经济增长。国内外大中城市发展的经验表明，随着文化与经济的日益融合，文化产业在国民经济总量中的比重不断提升，发展文化产业成为推动经济转型的重要手段。

近年来，海曙区以原貌继承为前提，科学保护、合理开发和永续利用相结合，重点做好"老城区"和"中心城区"两篇文章，同时重点实施文化产业发展提速工程，启动文化产业倍增计划；在历史文化街区改造升级的基础上，海曙区注重植入文化展示、旅游观光、餐饮娱乐、商务办公、创意产业等新元素，打造文化产业集聚基地，助推区域经济转型升级。在街区的整治改造提升过程中，在不破坏街巷体系和历史文脉的基础上，注重整体风貌的保护、重点节点的修复和文化内涵的挖掘。下一步，海曙区可以通过挖掘文保点历史、修建仿古建筑、建造公共艺术墙等文化重塑方式，以及设置非遗文化亭、引进老字号、培育非遗文化传人等形式，进一步营造浓厚的文化氛围和提升街区品位。

海曙区探索以"政府主导、社会化运作"模式实施历史文化街区升级改造，并深入挖掘文化遗产资源，在传承中最大限度保留历史文化街区的真实性、完整性和延续性，同时依托文商旅融合，加大发掘、开发力度，使分散的、隐性的历史文化资源集聚化、显现化，形成具有海曙特色的老城保护经验，为海曙历史文化名城核心区建设提供了可持续发展的动力和强大的文化支撑。

参考文献

1.干彬波:《宁波鼓楼建筑保护之我见》,《天一阁文丛》第 11 辑,宁波出版社 2009 年版。

2.干青亚:《商业开发主导的历史街区旅游意象研究——以宁波鼓楼街区为例》,宁波大学 2018 年硕士学位论文。

3.李峥艳:《关于推进历史文化街区建设促进海曙区域经济转型升级的思考——以鼓楼沿历史文化街区为例》,《新商务周刊》2020 年第 24 期。

4.凌金祚:《"海曙楼"和它的主人》,《浙江档案》1996 年第 8 期。

5.王重光:《鼓楼的风格》,《宁波通讯》2011 年第 8 期。

城隍庙会元宵灯会（海曙区文化和广电旅游体育局供图）

宁波府城隍庙（海曙区文化和广电旅游体育局供图）

二、宁波府城隍庙

宁波府城隍庙，又称郡庙，位于海曙区县学街东端，西接月湖景区，南邻天封塔，占地面积 4700 平方米，是国内现存规模最大的府城隍庙之一。在千年历史长河中，伴随甬城发展，郡庙几经废替，历劫不亡，其兴亡盛衰折射出甬城的历史嬗变，也深刻地影响着甬城的人文传统。

郡庙初名城隍祠，后梁贞明二年（916），由刺史沈承业创建于"子城西南五十步"，即今府桥街与呼童街交叉口附近。宋嘉定九年（1216），南宋朝廷赐额"灵佑庙"。明洪武四年（1371），太守张琪在握兰坊（即今址）重建城隍庙。明洪武十四年（1381），明州易名为"宁波"，城隍庙改名为"宁波府城隍庙"，宁波府正二品鉴察司民城隍威灵公更名为"宁波府城隍之神"。

城隍，又称城隍神、城隍爷，是民间信众崇祀的重要神祇之一，是中国民间和道教信奉守护城池的神。宁波府城隍庙，正殿供奉宁波府正二品鉴察司民城隍威灵公纪信大老爷，其最早记载见于宋代赵与时的《宾退录》："神之姓名具者，镇江、庆元（今宁波）、宁国、太平、襄阳、兴远、复州、南安诸郡，华亭、芜湖两邑皆谓纪信。"因此，宁波百姓也相信纪信功高盖世，神威无比。

城隍庙建成后历经风雨沧桑，原建筑几遭破坏。现存庙殿是根据清光绪十年（1884）的建筑格局重建而成。郡庙由照壁、头门、二门、戏台、大殿、后殿及东西偏殿和左右厢房组成，布局规范有序，气势宏伟。戏台十分精美，单檐歇山顶，藻井呈鸡笼形，雕龙画凤，朱金装饰，熠熠生辉。此外，郡庙内保存有 30 余块碑刻及宋井等古迹。

1000多年来，郡庙历劫不灭，与甬城的命运息息相通，是宁波历代经济文化发展的标志，也是宁波文商并荣的象征。宁波的风俗方言、伦理观念、审美习惯、文学艺术，在此留下深深的烙印。"固国度民"，郡庙照壁上的四个篆体字，昭示的正是宁波百姓对国泰民安的亘古愿望。因此，从某种意义上说，郡庙是宁波历史之根，是宁波文化的灵魂。

（一）宁波府城隍庙核心文化基因解析

1. 物质要素

（1）气势恢宏的郡庙建筑

在1000多年历史中，城隍庙经历几次修缮重建，现保存有照壁、门厅、仪门、前戏台、大殿、后戏台、后殿等建筑。郡庙建筑气势恢宏，工艺水平高超，运用了大量宁波本地国家级非物质文化遗产工艺。

大殿是宁波府城隍庙最雄伟的建筑，由正殿和殿前卷棚形廊连接而成，屋顶呈八字形，宁波俗称"分水"。青黑瓦面做成一道白线，这是宁波特有的工艺；卷棚和月梁采用宁波传统"朱金漆木雕"工艺；抬梁与月梁间，有四尊鼓着腮帮子和瞪着眼的老人，造型滑稽且惟妙惟肖，称为"侏儒柱"，是民国奉化江姓工匠制作而成。纪信神像持如意牌，牌上采用传统漆线盘绘、贴金等填色工艺，呈现"国泰民安"字样，寓意倾听民声民怨和护佑城市繁荣；文武判官和四值功曹分居两侧，造像也各有特色。

同时，宁波城隍庙的照壁很有特色，照壁是指城隍庙大门外的一堵大墙，在北方称为影壁，古时也有"萧墙"的说法。受风水意识影响而产生的照壁，主要作用有：挡风、遮蔽视线、避煞、烘托气氛，反映了古时百姓避邪祈福的心理。

（2）庙宇市集共存的繁华街区

在宁波听到有人说"去城隍庙吧"，第一反应可能是去祈福上香，但实际上"城隍庙"不仅仅代表宁波府城隍庙，还代表着那一带的市集商场。宁波府城隍庙不是可有可无的城市附着物，而是城市居民的精神家园，与城市发展、城市经济、城市居民有着密切的关系。城隍庙在千年历史中经历过几次"打压""毁灭"，但是因其延伸出的一系列商贸民俗活动招揽聚集了大量人气，而一直焕发着活力，经久不衰，是一张独特的"宁波名片"。寺庙的安静庄严和

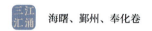

街区的繁华喧闹互相映衬，在长久的历史中相处得非常融洽。

（3）展现非遗工艺的特色戏台

城隍庙戏台在总体布局上处于中心位置，面向城隍神像，是一座祀庙戏台。戏台高15米，舞台净宽6米，面积近50平方米，是整座城隍庙内最热闹的地方。戏台犹如一件精美的工艺品，四柱承接飞檐翼角的牛腿、天穹式的藻井、四周的朱金漆木雕、壮丽的筒瓦屋顶等，汇集了建筑、戏曲、书法、宗教等多方面文化元素，是浙东戏曲声腔发展和繁荣的见证。郡庙的民乐剧场是目前宁波市区唯一的一家综合曲艺演出场所，守护着宁波曲艺的传承发展。戏台承载了老一代宁波百姓和曲艺人对曲艺文化的热爱，是城隍庙历史的见证者。

2. 精神要素

（1）淳化民风，教育百姓

城隍文化的保存和发展得益于城隍庙的存在。城隍文化包含了清官文化、廉政文化、向善文化和法律道德相结合的文化。城隍神都是当地历史上有名的清官、功臣和英雄，比如宁波府城隍庙供奉的纪信将军。城隍庙中起警示作用的匾额、石碑、楹联等都在告诉世人为人要善良、做正直的人，上至政府官员、下至平民百姓都要做到心中无愧，做对社会有益的事。这是清官廉政文化的体现。

（2）凝聚城市，融合百姓

城隍庙不仅是宁波的地标，而且承载了几代宁波人的童年记忆。由城隍庙延伸出的"抬城隍""坐夜""初五迎财神""七月半""十月醮会"等活动，在旧时都是引起全城轰动的民俗活动。如抬城隍时，全城人穿新衣或干净衣裳，采办水果糕点，架势和春节时别无两样，可见人们对抬城隍活动的重视。七月半放焰火的民俗活动，是人们借放焰火来供奉祖先，寄寓着让祖先不受饥饿之苦的美好愿望。丰富的民俗活动体现了百姓对城隍神的信奉，蕴含着宁波人祈求好运与太平安康的美好心愿。

（3）弘扬贤治，感恩功臣

在历史上，宁波府城隍庙对城市的繁荣有着强大的作用和影响力，它标志着一个城市的产生，是一个地方荣誉的体现。城隍庙内祭奠着12位对宁波有重大贡献的历史人物。唐长庆元年（821），韩察将州治迁三江口，建子城，开启了宁波城市发展的三江口时代，现存的鼓楼（古称海曙楼）便是昔日的子城南城门。唐长庆年间，应彪担任会稽郡明州刺史，组织民众避开三江口潮流汹涌处架起了奉化江上第一座浮桥（今灵桥的前身）。唐大和七年（833），王元暐被贬至浙江金华府任鄞县县令，在任期间建造它山堰，将四明之水引入城内，经南塘河流入日、月两湖，既使农田得到灌溉，又保障了百姓用水所需。黄晟担任明州刺史时，带领民众修建罗城，为宁波城市发展奠定了基础。身为唐宋八大家之一的王安石也曾在宁波任职，其间组织民众修建堤堰，改善农田水利灌溉，使其交通便利，又将官库中的储粮低利息贷给农户，解决农户饥荒问题。除此之外，还有迁建城隍庙的张琪和举起义旗的钱肃乐等历史人物。

3. 语言与符号要素

（1）信俗象征——神像

宁波府城隍庙正殿供奉着宁波府正二品鉴察司民城隍威灵公纪信大老爷，在郡庙大殿中间立着的最大神像便是纪信将军。纪信是刘邦身边的将军，在荥阳城突围时，为掩护刘邦撤退，他假扮刘邦向项羽投降，后被发现顶替而被烧死。刘邦建立汉朝后，追封纪信为"城纪城隍"。从此，纪信被广泛当作城隍神敬奉。除城隍神像外，郡庙内还有月老像、文昌神像、痘神像、财神像等，都是民众祭拜祈求庇佑的神像。

（2）历史见证——警示语

城隍庙门楣上的"宁波府城隍庙"匾额为书法大家钱罕题写，六个贴金大字分外夺目，绵中藏刚，敦中见灵，风神秀逸，呈现出与众不同的浙东书风。除此之外，判官、公差等泥塑上方还存有匾额"你来了么""也有今日""为善必昌""善恶分明"等，时刻警示人们要审视自己。

城隍庙现存的楹联不多，其中大殿前的石柱上有一副的内容是歌颂城隍神，"五邑隶骈襟，五谷金穰古大有；四明资保障，四时玉烛庆长调"。城隍庙的楹联和匾额都具有警示世人的作用，使城隍庙成为"教育基地"。

城隍庙存有石碑30多块，其中最具代表性的是明正统十一年（1446）所立的"宁波府城隍庙碑"，是了解宁波府城隍庙历史的宝贵实物资料。

壁画是墙壁上的艺术，是人类历史上最早出现的绘画形式之一。城隍庙现存彩绘壁画有"城隍出巡图"和"纪信生平图"，亮丽的色彩为大殿增色不少。

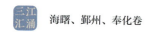

（3）宝贵遗产——朱金漆木雕工艺

宁波朱金漆木雕是浙江省传统手工艺，至今已有1000余年历史。汉唐以来，随着木结构建筑的发展，彩漆和贴金并用的装饰建筑木雕出现。明清以来，朱金漆木雕广泛应用于民间日常生活，如日用陈设、佛像雕刻、家具装饰，特别是婚庆喜事中的"千工床""万工轿"等更是精美绝伦。宁波有俗语"一世做人，半世在床"，可见对木床雕饰的讲究。在宁波府城隍庙内，用于迎神、赛会、灯会的雕花朱金木船、鼓亭、抬阁等都称得上绝妙的民间工艺精品。

2006年5月，宁波朱金漆木雕入选第一批国家级非物质文化遗产名录。

（二）宁波府城隍庙核心文化基因的提取与评价

"商因庙而盛，庙因商而荣。"一直以来，城隍庙都是宁波文商并荣的象征，文商共发展是宁波府城隍庙的发展目标。饱经岁月风霜的城隍庙集祭祀、信俗、商业、饮食、戏曲和建筑等文化元素于一体，戏台演出、宁波评话、宁波走书、算命街、珠宝银楼、国泰街等特色文化都是以城隍庙庙宇文化为基础而形成。千余年来，城隍庙那内涵丰富的城隍信俗、古老质朴的精神寄托为宁波城留下了宝贵的物质文化遗产和丰富的非物质文化遗产。

1. 生命力评价

从存续时间看，城隍庙文化基因自出现起延续至今，未曾中断。尽管城隍庙曾在某些时期受到破坏，但城隍信俗一直存在，城隍祭祀的文化习俗也一直延续至今，依旧具有强大的生命力。城隍庙的修缮工作遵循"不改变文物原状，最低限度干预"原则，最大限度地还原郡庙的历史原貌，大量运用宁波本地国家级非物质文化遗产工艺，使其更具地方特色。作为一张"城市名片"，城隍庙始终是宁波的核心地标之一，是宁波人向城隍神祈福的最重要场所，是宁波人生活中不可或缺的一部分。

城隍庙的发展延续了文商共发展的目标，保护修复城隍庙不仅是为了保护宁波非物质文化遗产，也是为了延续特色文化，以特色文化资源的发展带动经济社会发展，增强历史文化生命力和经济发展生命力。

2. 凝聚力评价

城隍庙有着凝聚区域群体的作用，庙宇文化中的祭祀活动、民俗活动都是凝聚百姓的主要方式。自建成以来，宁波府城隍庙便是县市的中心，巨大的凝聚力使城隍庙衍生出算命街、国泰街、珠宝街、缸鸭狗饭店、珠宝特产店等。如今，城隍庙虽然少了部分信俗活动，但其凝聚力依然存在并且有愈来愈强的趋势。

城隍庙得天独厚的地理位置和丰富多彩的市井民俗风情吸引了国内外的游客，文商共发展的商业模式使其并不只是严肃的民间信俗建筑，更是内涵丰富的文化综合体。宁波府城隍庙贴近生活区域的地理位置形成了其核心辐射的重要功能，造就城隍文化的经久不衰。

3. 影响力评价

城隍庙商业圈依托城隍庙形成，城隍美食城、商业城等文化综合体已经闻名全国，是宁波的文化旅游地标。宁波的城市发展离不开城隍庙，作为市级文物保护单位，它见证了宁波城市的发展变迁，是宁波最具有生命力的文化地标之一。

城隍作为老百姓信奉的神灵，已经伴随着老城走过一代又一代。如今随着宁波城市的发展，一座座现代建筑拔地而起，城隍庙依然保持古朴并虔心守护着这座城市。人们来到城隍庙祈福，不仅仅是为了祈求城隍老爷保佑平安，更是因为在城隍庙能找到属于自己的安宁。城隍信俗成为一种精神寄托，祈福活动使人不仅能获得心理上的满足，而且能获得人生的慰藉。内涵丰富的习俗文化在不断延续，城隍文化在年轻一代宁波人中得到传承发扬。重建后的城隍庙及附近商圈也是外地游客经常光顾之处，在休闲的同时得到平静与安宁。

4. 发展力评价

"一庙护一城，一城伴一庙。"郡庙天封塔历史文化街区以互为犄角的天封塔和宁波府城隍庙为主体，是宁波城市最具标识性的传统街区。唐代明州筑罗城后，城隍庙作为城内的重要居民点，是官宦商贾青睐的居住场所，也是宁波府城内最重要的公共活动场所。对于宁波来说，郡庙天封塔街区蕴含的文化内涵具有特殊的意义。

要充分利用文物保护单位，适当增加文化展示，开展多元文化活动，展现街区历史文化底蕴，使其成为宁波中心城区的特色文化活动区。

（三）宁波府城隍庙核心文化基因的转化利用

在宁波众多的文化地标中，城隍庙无疑是既具有历史气息又富含市井文化的标志地。城隍庙不仅传承着庙宇文化，而且推动了商业经济的发展，以独有的文化印迹彰显宁波城市形象。宁波府城隍庙是宁波"文商共荣"的象征，文化基因转化将充分利用城隍庙的历史基础，依托城隍庙仿古建筑，整合特产、文创、美食等，打造城隍庙商圈，传承发扬"文商共荣"的历史传统。

1. 开发精品旅游线路，打造街区文化品牌

2020年6月27日，重新修缮的宁波府城隍庙开始对外开放。全新的1371城隍商城将以"两张名片+四种文化特色"为经营理念，立志将商城打造成"宁波文化旅游第一站"。两张名片是：小吃为主，文创为辅。四种文化特色分别是：甬商展示文化、本土非遗文化、民俗特产文化和老庙文创文化。规划开发以城隍庙、天封塔、1371城隍商城和非遗展览馆为中心的旅游线路，结合城隍庙自身文化特色，吸引游客前来观光购物。

在对市场充分调查的基础上，客观分析客源市场的构成，制定科学的宣传策略以及适用的宣传目标、宣传口号、宣传活动，借助各类渠道（包括媒体、书籍和公共交通资源等）、各大节庆活动、各大名人故居（屠呦呦故居等）大力向国内外推广宣传，多层次、全方位向外界宣传城隍庙历史街区，不断吸引国内外游客。同时，要充分发挥旅游行政管理部门及外办、侨联、招商等机构的对外宣传交流作用，建立政府与民间、国内与国外、旅游管理部门与旅游企业相结合的宣传促销机制和促销队伍，进一步提高对外促销效果。

例如，2022年7月在宁波府城隍庙的宁波市中医药特色街区，举办了首届以"宋韵文化"为主题、融合中医药元素的"甬韵吉市"市集活动。这也是"甬安里"商业综合体的试营业，标志着中医药特色街区一期进入新发展阶段。此次市集活动持续近两个月，共设29个室外展位，活动以"古风、治愈、年轻化"为主题，打造沉浸式空间美学，搭配特色怀旧小吃和中医药古风文创产品的互动打卡，以此唤醒"老宁波"的老底子记忆。在市集开幕现场，体现浓郁国风生活美学的环境氛围和精心设计的摊位布置，吸引了不少市民前来体验，有穿着汉服的传统文化爱好者徜徉其中，让人仿佛有一种穿越之感，是一次较为成功的特色街区文化活动。

2. 保护城隍历史文化，创新城隍文化作品

宁波府城隍庙中保存有大量的照壁、木雕、砖雕、如意斗拱、"鸳鸯作"匾额、古碑、楹联、彩绘等各式工艺品，具有悠久的历史和精美的制作工艺，是了解、认识宁波历史文化的珍贵实物资料。目前，宁波府城隍庙内保留大小碑刻 30 余块，记载的内容除城隍庙本身的兴衰历史外，还涉及宁波的经济社会发展、风土人情等，具有一定的研究价值。如"宁波府城隍庙碑"为明正统十一年（1446）刻立，记录了明代以前宁波府城隍庙的创立和沿革，是一份宁波府城隍庙的档案资料，同时也是城隍庙的"宣传词"，有助于人们深入了解城隍庙。此外，有的石碑刻有地方乡规民约，如一块清代光绪年间刻立的石碑中记载了船民抚恤基金的建立及实施办法。

但是，历史上宁波府城隍庙经历几次毁坏，大量实物不复存在，如壁画《春江烟雨》在 1993 年整体改造时消失不见。在最近的城隍庙修缮过程中，隐藏在墙壁中的碑刻陆续被发现。要加大对实物遗存的保护力度。

宁波府城隍庙拥有悠久的历史和多项非物质文化遗产，历史上多次经历重修、改造。可以以此为主题进行征稿，发动市民参与作品投票，将票数最高的作品进行整合、修改，把修改过的文字改编为剧本，邀请知名演员进行拍摄，通过纪录片的形式展现城隍庙的历史及郡庙文化的发展，让更多的人了解宁波府城隍庙的历史。宁波新开放的非遗展览馆展示了 3 项国家级非遗、8 项省级非遗、30 项市级非遗、76 项区级非遗等，包括曲艺、传统医药、传统技艺、民间文学、民俗、传统美术、传统舞蹈等非物质文化遗产项目。其运用的全息 VR 技术可以加以利用，以城隍庙为场景设计 VR 体验项目，使参观者戴上 VR 眼镜后仿佛回到几百年前的城隍庙，身临其境地体验、感受城隍庙的历史底蕴。

3. 文商互助互兴，开发城隍文创产品

文商共发展是城隍庙发展最重要的内容。城隍庙始建选址时看重该地优越的地理位置，迁址修建后也带动了当地的商业发展。戏台演出、宁波评话、宁波走书、算命街、珠宝银楼、国泰街等特色地方文化都是以城隍庙庙宇文化为基础而产生的。文商共发展一直都是城隍庙发展的目标，当下的城隍庙也在发展民俗文化活动的基础上建设美食城、购物城等，既能提高城隍庙的商业价值，又能使城隍文化融入宁波人的日常生活。要坚持以城隍文化为核心辐射，

营造浓厚的城市旅游氛围，以宁波特色文化吸引游客，完善配置旅游设施。同时，坚持开发速度与建设质量并重，本着"非禁即入"的原则，优化资源配置，鼓励文化产业、商贸流通产业、旅游业的有效融合，支持文商旅产业品牌建设，打造文商旅骨干企业，使城隍庙历史文化街区从商业区变为文商旅综合区。

进入 21 世纪后，传统商业受网购等新兴消费模式的冲击，城隍商城也在不断更新商业模式，紧跟时代发展步伐。但是以城隍为主题的文创产品数量不多，目前仅有海曙区档案馆开发的一套以城隍庙为主题的明信片，文创品牌效益低。要加大转化利用力度，把城隍文化与新兴的网络购物模式相结合，开发系列以宁波府城隍庙为主题的文创产品，既要符合现代人审美和使用习惯，又要能反映出传统文化。例如利用城隍庙内保存的彩绘、刺绣和壁画等非遗工艺设计挂件、丝巾、挂画等系列手工艺品。以文创产品带动城隍商业发展，用城隍庙商圈的影响力促进城隍文化的传播。

4. 有形和无形文化相结合，重振城隍民俗活动

宁波府城隍庙历史上有丰富多彩的民俗活动，但因多方因素，传承下来的极少。如城隍祭祀中，源于道教"守庚申"的"坐夜"是延续多年的传统，每逢初一、十五，民众都斋戒沐浴，拿出节省下来的钱买香烛前往城隍庙"坐夜"，向城隍神祈福。但如今说起"坐夜"，大概只有八九十岁的老人家还存有印象。

城隍庙戏台承载着老一代宁波百姓和曲艺人对曲艺文化的热爱，是城隍庙历史的见证者。历史上"打城隍"事件后，城隍庙的戏台发挥了不小的作用，成为当时宁波的人流聚集地。中华人民共和国成立初期，宁波滩簧易名为"甬剧"，1949 年在郡庙上演的《白毛女》一票难求，"宁波甬剧团"挂牌之后，反响极其热烈。与此同时，宁波评话、走书也开始盛行。可以在当下重新开展丰富的民俗活动，比如可以在城隍庙进行戏台演出、宁波走书等专场演出。建议相关部门对消失的民俗活动进行评估，恢复具有价值的民俗活动，推动城隍文化的保留和存续。

宁波府城隍庙的郡庙民乐剧场是目前市区唯一一家综合曲艺演出场所，可以举办小型走书、戏曲的表演活动，以销售入场票的形式控制观看人数，门票收入也可以用于修缮庙宇。宁波走书是国家级非物质文化遗产，用宁波方言

演唱，具有浓厚的地方特色。城隍庙作为宁波走书早期的表演地点，曾建立过"红旗书场"。如今虽然书场不在了，但是这一文化活动可以被重新发起，以传承城隍文化和宁波地方文化。

以城隍庙的文化资源为载体，利用节假日开展民俗文化活动，将民俗活动与文化旅游开发相结合。现在，城隍庙的庙会被赋予了新的时代内容，成为宁波文化和经济生活中的大节日。庙会期间的物资交流会成为当地经济的新亮点，也是宣传当地旅游和民间艺术的新契机。在庙会上，宁波特产、文旅产品、黄金珠宝、老宁波艺术得到充分展示，也更能体现"文商共发展"的核心发展理念。

参考文献

1.陈梅：《宁波城隍庙的保护与发展》，《浙江建筑》2002 年第 4 期。

2.宁波通讯编辑部：《城隍庙的昨天、今天和明天：流淌在时光中的城隍文化》，《宁波通讯》2013 年第 21 期。

3.宋臻：《创造性转化 创新性发展 以文化资源"两创"助力城市高质量发展》，《宁波通讯》2020 年第 15 期。

4.周东旭：《宁波城隍庙简史》，《文化交流》2020 年第 6 期。

三江口夜色（海曙区文化和广电旅游体育局供图）

三江口

三、三江口

　　甬江、姚江、奉化江汇聚宁波，在其交汇处形成了三江口。宁波三江口是宁波市区中心繁华地段，素有"宁波外滩"之称。三江口地带景色优美，既有享"浙东第一街"之美称的中山东路商业街横贯其中，又有一座"跨江浮桥"灵桥横跨奉化江两岸。如今，三江口沿岸商厦店铺鳞次栉比，夜色下的灵桥霓虹闪烁，车水马龙，无比繁华。

　　三江口是宁波最早的"宁波港"港埠，是历代商贾云集之地，是宁波的城市象征性景观。自古以来，宁波始终是中国对外开放的主要港口，尤其在唐朝，"海外杂国、贾舶交至"，成为全国著名的对外贸易港，并与扬州、广州一起成为中国对外开放的三大港口；宋代，又与广州、泉州并列为我国三大主要贸易港；鸦片战争以后，宁波是"五口通商"口岸之一。

　　三江口承载了宁波人的乡愁与记忆，见证了宁波的沧桑历史，守望着宁波的千载繁荣。2021年是宁波三江口地区建城1200周年，这座以日月为名的"明州城"厚积薄发，扬海舶丛帆，兴四明文脉，荣膺"东南邹鲁"，得誉"天下港城"。三江口附近现有灵桥、江厦桥、甬江大桥、新江桥、江厦公园、钱业会馆、杉杉公园、日本曹洞宗道元禅师入宋纪念碑等。

（一）三江口核心文化基因解析

1.物质要素

（1）灵桥——宁波城市发展的见证

灵桥初建时为浮桥，其后千年保留了浮桥的形式。灵桥现存的钢结构于民国二十五年（1936）建成，全桥长约97.5米，宽约20.1米，总重量达1052吨，是当时我国最大、最新型的独洞大环桥。灵桥完工时，有纪念碑塔及铜质铭牌、平政祠，但均已在战乱中损毁。1994年，在灵桥扩建工程中，驻甬海军某部在桥拱下端发现了解放初期被国民党军队炸毁的"建桥纪念碑""自捐五万元以上者之传记碑"及"建桥劳绩者之姓名及事实碑"的残碎碑石。

灵桥尽管设计超前、质量过硬，但受到战争、车辆超载、船只撞击等因素影响，存在严重损坏。1994年，灵桥进行扩建改造，其荷载等级提升一倍，并且恢复了原有的银灰配色以及朱栏桥身。2012年12月，宁波市人民政府依据"原地保护，修旧如旧"的保护原则对灵桥进行修复加固，最大限度地保存其文物价值，同时也提高了桥梁的交通承载能力。2016年7月28日，修缮改造后的灵桥正式通车，外观风貌仍保留原来的三铰拱钢结构，并采用传统的铆接工艺，外表面防腐仍采用原来的涂装工艺，还原了银灰色桥身和朱红色扶栏，老结构的恢复使用率超过80%，充分还原了灵桥的历史原貌。

（2）庆安会馆——三江口处海丝之路的桥梁

庆安会馆，位于宁波市三江口东岸，始建于清道光三十年（1850），落成于咸丰三年（1853），为甬埠行驶北洋的舶商所建。庆安会馆既是祭祀天后妈祖的殿堂，又是舶商航工娱乐聚会的场所。此外，庆安会馆还是中国八大天后宫之一和七大会馆之一，亦是江南仅存的两处融天后宫与会馆于一体的古建筑群之一。

庆安会馆在推动海上丝绸之路发展中曾起到桥梁作用，是海丝文化遗产的重要组成部分。庆安会馆坐东朝西，占地面积约为5000平方米，沿中轴线有宫门、仪门、前戏台、大殿、后戏台、后殿、前后厢房等建筑。建筑装饰采用砖雕、石雕和朱金木雕等宁波传统雕刻艺术，体现了清代浙东地区"三雕"工艺技术的最高水平，堪称宁波近代地方工艺之杰作。馆内建有分别用于祭祀妈祖和行业聚会的两处戏台，为国内罕见。

2001年6月，庆安会馆被国务院列为第五批全国重点文物保护单位，现改建为全国首家海事民俗博物馆。2014年，中国大运河成功申报世界文化遗产，庆安会馆作为大运河的一项重要文化遗产，成为宁波首个世界文化遗产点，同时也是国家三级博物馆、浙江省爱国主义教育基地。

（3）宁波老外滩——三江口处的闹市

宁波老外滩地处宁波市三江交汇处的北岸，是进入宁波古城的门户。在唐朝时期，老外滩是中国四大港口之一，是鉴真和尚东渡的起点；南宋时为中国三大港口之一，并设有市舶司，专门负责管理对外贸易。

鸦片战争后，清政府与英国签订《南京条约》，宁波成为"五口通商"口岸之一，各国商人蜂拥而至，英、法等国采用侵占主权、建立据点、霸占海关、控制海口、垄断航运、推行洋化等一系列手段，使宁波港逐渐沦为半殖民地性质的港口。清道光二十四年（1844），宁波正式开埠。作为鸦片战争后"五口通商"中最先对外的开埠区，宁波老外滩被称为"中国历史上最早的外滩"。

老外滩沿甬江而建，江边外国领事馆、天主教堂、银行、轮船码头一字排开，记录了宁波的开埠历史。如今，老外滩成为宁波著名的文旅景点。

（4）甬江大桥——连接三江两岸

甬江大桥于1989年12月19日开工，1992年6月30日竣工，是连接鄞州、江北两区的第一条陆上通道，分别与人民路、中马路、外马路和江东北路立体相交，分流海曙区的部分机动车和非机动车，既缓解了交通压力，也为宁波城区居民的交通往来节省了时间。

甬江大桥由主桥、引桥和接坡三部分组成，全长588米，其中主桥为单塔预应力混凝土双箱双索面斜拉桥，长约202米。甬江大桥桥面宽26米，其中车行道宽15米，为四车道，两侧人行道各宽3米。大桥最大设计荷载为汽车30吨、挂车100吨。

桥下通航净高5米，为五级航道。桥面车行道照明灯采用整体电控装置，臂梁悬挑1米，高8米。主桥江北侧桥头设登桥人行螺旋梯2道，鄞州侧桥头设直径6米的圆形观光亭1座。大桥两边共88根斜拉索揽系门型钢筋混凝土塔柱，高达60.2米。两岸引桥采用空心板简支梁结构，总长386米，共有17个桥孔，桥面宽21.5米。除中马路外，3条立交道路旁边分设3对人行上桥踏步。

目前，甬江大桥仍是宁波城市桥梁的形象代表。

2. 精神要素

（1）红色基因，历久弥新

中国共产党在浙江宁波早期的一系列重要革命活动主要集中在三江口区域。在新时代党建工作中，要充分挖掘三江口区域的红色资源，赓续红色血脉，当好红色基因的传承者、宣传者、践行者，这是宁波开展党史学习教育的题中应有之义。

在宁波红色文化谱系中，三江口区域的红色文化处在源头。从鸦片战争开始，一批受新思潮影响的宁波进步知识分子在学校（原甬江女中、浙江省立第四中学）、小校场（今海曙区鼓楼法院巷一带）、和丰纱厂等三江口区域内掀起了一次又一次的救国救民高潮。民国十四年（1925）初，在上海党组织的指导和帮助下，中共宁波支部（位于原宁波启明女子中学）成立，从此宁波无产阶级有了中国共产党的地方组织领导。9月，中共甬曹段铁路支部（位于今甬曹铁路宁波车站纪念馆）成立，这是宁波最早组建的产业工人党支部。

一系列的革命活动使宁波三江口积累了丰富的红色文化资源，既有党的重大事件纪念地、会议旧址、名人故居等宝贵资源，也有后来修建的革命烈士纪念地、博物馆等。目前，宁波正努力按照"十四五"规划确定的"初步建设成为独具魅力的文化强市"的目标，打造宁波三江口区域红色文化圈，擦亮宁波红色文化品牌，推动文化强市发展走在全省、全国前列。

（2）勇立潮头，敢为人先

宁波三江口作为一个具有悠久历史的大港，它的繁荣程度，与宁波这座城市息息相关。同时，宁波三江口文化得以传承，还与宁波人"敢为天下先"的精神有关。

宁波三江口矗立着一组"三江送别"的雕像。祖祖辈辈出去闯世界的宁波人背着行囊，从这里起航。几百年间，闯出了一个风云天下的"宁波帮"：近代第一家完全意义上的中资银行，第一家中资轮船航运公司……"宁波帮"成为中国商业史上极有特色和影响力的力量。

从三江口勇闯世界，从支援家乡建设到投身以民族复兴为己任的家国梦，"宁波帮"在时代浪潮中以中国红为底色，以不变的情怀坚守初心，以与时俱进的视野逐梦未来，推动作为海上丝绸之路起点的宁波逐渐从三江口走向世界。因此，三江口孕育并始终代表着宁波"勇立潮头，敢为人先"的人文精神特质。

即便在城市化进程加快、众多新城开始遭遇"空心化"发展瓶颈的当下，宁波三江口始终焕发着历久弥新的城市动能。自2011年至今，三江六岸滨江休闲带、"十里水乡"水上游览线……城市空间融合发展的成果不断落地；进入"十四五"时期，在"活力、贯通、人文"的理念下，百年甬商的聚焦点再度"归心"到源头三江口，城市多样性全维度铺开，当代甬商精神不断传承。

3. 语言与符号要素

（1）走遍天下，不及宁波江厦

自宋代起，江厦一带就是宁波（当时称明州）对外贸易的重要港口，来往海船频繁，商贸繁荣。到了清末民初，江厦街进入鼎盛发展时期，成为宁波最繁华的中心地带。据民国《鄞县通志》记载：1840年鸦片战争爆发以后，宁波成了"五口通商码头"之一。江厦半边街设有多处码头，其中名气较大的叫"大道头码头"，运送进出口物资相当便捷。江厦街分为糖行街、钱行街、半边街三个街段。糖行街，大都为南北货食品店；钱行街，是当时宁波钱庄的集中地；半边街，大多是鲜咸鱼行。这里有句俗语："一半是河江，一半是鱼行，不去买鱼走江厦。"众多鱼行设在半边街，旧称"外行"，当时有宏源、洪顺、万泰、鸿昌、东升、慎生、海丰、大昌等20余家鱼行。近代开埠后，宁波钱庄与时偕行，主动服务经济发展与社会生活；与时俱进，奋力开拓，不断进行以过账制度为代表的变革与创新，努力推动钱庄业近代化进程，从而为各地社会经济生活特别是为近代上海发展为全国金融中心发挥了重要作用，同时也为宁波商帮的发展壮大乃至"称雄商界"提供了强有力的金融支持。"走遍天下，不如宁波江厦"，这句宁波老话的意义主要指的就是宁波钱庄业在当时全国金融业中的地位。

（2）灵桥的名称与造型

在千余年历史中，灵桥有不同的称谓，如唐代称"跨江浮桥""灵现桥""灵建桥""灵桥"等，宋代称"东津浮桥"，晚清称"老江桥"或"老浮桥"，民国老江桥改建后恢复旧名"灵桥"。但在所有桥名中，"灵桥"这一称谓最为传奇，也最具浪漫色彩。

灵桥的造型独特，为单拱形结构，线条流畅、气质古朴，银灰色桥身配朱红色栏杆，用铆接工艺，这些特征使其造型具有极高的辨识度。

如今，灵桥元素已融入宁波人的生活。据不完全统计，以"灵桥"为注册商标的商品有十余种，其中最著名的当数甬江纱厂生产的"灵桥牌棉纱"和冷藏公司生产的"灵桥牌棒冰"。尽管这些商标已不复存在，但它们仍是不少宁波人难以忘怀的童年记忆。此外，宁波还有不少地方以"灵桥"为名，例如：灵桥市场、灵桥广场、灵桥路等，甚至带有浓重宁波口音的普通话也被宁波人亲切地称为"灵桥牌普通话"。

4. 规范要素

宁波老外滩的天主教堂，具有重要的历史、文化和艺术价值，堪称三江口西式建筑的典范，其建筑风格是宁波三江口核心文化基因的规范要素。清同治十一年（1872），该天主教堂由法国籍的苏主教建造，由教堂、钟楼、偏屋组成，其主体建筑钟楼高达30米左右，成为当时江北岸最高的建筑物。该教堂是典型的哥特式建筑风格，但在实际施工中就地取材，采用砖木结构，外立面以青砖为主，红砖作边框、线条等装饰，是浙江省天主教堂建筑中的代表。

天主教传入宁波，已有350多年历史。明崇祯元年（1628），葡萄牙传教士（名不详）来宁波设教授徒。清顺治五年（1648），意大利人卫济泰在宁波建立天主教堂，不久为清兵所毁。清康熙五十二年（1713），法国人郭忠传在宁波药行街购地再建天主教堂。至雍正即位，毁教堂、戮教徒，天主教遭到严重打击。咸丰元年（1851），由罗马教廷委顾芳济继任驻甬专司浙江教务。咸丰三年（1853），在药行街原址重建教堂，但翌年即圮。近十年后（1860）又重建。同治十一年（1872），由浙江教区的法籍苏主教兴建江北岸天主教堂。光绪二十五年（1899）增建钟楼。2006年成为第六批全国重点文物保护单位。如今，老外滩天主教堂成为宁波天主教堂的代表和象征，亦成为著名旅游胜地。

（二）三江口核心文化基因的提取与评价

作为古代海上丝绸之路的"活化石"、中国大运河与海上丝绸之路交汇点，宁波三江口不仅对于宁波以及浙江的发展有着至关重要的影响，而且对于整个中国的对外贸易往来，以及千余年来东亚乃至更大范围世界秩序的整合均影响深远。早在千年前，便有满载丝绸、茶叶的船只从宁波三江口出发，驶往世界各地，从而开启闻名于世的海上丝绸之路。三江口基因根植于宁波"三江交汇，一水入海"的独特地势，其核心文化基因主要提取为"勇立潮头，敢为人先"。

1. 生命力评价

从存续时间来看，三江口"勇立潮头，敢为人先"的文化基因始终未曾中断。长期以来，三江口始终是一个极其优良的对外开放港口。自汉代起，宁波三江口地区就有了星散的聚落。在此地的汉晋墓葬中曾发掘到水晶、玛瑙、琉璃等非本土制品，证实此地自汉代起与海外的贸易已相当频繁。到了唐宋时期，宁波充分发挥了优越的地理位置优势，借三江口这一优良港口进行对外贸易，成为当时我国主要对外贸易港之一。在北宋年间，宁波已然成为国际性大港口，有着一幅"海外杂国、贾舶交至"的繁华景象，三江口一直发挥着至关重要的作用。近年来，相关部门已就重新开发三江口核心区改造提升提出了规划，运用三江口独特的水域形态及历史文化资源，提升宁波三江口的"活力"，丰富宁波三江口的"魅力"，使之成为便捷、宜人的高品质混合用途中心城区，从而提升宁波的城市形象。

在宁波三江口港口功能不断减弱的背景下，提出三江口核心区的改造提升，不仅能够使三江口的独特历史得到延续，更能打造出一片富有活力、美丽的滨水空间。

2. 凝聚力评价

宁波三江口一直具有凝聚区域群体的力量，同时也显著推动过社会经济文化的发展。交通便利处向来多人烟，更何况宁波三江口是一个国际性大港，此处有"海外杂国、贾舶交至"，江厦码头一带"帆樯如林""镇鼓相闻"的繁盛，吸引众多商贩来此抓住商机，带动了三江口沿岸的商业发展。

早在唐长庆元年（821），明州州治由偏僻的小溪移到了三江口，确立了明州港口型城市的定位。三江口作为城市的中心，必然在民众的心中有着独特的地位，具有强大的凝聚力，三江口历来是宁波人民绕不开的话题，也是生根在宁波人民心中的城市中心。同时作为宁波的中心，它对于宁波本地人以及远方的游客也有独特的吸引力。

宁波三江口作为中国大运河与海上丝绸之路交汇点，同时也是中国对外贸易的国际性大港，对宁波整个城市的经济发展和对外文化交流起着极其重要的枢纽作用，宁波建成时是一个港口型城市，整个城市的许多功能都与港口息息相关。随着社会经济和对外贸易的急速发展，三江口作为一个港口的规模也迅速扩大，早在唐宋时期，明州港的辐射范围已经极其广阔，通过江河联运、江海联运，其腹地已扩大到长江流域、钱塘江流域和运河沿线的华北平原，吸引了海内外的船只在此处会聚，从而推动了整个宁波的经济发展。作为一个处在重要路线交会点上的国际性大港，三江口带动的不仅是宁波的商业经济，沿岸留下的种种历史痕迹也反映了一种弥足珍贵的文化经济的形成。

3. 影响力评价

宁波三江口具有全国性、世界性的影响力。中国绵延南北的大运河和对外交流的海上丝绸之路在此交汇，中国的佛学、茶叶、瓷器、丝绸从这里走向海外，海外的贡奉、香料等也从这里运往京城，三江口对中国与世界的沟通有着非凡的意义。宁波在唐代即为中国四大港口之一，鉴真东渡的起始点就在宁波；宁波港口在南宋时期为中国三大港口之一，并设有市舶司，专门负责管理对外贸易。鸦片战争后，三江口成为英、法、美三国侨民居留区域，是中国最早的"租界"之一。可见，中国与世界相沟通、交流的地点许多都与宁波三江口有关。

宁波与世界紧密相连，有着世界性的影响力。1793年，丹尼尔·笛福在《鲁滨孙漂流续记》里提到宁波是通往京城运河的起点，将宁波诗意地描述为"大海与江河相遇的地方"。可见在当时，宁波三江口就具有世界性影响力。宁波对于茶文化在海外的传播也扮演着不可或缺的角色，被称为"中国茶乡"。宁波三江口还是日本遣唐使的重要登陆地，溯源日本的茶文化与佛教文化，宁波的痕迹无处不在。近年来，宁波三江口作为大运河"二段一点"中的"一点"，被列入世界文化遗产名录，从中可以看出其影响力之大。

4. 发展力评价

三江口作为宁波城市的中心，是三江六岸和城市中心区品质提升的核心区域，其发展具有举足轻重的地位。一方面要弘扬发展革命文化，挖掘三江口区域红色资源，以中共宁波地委旧址纪念馆为中心，开明街鼠疫灾难陈列馆、宁波教育博物馆、中山广场"明州双英亭"甬曹铁路宁波车站纪念馆、和丰纱厂旧址、大革命时期宁波总工会旧址为重要节点，打造展示宁波儿女爱党爱国品质的"三江口红色文化圈",提升区域红色文化魅力,有助于深入挖掘浙东伟大抗战精神的源头,为忠实践行"八八战略"、奋力打造"重要窗口"、当好"重要窗口"模范生提供不竭的精神动力。

另一方面要转化利用传统文化,挖掘三江口独特的水域形态和历史文化资源,精心打造其他地方无法复制的极富魅力与活力的"国际知名的三江口",让三江口成为宁波强化永续竞争力的平台、国际港口和亚太地区门户城市形象的集中展示区,其未来发展具有无限潜力。

(三)三江口核心文化基因的转化利用

宁波三江口作为一个具有悠久历史的宁波人心中的精神图腾,具有十分深厚的群众基础,也是宁波的一个地标式区域。因此,转化利用好三江口的文化基因具有非常重要的作用。转化利用的思路如下:利用宁波三江口特有的优势,把三江口的悠久历史文化与生态保护相结合,运用三江口独特的水域形态和历史文化资源精心打造其他地方无法复制的极富魅力与活力的"国际知名的三江口",同时发挥宁波三江口的辐射作用,构建三江口辐射范围内的统一体系,助力以三江口为核心要素的文化公园和三江口文化带建设。提出"泛三江口"概念,让三江口带动整个区域的发展,推动整个宁波地区传统文化的创造性转化和创新性发展,使三江口成为新时代宣传宁波形象、展示宁波文明、彰显宁波文化自信的亮丽名片。由此,三江口地区的面貌、品质必将得到极大改观,三江口地区在整个宁波都市区中的地位和作用也必定会有大幅度提升,同时也有利于助推宁波城市综合竞争力的提升。

1. 注重史料挖掘,加强研究

2013年,中国向国际社会提出共同建设"一带一路"的倡议,宁波是古代海上丝绸之路的主要港口城市,受到广泛关注。

要发挥宁波三江口作为海上丝绸之路重要港口的研究性作用,首先应更加重视文献资料、图像资料和考古资料的综合利用。三江口传统风貌建筑林立,尚有庆安会馆、钱业会馆、江厦码头、永丰库遗址等11处实物留存;三江口古籍研究中心现存宋、明、清宁波郡志6本,三江口研究著作1本,相关期刊报纸6篇。要加强文物古迹的保护、研究与利用,深入挖掘三江口传统文化基因,系统宣传三江口独特文化和名人史迹。此外,还应重视关于三江口与城市及区域之间联动关系的研究，将三江口历史同宁波历史联系起来；重视海外所藏文献、海外考古发现以及海外学者的研究成果等，广泛开辟三江口史料来源的渠道。

在此基础上，三江口古籍研究中心可以与宁波当地的高校或相关历史学者进行合作，共同发掘三江口的历史文化，开展丰富多样的研究工作，不仅以文字形式搜集资料，也可以对口头或者习俗形式进行研究，并将这些资料整理汇编，以此作为研究的材料支撑。

2. 合理规划，打造精品文旅线路

首先，发挥宁波三江口的辐射作用，构建三江口辐射范围内的统一体系，开发建设"三江口文化带"，以新三江口文化公园和三江文化长廊的建设为主。新三江口文化公园设计以自然形态为主，清新优雅，利用该公园得天独厚的水资源优势，对驳岸进行多种不同的处理，让市民在优美的环境中休憩之余，还可以到江边亲近自然。其建成将为甬城市民再添一处亲近自然、观光休闲的好去处。

三江文化长廊，将以姚江、甬江和奉化江两岸为部分文化设施的所在之处，建设歌剧院、博物馆、美术馆、图书馆、音乐厅等，构筑集文化、旅游、休憩于一体的景观功能区。文化长廊旨在通过文化设施的建设，带动周边地区的发展。也可以建设"三江口—老外滩历史记忆馆"，专门收集三江口相关的一些历史文物，建成一个类似于博物馆的城市记忆馆，供广大市民以及外来游客游览，让更多人了解、知道三江口的历史。同时，长期开设三江口夜游路线，游轮经过灵桥—老外滩时，由专人详细讲解灵桥、老外滩故事，让游客在老外滩旅游时能了解三江口的历史，进一步充实游览内容。

其次，串联"海上丝路"旅游路线。充分发挥三江口与海上丝绸之路之间关系的作用，将庆安会馆、"海上茶路"起航地、钱业会馆、浙海常关遗址等三江口附近的历史遗迹以旅游路线的方式连接在一起，让游客在旅游时能够更加深刻地了解古代海上丝绸之路的繁华以及三江口的古韵。

最后，打造"滨江空间场"休闲旅游区。提出"滨江空间场"策略，通过部分滨江道路的机动化改造，界定一个更大的、能够容纳多样化城市活动的"空间场"，使沿江地带不仅是一个公园和散步场所，更是汇聚商务、文化娱乐、休闲等不同城市功能的场所，从而把三江口与城市生活、城市产业、城市文化紧密联系起来，形成复合型文旅线路，提升宁波城市的综合竞争力，真正

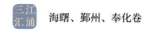

体现宁波滨水城市的活力和魅力。

以"泛三江口"为文旅建设的主题概念，有助于推动整个宁波地区传统文化的创造性转化和创新性发展，提升文化旅游品质，从而使三江口成为新时代宣传宁波形象、展示宁波文明、彰显宁波文化自信的亮丽名片。

3. 加强合作，研发复合型文旅产品

每一个城市都有其传统积累下来的文化记忆，需要把城市记忆、文化印记移植到产品。首先，宁波可以尝试开发"三江口"系列文创雪糕，在造型及包装上，将几个与三江口有联系的古建筑、水路、灵桥及甬江大桥等轮廓形状设计成雪糕样式，并结合宁波当地特色和全国的消费情况，为宁波制定一个快消品的礼品计划，在三江口江畔进行销售，在吸引游客打卡的同时，也能在网络传播中进一步扩大三江口的知名度。

其次，宁波"涌优印象"纯牛奶是地方特色产品，可以将城市文化印记的不同画面分别呈现在产品包装上，设计"印象宁波——三江口限定版"包装，将宁波传统地标建筑作为主视觉元素，展现宁波地域传统文化，以在国内外皆有市场、老少皆宜的奶产品为切入口，做成"城市名片"，打开宁波文旅商品市场。同时，也可重塑灵桥品牌产品化，如推出灵桥牌服饰、灵桥牌食品等，通过品牌品质认证，为城市生活带来更大便利。

4. 创作系列标志性影音作品

网络影音作品是文化传播最广泛、最便捷的方式，目前三江口相关的影视作品已有CCTV-4《远方的家》全新系列节目之《大运河》第一集《从宁波启航》，展现古老的中国大运河与浙东运河的关系，让观众欣赏三江口风景，在壮丽的三江口工程中探寻大运河鲜为人知的故事。还可拍摄"中国大运河与海丝之路交会处——三江口"主题纪录片，向观众介绍三江口与中国大运河和海上丝绸之路之间的关系，以及回顾历史上三江口的重要地位及其相关故事。

游戏也是现代寓教于乐的一个有效方式，可制作"三江百景图"游戏，以三江图景为文化背景，并在游戏中加入历史的元素，让玩家通过游戏的方式，以经营的手段来一步步建设三江口港口，能够使玩家在娱乐的同时对三江口的历史有初步的了解，同时展现出在疫情之下、全球经济萎缩之际，以宁波三江口为代表的中国经济快速复苏的强大动力。

此外，可以举办三江口艺术文化展览或比赛，鼓励创作音乐类和美术类

作品，如开展"音乐宁波"国际艺术节，举办以"三江风采"为主题的写生大赛，有助于吸引海内外的音乐家、美术家以及相关人员来甬参赛，作品可以视频、图片形式进行网络传播，更能让观者通过视觉冲击感受三江风采。

参考文献

1. 陈佳莹：《宁波三江口地区的城市意象研究》，《重庆建筑》2009年第10期。

2. 丁洁雯：《庆安会馆：大运河（宁波段）与海上丝绸之路的文化衔接》，《宁波通讯》2018年第10期。

3. 龚缨晏、陈中一：《近40年来宁波港史研究回顾与展望》，《海交史研究》2020年第1期。

4. 林士民：《浅谈宁波"海上丝绸之路"历史发展与分期》，《宁波与海上丝绸之路》，科学出版社2006年版。

5. 张能恭：《呼唤人性化的城市中心——议宁波三江口地区城市设计》，《规划师》2001年第4期。

白云庄（海曙区文化和广电旅游体育局供图）

四、白云庄

白云庄位于海曙区管江岸畔，占地面积约4亩（1亩≈667平方米），建筑面积约650平方米，素有"城内天一阁，城外白云庄"之美称，属全国重点文物保护单位。白云庄原为明末户部主事万泰的祠园，因其子万斯选著有文集《白云集》，世称"白云先生"，故名。明末清初著名思想家、文学家、史学家黄宗羲曾在此讲学，创"证人书院"，后其弟子全祖望冠以"甬上"，故白云庄又称"甬上证人书院"。

白云庄主体建筑坐西朝东，前后两进，均为砖木结构的平屋，古朴端庄。白云庄正前方立有明代石牌坊一座，南侧为万氏故居，西北侧为万邦孚和万斯选之墓，庄内有黄宗羲生平事迹陈列室和浙东学派主要人物及其影响陈列室，是浙东文化的重要遗址。

白云庄的建造过程可分为五个时间段：初次是明末万邦孚营生圹，建墓庄；第二次是民国时期考古工作者杨菊庭根据历史文献寻到书院旧址，并在旧址屋基上进行重建；第三次是1980—1984年新中国成立后的第一次修复改造；第四次是1986—1991年为配合"国际黄宗羲学术讨论会"的召开，增建附属设施，开辟陈列室，对建筑进行保养性维护；第五次是2019年的提升改造，融进智慧导视系统等现代科技，以新的形式传递浙东学派精神。

白云庄作为浙东学派的摇篮，拥有深厚的文化内涵，充溢着宁波的城市精神，正以现代科技的形式传递浙东学术思想，以其精神内涵融入宁波现代化都市建设。

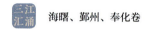

（一）白云庄核心文化基因解析

1.物质要素

（1）砖木结构

白云庄汲取了民间建筑的风格特色，具有朴实、雅致的格调。白云庄现存建筑多为民国时期重建，重建时多为迁移清代遗构或购买清代建筑旧材料进行修缮建造。书院建筑以砖木结构为主，均为单层，主要建筑为宁波典型厅堂式建筑，屋顶形式多为硬山。

万氏原祠与讲堂两座建筑均为抬梁式与穿斗式混合构架，兼有抬梁与穿斗的特点，抬梁式的主要特点是以梁作为屋顶的承重结构，穿斗式的主要特征是将檩条直接压在柱头上，瓜柱骑在下部梁上。万氏家史陈列馆则为硬山搁檩式混合结构，采用圆木作梁架，直接搁置在墙体上，以此减少对梁加工过程中木材的损失，其木架结构在白云庄所有单体建筑中最为简单。

（2）临水建筑

"水"是甬上证人书院选址最突出的特征。书院作为学习及修身养性的重要场所，择址以自然环境的优美为首要条件，借山水胜景达到陶冶情操、净化心灵的目的。书院的山水选址通常有四种类型：环山面水、背山环水、依山靠水、临水而建。宁波属水乡平原，河渠纵横，水文环境优越，书院多为临水而建。

甬上证人书院选址于海曙区前丰村管江岸，小桥流水人家，道路阡陌交错，自然环境十分优美。书院临水而建，与自然息息相关，一是体现了强烈的亲水、崇尚自然的思想；二是可以充分利用天然水源，便于交通运输及日常生活，体现了宁波水乡平原的民居选址特色。

值得一提的是，甬上证人书院门前有玉带水。玉带水指形似古代官员腰际玉带的水道，如建筑物在玉带水道内侧，意味着世代有读书人，家人官运亨通，家门富贵荣华。可见，白云庄的选址寄托了初建者对家族后代的美好希望，是宁波水乡平原民居选址的典范，可以称之为"风水宝地"。

2.精神要素

（1）礼乐相融

中国传统伦理思想萌芽于先秦，形成以孔子为主要代表人物的儒家伦理思想。书院建筑作为社会文化的空间载体，既反映了时代特征，又充分体现了儒家的"礼""乐"精神。

"礼"是儒家思想学说的核心要素之一，是儒家的伦理规范标准。中国传统教育建筑中，无论是官办学宫，还是民办书院、私塾，都特别重视教学场所的礼教象征意义，如分区严明、排列有序、追求中轴对称，都是深受礼制思想影响的产物。甬上证人书院的空间布局充分体现了礼制思想：主要建筑讲堂位于中轴线中心，前为牌楼大门，后为附属建筑。营造了庄严的空间氛围感，体现了尊卑有序的社会伦理关系，衬托出讲堂的核心地位。

"乐者为同，礼者为异；和则相亲，异则相敬。"书院建筑布局追求秩序感是"礼"的体现；"乐"则体现在建筑空间组织的自由布局、与环境和谐统一。传统建筑文化"礼乐相融"的特点主要表现在两个方面：一是天井与庭院组成的院落空间布局自由和谐；二是依靠园林景观营造休憩的动态空间。自由的院落组合布局依旧遵循了儒家的伦理纲常，书院牌楼式大门、三开间讲堂正厅和后屋均位于中轴线上，既严谨有序，又灵活多样。

（2）宗学兼备

白云庄的另一精神要素是"宗学兼备"。白云庄最初是万邦孚为祭祀先祖父而修建，后为维护新茔又另建墓庄，再后来黄宗羲、万斯同等学者将墓庄作讲学之所，将万氏原祠作祭祀先祖及居住之用。因此，白云庄具有浓郁的宗学色彩。

万氏家族十分重视祖先祭祀，在西郊建别业、设墓祠。万氏原祠的正厅原是祭拜祖先、举行宗族祭祀之所，后寝为安放祖先牌位和悬挂祖先画像之所，现万氏原祠为万氏故居。

书院祭祀源于古代学校的释奠与释菜之礼，祭奠先圣先师，树立典型模范，培养对先儒先贤的崇敬与景仰，达到规劝告诫、见贤思齐的目的。甬上证人书院的祭祀功能除了满足对浙东学派代表人物黄宗羲及其十八高弟的祭奠需求，还满足了万氏家族对宗族祖先祭祀的需求。

因此，白云庄兼具讲学、居住、宗族祭祀以及学术先贤祭祀等多种功能。

3. 语言与符号要素

（1）寓意深远的匾额楹联题词

白云庄重视通过运用匾额来反映传统伦理道德和精神观念。匾额常镶嵌于门厅、牌楼等建筑物，语言精练、寓意深远，将书法篆刻文化与建筑装饰艺术融为一体，集字、印、雕、色大成，多变的式样、高度艺术化的书法和雄伟壮观的建筑相互辉映，和谐统一。

牌楼大门上书"白云庄"三字，最初为民国鄞县县长陈宝麟所题，影壁上的"白云庄"三字为沙孟海手迹。"白云庄"之名出自"万泰第五子，万斯选，理学名儒，字公择，学者称其白云先生"，体现了建筑主人的学养追求，在潜移默化中给人以文化熏陶。

讲堂正门上悬"甬上证人书院"之匾。早在明代，刘宗周讲学蕺山，取意"既证既修在斯"，创绍兴证人书院，至明末衰落。黄宗羲师从蕺山之学，在甬上讲学时为纪念刘宗周，使蕺山之学后继有人，将白云庄改为"证人书院"，后其弟子全祖望为与绍兴证人书院区别，特冠"甬上"两字。

楹联是中华民族特有的一种传统文学艺术形式，是中国历史文化遗产的一颗璀璨明珠，是甬上证人书院营造园林意境不可或缺的重要组成部分。楹联表现了黄宗羲、万斯同等文人的审美态度和方式，言辞优美、意境深远且与建筑、环境相得益彰，以精妙的方式渲染了空间意境。"四方声价归明水，一代贤奸托布衣"为万氏家史陈列馆前楹联，道出黄宗羲对万斯同纂修《明史》的期望；"倜傥指挥天下事，风骚驱使古人书"为万氏故居前楹联，彰显了史学大师全祖望的人生理想和治学精神。

楹联是书院建筑艺术的点睛之笔。书院的楹联以木材为料，悬挂或镶嵌在建筑左右，简洁的汉字揭示了书院建筑营造的意境倾向，达到情与物合、情随景异、借物传情的境界。

（2）吉祥如意的建筑雕刻图案

白云庄的建筑雕刻图案与民俗文化密切结合，通过隐喻、比拟、谐音等方式，表达对美好事物的期盼追求。

马具有"马到成功"之意。白云庄内的"马"主要运用在两个地方：一是讲堂山墙侧面，象征"马到成功"之意；二是墓区石碑雕刻及墓前的独立建筑，寓意万氏家族为武将起家，是马背上的军功世家。

吉祥文字符号最能体现出民间世俗吉祥文化与儒家伦理文化的交汇融合。民间有追求现世生命永恒、追求五福的观念，五福中最大的福气乃长寿。"寿"字上有很多演变，如长形寿字寓意长寿；圆形中书寿字则寓意圆寿；多个寿字组合为百寿。宁波民居建筑经常出现在屋脊上雕刻福、禄、寿三字图案作为装饰，白云庄也不例外。

4. 规范要素

讲学形制是白云庄最主要的规范要素。黄宗羲学问渊博、治学严谨，倡导"经世致用"的治学方法，主张学术研究要为社会服务，他富有近代人文主义精神，是著名思想家、文学家、史学家。当时白云庄会讲的主要形式是：里中诸贤一月群集两次，集会时文人们皆衣冠楚楚，手执经书，按照次序就座。讲经会一开始，先由司讲者就某一论题进行阐述。随后，与会诸生对所讲问题展开讨论和争辩，互相商榷与探讨，气氛无比热烈。诸家子弟凡年龄在 10 岁以上者，均被要求跟随听讲，举止得体，彬彬有礼，增长知识和见闻。在 300 多年前的中国，白云庄能有学术民主氛围如此浓厚的研讨会，实在是难能可贵。

（二）白云庄核心文化基因的提取与评价

白云庄是浙东文化的重要象征，作为浙东学派的遗址而驰名学界。浙东学派，又称浙东学术，是中国传统学术的一个派别，源起于宋代，发达于明清。广博厚重的浙东文化是中华优秀传统文化的重要组成部分，尤以明清时期的王阳明、黄宗羲等人的学说最具代表性、影响最为深远。白云庄核心文化基因主要提取为继承、发展了浙东学术史上的优良传统：不守门户之见，博纳兼容，贵专家之学，富创新精神，倡导"经世致用"。

1. 生命力评价

严格地说，北宋时期没有形成完整意义上的有公认领袖、统一宗旨、学术传人的"浙东学派"，但已出现具地域特色的学术群体，可以说"有浙学而无浙东学派"。南宋浙东学派分布于浙东地区，出现学者蜂起、学派林立的繁荣局面。主要有四派：一是以薛季宣、陈傅良和叶适为代表的永嘉功利之学；二是由陈亮代表的永康事功之学；三是以吕祖谦、吕祖俭兄弟为代表的金华婺学；四是以"四明四先生"杨简、袁燮、舒璘、沈焕为代表的浙东明州（今宁波）心学派。明代浙东学派的最大特色是形成以王阳明为首的姚江学派（即阳明心学派）和蕺山学派。至清代，形成以黄宗羲为首的影响力绵延至清末的浙东经史学派。

　　蕺山弟子黄宗羲是明清浙东学派承上启下的关键人物，创建了"清代浙东学派"，学术宗旨是"经世应务"和"必以力行为工夫"，简称"力行实学"。清代浙东学派以史学成就为代表，兼重文学，实现文史会通；开拓创新，兼容并蓄，广采众家之长，是中国传统学术的一个重要派别，在中国思想史上占有重要地位，白云庄也因此被称为"浙东学术文化圣地"。

　　浙东学派的思想主张和精神内涵对当代社会有积极促进的作用，习近平总书记曾多次论述浙东学派的"经世致用、知行合一"思想，反映其对国家治理产生积极影响，具有很强的生命力。

2. 凝聚力评价

　　在传统轻商、贱商的社会文化背景下，浙东学派关于工商文化的思想观念具有石破天惊的意义，凸显了思想解放的重要价值。浙东学派提出"商借农而立""农赖商而行""工商皆本"等为商人、商业辩护的观点，心学大师王阳明提出"四民异业而同道"等重新评估商人文化、商人社会地位的命题，具有深远的历史意义。

　　浙东学派的工商文化思想，不仅在中国文化史上独树一帜，而且影响了宁波人的思想观念和行为方式，是宁波思想文化的重要源泉。改革开放以来，在深厚的区域传统文化底蕴特别是深厚的工商文化底蕴影响下，宁波形成了独具特色的"宁波帮"，形成了"宁波帮，帮宁波"的慈善文化，在助推宁波现代化建设方面发挥了重要作用。

　　理解浙东学派的工商文化思想，是解读当代"宁波现象"背后深厚历史文化底蕴的一把钥匙。

3. 影响力评价

　　东汉思想家王充在《论衡·对作篇》中强调其写作宗旨："《论衡》实事疾妄，无诽谤之辞。""实事疾妄"，指实事求是、批判虚妄迷信，追求真实、批判的精神。这种精神在浙江思想家如陈亮、叶适、黄宗羲、龚自珍、章太炎、鲁迅等身上，表现得尤其突出，是浙江人文精神的重要源泉，为当代浙江经济社会发展提供了持久动力，也为不断开创社会主义现代化建设新局面、全面建设社会主义现代化强国提供了科学务实的思维方法和精神动力。

　　中国知识分子素有"以天下为己任"的责任感，这在浙学中表现得尤为突出。黄宗羲重视浙学"经世致用"的思想传统，提出"经世应务"的思想主张，认为"经术所以经世""学必原本于经术而后不为蹈虚，必证明于史籍而后足以应务"，充分体现了浙学"经世致用""力行实践"的优良传统，对后世产生深远影响。

浙东学派有多元包容、和而不同的人文精神，如王阳明的"折衷朱陆，会通佛老"思想、黄宗羲的"会众合一"主张、章学诚"道并行而不悖"的论述。浙东学派的"兼容并包"思想流传至今，是浙江人民对外开放、创业创新的精神支柱，是浙江经济社会高速发展的精神动力。

4. 发展力评价

白云庄作为浙东文化的重要遗址，其独特的文化价值、精神内涵、历史底蕴日益得到重视。2019年，白云庄进行提升改造，升级智慧旅游导览服务平台、导游导览数据内容建设，设计制作智慧导视系统、展厅数字化展示，结合现代科技，融入数字技术，使古老的浙东文化以现代化的形式呈现其承载的文化精神。参观者可以借助旅游客户端、线下智慧标牌上的微信二维码等满足导览需求，同时还能共享虚拟旅游、旅游地图、旅游互动等旅游公共服务，更好地实现了自助导游功能。同时，白云庄新增以数字化方式展现《鄞江送别图》，通过视频制作结合墙体手绘的方式，动静结合，让静态的画动起来，充分实现让文化"活"起来、"动"起来、"传"起来。

此外，为更好地传承浙东学派的文化精神，由海曙区白云街道、海曙区洞桥镇人民政府出品，宁波话剧团（海曙区话剧中心）承制了大型音诗画剧《寻迹·白云庄》。该剧以白云庄为载体，从一位现代年轻人的视角切入，通过"寻迹"将白云庄的历史故事、历史人物、文化脉络有机地融合、解构和串联，打造"白云庄"浙东文化品牌，践行知行合一、经世致用的思想。

白云庄以高质量的公共文化供给，搭建博物馆与社区、校园、社会公众的互动平台，更好地发挥博物馆作为文化中枢和纽带的作用，让市民近距离地接触博物馆、了解其承载的文化精神。

（三）白云庄核心文化基因的转化利用

白云庄作为浙东学派的摇篮，历史悠久，底蕴深厚，其核心文化基因主要提取为继承、发展了浙东学术史上的优良传统：不守门户之见，博纳兼容，贵专家之学，富创新精神，倡导"经世致用"。其转化利用思路大致是：以白云庄为基础，结合浙东学派文化名人事迹，打造"经世致用，兼容并蓄"的文化IP，并将其运用到文旅活动、文旅线路设计、文艺作品创作、文旅衍生品设计中。一是充分利用白云庄实地景点，举办系列文化活动，同时完善白云庄文物陈列；二是围绕浙东学派，打造特色文化精品旅游线路，推动浙东文化的传承发展；三是深入挖掘白云庄蕴含的文化价值，多元多样创新转化利用，不断增强白云庄的对外影响力。

1. 充分利用白云庄实地景点，举办文化活动，完善文物陈列

首先，举办传统文化游园活动"花朝节"，有效引导社会文化资本参与共建，创新游园活动方式，丰富游园内容，借助新媒体、主流短视频平台推广宣传活动，增强影响力。融合舞龙、糖画、古乐等传统表演艺术，开设古代绣品、传统手工布艺、剪纸等传统手工艺展览、现场体验活动，吸引游客、居民前来游览参观，起到"打卡吸粉"的作用，不断加强对外宣传，提升知名度，增强自身影响力。一方面，"花朝节"可以借助浙东文化基因，推动休闲消费业态发展，助力优秀传统文化的创造性转化；另一方面，结合传统文化体验活动，可以促进非物质文化遗产的保护、文化资源的开发利用以及浙东文化精神内涵的挖掘、宣传，让居民、游客在多样的活动体验中感受优秀传统文化的熏陶，了解、传承浙东文化，凝聚民族精神，增强文化自信。

其次，丰富完善文物陈列，全面呈现"白云"历史。白云庄自明末万邦孚初次建造始，历经五次修缮改造，至今已有300多年历史。作为浙东学派的摇篮，文人荟萃，拥有悠久的历史传统和深厚的文化内涵。文物陈列能让游客在观赏文物的过程中，直观地了解白云庄的变迁史，实地重温历史场景，感受浙东学术传统，沐浴浙东学术精神内涵，是呈现"白云"历史的有效途径。目前，庄内虽然有黄宗羲生平事迹陈列室和浙东学派主要人物及其影响陈列室，但现有文物陈列规模与其作为浙东文化遗址的重要地位不相匹配，需要加大力度，进一步收集、征集相关文物，丰富完善文物陈列，更完整全面地呈现浙东学派的文化基因，充分展现白云庄悠久辉煌的历史底蕴。

充分利用白云庄实地景点，举办系列文化活动，完善文物陈列，主要是考虑到白云庄作为实地景点，对其的充分利用可以推进具有浙东文化基因的休闲消费业态发展，同时结合文化体验活动，促进非物质文化遗产的宣传、保护，推动丰富文化资源的开发利用，也可以增强白云庄的影响力。

2. 聚焦浙东学派，打造特色文化旅游线路

高标准、高质量地打造特色研学线路——浙东学派文化路线。为落实立德树人的根本任务，全面推进素质教育，提高中小学生的社会责任感、创新精神和实践能力，教育部等 11 部门印发了《关于推进中小学生研学旅行的意见》《中小学德育工作指南》《中小学综合实践活动课程指导纲要》等文件，研学活动已经成为中小学基础教育课程体系中综合实践活动课程的重要组成部分。白云庄作为全国重点文物保护单位，作为浙东文化的重要象征地，应该主动挑选优秀文化资源，积极对接教育局、文化和广电旅游体育局等政府部门，推动白云庄尽快成为中小学生研学实践教育基地和营地，利用周末、节假日和寒暑假等假期，开展国学教育、研学活动，融文化溯源、传承发展于一体，以优秀浙东文化塑造青年一代，树立文化自觉，担当传承浙东文化的使命，培育热爱优秀传统文化，践行经世致用、知行合一的新青年。同时，可以规划"府城文化之旅"，串联白云庄、张苍水故居、鼓楼旅游区、天一阁·月湖景区、城隍庙、天封塔、南塘老街等代表性景点，打造优质文化旅游线路，吸引外地游客前来旅游，体验甬城文化魅力。

聚焦浙东学派，打造特色文化旅游线路。主要考虑到白云庄作为浙东学术传统的重要发源地，具有丰富的优秀传统文化资源，可以细挖精选，对接中小学、社会组织机构，开展国学教育，承担文化传承的使命，增强文化自信，助力社会主义文化强国建设；同时串联宁波代表性景点，打造优质文化旅游线路，全方面地展现宁波作为文化之城的历史底蕴。

3. 挖掘白云庄文化内涵，多元多样推广宣传白云庄

白云庄作为浙东文化的重要遗址，历史上名人荟萃，是浙东文化的精神象征，具有广博的文化历史价值，可以深化创新开发，多样化地转化利用传承浙东文化。一是充分利用在甬高校资源，加强校地合作，发挥高校专家学者的优势，加强史料挖掘及理论研究，全面系统地展现白云庄的辉煌历史，综合研究成果出版专著，扩大白云庄的对外影响力。二是继续加强与宁波话剧团（海曙区话剧中心）的合作，在原先大型音诗画剧《寻迹·白云庄》基础上，选取新角度、结合新发现、融入新科技，创作新的艺术精品。如可以从白云庄与浙东学派文化溯源及当代传承出发，围绕主要人物、代表性事件，进行戏剧、情景剧的艺术创作。三是广征博采，举行"白云庄"logo（标识）设计大赛，以白

云庄为基础，结合浙东学派文化名人符号元素，进行标识新设计，打造"经世致用，兼容并蓄"宁波白云庄文化IP；借助社会力量，动员市民参与，举办文创产品开发大赛，征集既具有白云庄文化元素，又具有市场前景的实用性、创新性文创产品，以新形式展现白云庄的文化底蕴。四是浙东文化进校园，培养白云庄讲解员。中小学可以通过开设地方文化专项课程，对学生进行文化熏陶，从小培养担当文化传承人的使命感；高等院校可以通过开设地方文化阐释与开发转化等选修课程，向在甬高校外地学子普及浙东文化，借助年轻一代新思路、新想法、新创意，设计文创产品，共同推进浙东文化的健康发展，营造传承传统文化的良好氛围。

参考文献

1.付智强、李明：《宁波白云庄保护开发问题探析》，《宁波通讯》2018 年第 23 期。

2.寒石：《书院圣地白云庄》，《宁波通讯》2012 年第 14 期。

3.何毅亭：《新时代·新思想（二）》，人民出版社 2021 年版。

4.王婧：《宁波甬上证人书院建筑艺术探析》，浙江理工大学 2017 年硕士学位论文。

5.叶人君、方鹏桥：《白云庄：传承浙东文化》，《宁波经济（财经视点）》2019 年第 4 期。

五、钱业会馆

宁波钱业会馆位于宁波市区东门口不远处的战船街 10 号。清同治三年（1864）钱业同业组织称"钱业会商处"，在江厦一带滨江庙设有公所。民国十二年（1923），因原有公所"湫隘不足治事"，于是购置建船厂跟（今战船街）"平津会"房屋及基地一方，兴建新会馆，即现钱业会馆，至民国十五年（1926）竣工。钱业会馆是昔日宁波金融业交流、交易的场所。

钱业会馆是旧时宁波钱庄业辉煌的代表。钱庄业始于清初，据《鄞县通志》记载，甬上金融向以钱庄为枢纽，其盛时，资金在 6 万元以上的大同行有 36 家，1 万元以上的小同行有 30 余家，几百元以上的兑换庄有 4000 多家。民国二十年（1931），全县钱庄已发展到 160 家，资金总额计 3866 万元，而且首创不用现金支付的"过账制"。金融业的兴旺是经济发达、繁荣的标志，当时曾有"走遍天下，不及宁波江厦"的说法，足以证明当时宁波经济的昌盛以及宁波人的骄傲。

钱业会馆由钱庄业界人士投资兴建，是清末民初钱庄业人士办公、集会、议事和祭拜财神的场所，属民间金融机构。主要经营存贷款业务和汇兑业务，经营范围集中在江浙沪一带，对当时浙江经济的发展起到积极的促进作用。如今，钱业会馆是全国唯一保存完整的钱庄业历史文化建筑，其精巧秀美的建筑风格和厚重绵长的历史底蕴都深深吸引人们。

钱业会馆（海曙区文化和广电旅游体育局供图）

（一）钱业会馆核心文化基因解析

1. 物质要素

（1）港通天下的地理环境

"生意兴隆通四海，财源茂盛达三江。"宁波地处东海之滨，位于我国大陆海岸线中部、长江三角洲东南部，海道辐辏。基于有利的地理位置，宁波自古以来便是重要的通商口岸，是海上丝绸之路的东方始发港口之一。《宁波府志》记载，"宁郡六县，俱接滨海"，"西南自岭粤，东北达辽佐，延袤一万四千余里，商船番舶，乘潮出没"，"内则联络众省，外则控制东倭"。同时，宁波的河道和陆路交通也十分发达便利，商人们可以通过甬江、姚江和浙东运河，经由钱塘江，进入京杭大运河，将货物运销至全国各地。

虽有地利之势，但宁波地狭人稠，人地关系比较紧张。据《鄞县通志》记载："生齿日繁，地之所产不给于用。"包括舟山群岛在内的宁波府辖区，岛屿众多，更加剧了人地关系的紧张局面，激发了宁波人为生存和发展闯荡世界、发展商业和金融业的雄心。南宋迁都临安（今杭州）后，宁波商人前往全国各地开展贸易活动，逐渐形成了强大的宁波商帮。明万历年间，宁波俨然已成为东南沿海的一大繁华都市。

钱业会馆坐落在今海曙区靠近东门口的战船街。战船街因宋时于此造战船而得名，历经沧桑、历史感厚重。约1000米长的战船街"左手繁华，右手沉静"，完美融合商业和休闲功能。如今的钱业会馆虽然不复昔日的金融业枢纽的繁华，但却以其深厚悠远的历史，静静地注视着当代宁波的发展，宛如过去和现在对话的桥梁。

（2）别具特色的砖木建筑

钱业会馆是当年宁波钱庄同业聚会和交易的场所，于民国十五年（1926）建成，占地1500余平方米，前后二进，有亭台楼阁、园林组成的中西式砖木结构建筑，其建筑风格别具特色。前进廊舍环绕，两旁有石刻、碑记，中间有戏台；后进为议事厅，是旧时宁波金融业的最高决策地。厅前亭园花草，清静幽雅，是全国唯一保存完整的钱庄业历史文化建筑。

会馆内部保留着的三块石碑，皆出自著名文人、书法家和石刻家之手。忻江明先生撰写的"宁波钱业会馆碑"，字迹清晰，保存最为完好。"宁波小同行永久会碑"和"宁波钱业会馆建筑捐款碑"两块石碑虽然历经了百年岁月的侵蚀，斑驳明显，部分字迹模糊难辨，但整体保存较为完好。三块石碑见证了宁波钱庄业的发展，展现了宁波钱业会馆独特的历史文化价值。

2. 精神要素

（1）与时俱进，勇于创新

宁波钱庄的经营者不断吸收外来文化，锐意创新。清同治年间，宁波人从制度创新入手，运用金融制度的改进，将属于流通领域的货币转变为资本工具，创立过账制度，解决原始资本问题，刺激了宁波商业的发展，使得"宁波之码头日渐兴旺，宁波之富名甲于一省"。

自五口通商后，随着西方银行业的进入，"宁波帮"经营的钱庄等传统金融业开始通过改制、新建及与在华外资金融机构合并等形式，逐步向现代银行业过渡和转型。清光绪二十三年（1897），我国第一家民族资本银行中国通商银行创立，由宁波籍人士叶澄衷、严信厚、朱葆山发起，并担任总董。此后，历届董事和经理亦多为甬人。到了20世纪40年代前后，在除中央、中国、交通、农民4家特许银行和43家由地方当局开设的银行外的102家商业银行中，半数以上的银行都与宁波人有关。

作为钱庄同业公会活动场所的钱业会馆，成为反映和展现宁波钱庄业和近代金融业发展历史的重要见证者，蕴含了宁波商人与时俱进、勇于创新的精神内涵。

（2）博采众长，兼容并包

兼容并包精神在宁波渊源已久，是宁波文化的个性体现。古城宁波既是文化的熔炉，促进多元文化的渗透和吸收；也是外来文化和本土文化的汇聚处，形成了各种文化的融合和并存。坐落在宁波古城的钱业会馆内展示的宁波金融发展史也证实了这一点。自汉唐以来，宁波海上丝绸之路的开辟和繁盛，使宁波商业长期受到海外文化的影响；至清末民国时期，外来资本入侵，与宁波商业文化产生了碰撞融合，促进了民族工业的发展。

（3）耕读传家，商儒并生

宁波人杰地灵、人才辈出、精英荟萃，历代各类人才如群星璀璨、绵延不绝、蔚为大观。据统计，列入《中国历史名人大辞典》的历代余姚籍名人有162位，因而有"姚江人物甲天下"之美誉。历史上，宁波涌现出不同领域以及家族性的多个人才群体，在一个不太大的地域范围内形成了"人才群发""人才共振"的效应，经济文化精英、名人不断出现，推动了宁波经济文化走向全国、走向世界，扩大了宁波的地方知名度，聚集了文气、人气、商气和财气，同时反过来又推进了宁波商业的发展。

（4）大信不约，诚信重诺

旧时代，市场上贸易买卖，都是凭一句话"一锤定音"，买卖双方虽然尚未银货两讫，但无论市场行情如何变化，甚至"老本亏完"，讲出的话也坚决不能抵赖，这便是商业信誉，即"重然诺"的精神，宁波钱庄业尤其推崇并遵守该精神。《宁波钱业会馆碑记》的第一句话，即为出自《礼记》的"大信不约"，意为真正讲信义、讲诚信的人不必依靠立约盟誓来约束。如宁波钱庄从山西票号、外国银行拆借来的资金主要用于放款，只要钱庄认为借款商号信用良好，放款时不论款项有多大，都不需要任何抵押品或担保，而仅凭信用行事。同时，作为"百业之首"，钱业会馆更加注重信用，维护行庄的良好形象，故有"信用码头"之称。

3. 语言与符号要素

（1）天圆地方的空间布局

钱业会馆的布局为长方形，并由一个庭院隔开，分为前后两进，大体呈现为两个方形，并且会馆内布满了方窗、方砖等方形元素。同时，大门处镶嵌着盘龙纹的圆形砖窗、钱园的圆形拱门、凉亭的圆顶、走廊的圆形方孔铜钱等圆形元素，将"方"与"圆"完美地融合在一起，象征一种自然、平衡之美，体现了传统的天圆地方的结构布局，也蕴含着为人处世方面的"外圆内方"思想。

钱业会馆也是一座轴线对称的古建筑，其被中轴线划分为前后二进，前一进廊舍环绕，两旁有石刻、碑记，中有戏台、天井，为会员以及会所工作人员日常工作及集会休闲的场所；后一进由花园和议事厅组成，议事厅是旧时宁波金融业的最高决策地。会馆布局简洁对称，凸显沉稳，按照不同功能进行空间划分和位置布局，体现其严谨性。

附属的建筑以左右对称的方式严格排列在中轴线建筑的两侧，并且其造型相通、功能对应，体现了突出中心、凸显中轴线的特点，营造出空间秩序的美感，反映了我国古代儒家思想的秩序、礼仪、道德观念。

（2）中西结合的建筑风格

钱业会馆坐北朝南，占地大约 1600 平方米。由南至北收缩呈梯形，外墙以青砖为主，内部为木结构建筑。正门上部塑有"福禄寿"三星，两侧各有一条精心雕琢的盘龙，镶嵌在圆形的砖窗。大门正上方是"钱业会馆"四个遒劲有力的砖雕大字。

会馆内部及天井内立面为宁波地区传统的木结构形式，外立面山墙、山花清水砖砌筑，水磨石制作墙基、大门框、窗罩等，都展现了当时宁波地区受西方文化的影响，建筑具有中西结合的特色。尤其是屋顶采用当时最流行的西方红色洋瓦，屋脊为中式瓦条垒脊。中西结合彰显了独特的文化韵味。

砖雕也是钱业会馆建筑中较为独特之处。砖雕，指在甬金砖等级的成品青砖进行表面深度雕刻，雕刻出山水、花卉、人物等图案，是一种重要的古建筑雕刻艺术形式。钱业会馆内遍布着刻制各种艺术造型或图案的砖雕，或置于墙上，或置于门框，或置于镂空透窗等处，其图案形制美观，精致细腻，做工考究，细微之处都恰到好处地衬托了会馆建筑的高雅与精致。

（二）钱业会馆核心文化基因的提取与评价

钱业会馆是中国钱庄业保留最为完好的会馆建筑，是全国中等城市内唯一的一家展品门类较为齐全的专业性钱币博物馆，是完整呈现宁波钱庄业和近代金融业发展历史的重要场所，见证了宁波城市和宁波商帮的发展。钱业会馆的文化基因根植于宁波"港通天下，地狭人稠"的独特地理位置，其核心文化基因主要提取为积极进取、勇于创新的商业精神和兼容并包、与时俱进的开放精神。

1. 生命力评价

从持续时间来看，钱业会馆承载的"兼容并包，与时俱进"的文化基因从未中断，文化基因形态保持稳定。三江汇流的宁波，地处东海之滨、长江三角洲东南部，是中国最早开放的贸易口岸之一，也是中国海上丝绸之路的始发港之一。在历史上，宁波更是文化的熔炉，各种文化在此融合、并存。其产生的商业文明使宁波人拥有一种闯荡天下的勃勃雄心，其"与时俱进，不断创新"的精神不断得到传承。当地口语向来把外出经商形象地称为"跑码头"，也有"大海泱泱，忘记爹娘"的民歌唱诵，足以见得其商业的繁荣、文化思想的多元。

唐宋以来，宁波是我国对外交流的重要口岸，假舟楫之利的宁波商人与日本、高丽等沿海国家有着贸易往来。南宋迁都临安后，宁波商人到全国各地做生意，逐渐形成了强大的宁波商帮。明朝后期，由于海盗滋扰，朝廷实行海禁政策，宁波商业有所衰落。清末"五口通商"后，西风东渐，宁波人比较早地开始接触西方文明，海洋文明的开放包容使得宁波商业再次繁荣起来。宁波商帮思想开放，善于接受新事物，融入本土资本与外国资本，学习借鉴了现代银行管理体系，推进了金融业的转型。

如今，为了进一步发挥钱业会馆的作用，2012年起，钱币博物馆认真摸索金融文化服务建设的新形势、新路径，寻求创新思维的灵感和方法，依托钱业会馆古建筑独有的地理优势和文化资源优势，积极开展金融文化研究创新，提升创新发展理念，探索发展实践，引领人们的价值观取向，成为支持当代金融改革、开放、发展稳定的核心元素，努力走出一条具有宁波地域特色的金融文化服务新路子。

2. 凝聚力评价

宁波钱业会馆曾广泛起着凝聚区域群体的作用。自建成之日起，宁波钱业会馆便成为钱业公会的办公场所，为钱庄的繁荣起到过重要作用。众多同业商人在此集会，交流市场信息，计有无、权损益，形成市场价格，实现有序运作，成为市场运营不可或缺的场所。在众多同业商人中，也不乏许多外出经商者，他们根在宁波，创业在上海、天津、武汉以及香港、台湾，还有的迈向海外，形成"宁波帮"。

但凡在外地有宁波人从事实业的地方，几乎都有宁波同乡会组织，这些同乡会都有一个共同宗旨：扶助乡亲，报效桑梓，具有强大的凝聚力。"宁波帮"独特的精神品格可以概括为：树高不忘根的赤子情怀，不甘居人后的开拓精神，大海融百川的开明思想，至实而无妄的诚信品德，励业重义理的互助风格。1984年，邓小平提出"要把全世界的'宁波帮'都动员起来建设宁波"，遍布世界各地的"宁波帮"的游子之心飞回甬江岸畔，投资兴业。如今，正在崛起的新一代"宁波帮"继承报效故乡、造福桑梓的传统精神，投身到现代化生态型港口强区的建设，促进宁波乃至中国社会经济文化的发展。钱业会馆在广泛凝聚"宁波帮"人士方面做出了不可低估的贡献。

3. 影响力评价

钱业会馆造型端庄古雅，是钱业公会的传承，也是宁波近代金融文化的象征，见证了"北有票号，南有钱庄"的兴衰历史，饱含钱庄历史文化底蕴。会馆伫立在海上丝绸之路的节点，大运河东段从这里通向东海，建造海上船舶的战船街就在脚下，使宁波进一步接触到外来文化，发展出开放包容的特点，促进了宁波商业文明的传播。

宁波钱庄业历史悠久，在不断的发展过程中对全国乃至全世界产生了巨大影响。其发展历史可追溯到明朝中叶，特别是"五口通商"后，大批宁波商人聚集巨额资本，投资海内外的工商、金融各业，发达的商品贸易促进了宁波钱庄业的产生与快速发展。清乾隆三十五年（1770），宁波钱庄业集中开设在江厦一带，在市中心滨江一侧有一条命名为"钱行街"的街道，经营的钱庄有几十家之多，故当时有"走遍天下，不如宁波江厦"的说法。道光年间，宁波钱庄业首创"过账制"，并很快通过上海向全国推广，成为全国钱业中普遍遵从和有效实施的管理制度和规则，宁波在当时也被称为"过账码头"。

4. 发展力评价

宁波钱业会馆蕴含的"兼容并包，勇于创新"的精神与当代精神追求和价值观念相契合，其传统文化基因在新时代得到创造性转化、创新性发展。习近平总书记历来都非常重视爱国主义和改革创新精神，曾在十二届全国人大一次会议闭幕会上指出，实现中国梦必须弘扬中国精神。这就是以爱国主义为核心的民族精神，以改革开放为核心的时代精神。宁波钱业会馆秉持"兼容并包，勇于创新"的精神在新时代不断改革创新，探索其保护利用模式，充分挖掘其历史价值，有利于会馆的全局规划和科学发展。如今，钱业会馆已经成为中国人民银行宁波中心支行领导下的钱币博物馆，也是爱国主义教育基地、宁波华侨国际文化交流基地。

（三）钱业会馆核心文化基因的转化利用

钱业会馆具有丰富的历史文化底蕴，同时具有良好的群众基础。其转化利用思路主要有：以钱业会馆建筑为基础，结合钱币符号元素，融入"宁波帮"精神，进行标识新设计，打造"兼容并包，勇于创新"的钱业文化IP，并将此文化IP及其蕴含的创新创业文化基因，转化运用到大型展览活动举办、文化设施建设、文旅线路设计、文艺作品创作、文旅衍生品设计中，努力使其成为宁波的一个文化符号。

1. 联合宁波钱币博物馆，开办相关展览和文化活动

1994年9月，钱业会馆内创办了宁波钱币博物馆，这是一家展品门类较为齐全的专业性钱币博物馆。2006年，宁波钱业会馆成为第六批全国重点文物保护单位，具有多元文化功能和多重文化符号。唐宋以来，宁波是我国对外交流的重要口岸，是"一带一路"的重要起点，繁荣的经贸活动促进了金融业的集聚发展。宁波钱业会馆处于大运河最南端出海口，连接海上丝绸之路起点，已被中国钱业与银行博物馆委员会授予全国首个"海上丝绸之路金融文化研究基地"称号，可以在金融文化建设与交流方面发挥积极作用，向海上丝绸之路沿线国家和地区传播历久弥新的金融文化。

当前，宁波钱币博物馆正朝着专业化、规范化方向不断发展，在国内金融界、文博界、钱币界享有盛誉，已成为宣传我国货币文化和宁波对外交流的重要窗口。2013年5月，"中华货币文化与书法艺术展"在上海G30会议上成功开幕。2013年9月，"宁波钱庄与近代金融业展"在北京开幕，宁波钱币博物馆成为首个在中国钱币博物馆举办外展的博物馆。2016年，中国人民银行发行宁波钱业会馆设立90周年金银纪念币。2019年3月，在章水镇樟村新四军（四明山南部）红色纪念园举办"浙东红色金融货币展"常年展，设立"红色金融文化教育基地"。2020年1月，在四明山梁弄镇横坎头村余姚市中小学实践基地举办"浙东红色金融货币展"常年展，设立"红色金融文化教育基地"。数百年的宁波钱庄文化一脉相承，为新时代宁波金融再创辉煌提供了源源不断的动力。

通过举办各种文化活动，围绕历史文化遗产保护利用、文旅融合、文化助力乡村振兴等工作，借助丰富多彩的宣传展示，推动历史文化遗产保护利用成果共享，进一步丰富群众的精神文化生活。例如，可以举办非遗文化日，分非遗演出、非遗特色购物和专题文化展览三个板块进行为期数天的活动，把宁波的市级、省级非遗项目都囊括进来。或是联动宁波市区周边文化景点，开展以江厦公园来远亭→道远禅师入宋纪念碑→三江口海上丝绸之路起航地→钱业会馆→渔浦门码头旧址→宁波教育博物馆（私立甬江女子中学旧址）→和义门瓮城遗址等为主线的线路游。

2. 依靠丰富的实物留存，开设宁波金融文化体验基地

宁波商帮是中国近代最大的商帮，是中国传统"十大商帮"之一，为中国民族工商业的发展做出了贡献，推动了中国工商业的近代化。如近代第一家完全意义上的中资银行（中国通商银行）、第一家中资轮船航运公司、第一家中资机器厂等，都由宁波商人创办。宁波商帮对清末上海的崛起和二战后香港的繁荣都做出了贡献。宁波商人遍布世界各地，其中不乏世界级的工商巨子。民国五年（1916）孙中山先生曾对宁波商帮作过高度评价："凡吾国各埠，莫不有甬人事业，即欧洲各国，亦多甬商足迹，其影响与能力之大，固可首屈一指者也。"

目前，依靠宁波钱业会馆和宁波钱币博物馆开设了爱国主义教育基地、红色金融文化教育基地和宁波市社会科学普及地。在体验基地中，可以增加金融文化、钱币文化和钱业文化的相关体验项目或角色扮演，引领全市中小学生、大学生前来体验、教学或调研，传播"兼容并包，勇于创新"的精神。

3. 联动宁波古城，创造钱业文化IP

在充满现代化气象的宁波，一幢传播钱业历史文化的古老建筑——宁波钱业会馆——的存在给城市增色不少。宁波钱业会馆造型古典雅致，处处体现钱庄历史文化特色，是当年宁波钱庄业辉煌的标志，也是宁波近代金融文化的象征，是全国唯一保存完整的钱庄业历史文化建筑。自落成之日起，宁波钱业会馆"促金融之融通、谋同业之发展，促市面之安全"，成为钱业公会的办公场所。众多同业商人在此集会，交流市场信息，计有无、权损益，形成市场价格，实现有序运作，成为市场运营不可或缺的场所。

以钱业会馆建筑为基础，结合钱币符号元素，融入"宁波帮"精神，进行标识新设计，打造"兼容并包，勇于创新"的钱业文化IP，并将此文化IP以及其所蕴含的创新创业文化基因，转化运用到大型展览活动举办、文化设施建设、文旅线路设计、文艺作品创作、文旅衍生品设计中，努力使其成为宁波的一个文化符号。可以联合宁波企业和宁波帮博物馆，邀请当地知名企业家来会馆分享经商经验，设计相关体验活动，宣传宁波金融文化，促进创业。

参考文献

1.宋建江、鲍展斌:《信用码头——宁波钱庄与近代金融业文化研究》,浙江大学出版社 2016年版。

2.赵婧:《钱业世家:宁波镇海柏墅方氏家族史(1772—1950)》,《中国经济史研究》2020年第 2 期。

3.周东旭:《钱业会馆:讲述宁波钱庄史》,《宁波通讯》2014 年第 6 期。

4.朱文剑:《历久弥新的宁波钱业文化》,《中国金融》2017 年第 21 期。

井字织席机（海曙区文化和广电旅游体育局供图）

草编课堂（海曙区文化和广电旅游体育局供图）

六、黄古林草席

古林，又名黄古林，位于宁波西郊，是闻名中外的草席之乡。古林不仅有古韵犹存的小桥流水、丰富多样的民俗风情、淳厚豁达的乡贤名士，还有一种特殊的野草——蔺草，在此生长了几千年。散发着清新气息的蔺草，使古林成为闻名中外的草席之乡。

考古研究证实，在河姆渡文化遗址发掘出的二经二纬法编织的苇席残片，是迄今为止中国最早的编织品，已有7000余年历史。宋代时，草席生产已具备相当规模，古林成为全国草席的主要生产基地和贸易集散地，并将草席出口远销至东南亚。清代，黄古林草席的生产销售更加繁荣昌盛。到民国二十一年（1932），鄞西手工织席从业者约15000户，产量达千万条。1954年，周恩来总理将40条古林生产的白麻筋草席作为国礼带到在日内瓦举行的联合国大会，受到许多国家、地区领导人的喜爱。2000年，在泰国举行的国际农博会上，宁波草席荣获银奖。

用蔺草编织的席子，通气清凉，具有明显的吸湿性和放湿性，对人体的健康十分有益。数千年来，黄古林草席作为实用的家居用品备受民众喜爱。生产和销售草席成为当地农村的一项重要经济收入。草席制作工艺复杂，道道工序环环紧扣。本地农民自小学做草席，世代相传。历经千年发展，草席的使用范围不断变化，制作工艺也不断更新。

如今，黄古林草席编织工艺已被列入非物质文化遗产名录，成为宁波永远的精神象征。

（一）黄古林草席核心文化基因解析

1. 物质要素

（1）得天独厚的地理优势

宁波地处我国海岸线中段、长江三角洲南翼，土壤肥沃，雨量充沛，排灌便利。蔺草喜湿，明朝李时珍在《本草纲目》中记载："灯芯草生江南泽地……即龙须之类。但龙须紧小而瓤实，此草稍粗而瓤虚白。吴人栽莳之，取瓤为灯炷，以草织席及蓑，他处野生者不多。"宁波城西的鄞西平原，曾有浩渺的广德湖，900多年前曾"广袤数万顷"，湖域涉及今横街、古林、集士港、高桥四镇。广德湖的泥涂地特别适合蔺草生长。黄古林草席最早时使用广德湖一带的野生蔺草，虽然后来广德湖废湖为田，但当地的土壤和气候环境变化不大，依然适合蔺草的种植。此外，宁波作为著名的海港城市，地理位置便利，航运繁荣，对外贸易的迅速发展也开拓了黄古林草席的销路。

（2）品质上乘的蔺草

制作草席的草，原名灯芯草，亦称虎须草、碧玉草，在7000多年前就已经存在。春秋战国时期，灯芯草被命名为"蔺"。蔺草生长喜潮湿环境，古时鄞西平原有大片湖荡沼泽，因而非常适合蔺草生长。出产的蔺草色泽清白而带绿，粗细均匀而挺直，草壁薄而坚韧，草芯丰满而有弹性，拉力强而不易断，是制作草席的优质原料。用蔺草制作的草席质量上乘，质地精密、挺括硬实、柔软光滑、收藏简便，畅销全国。

（3）制作草席的工具

手工编席工具主要有席机、木箅、打绳车、鸭舌剪、三翻凳等，其中最具特色的属三翻凳。三翻凳形似普通的四条腿木凳，但在木凳的三面都加上了厚木板作为凳面。其特点是可以翻出三种不同的高度：刚织席时，操作者坐最低一档，即凳子扁形的一面；织到席机高度的三分之一时，翻到第二档，竖起凳子侧面；等到草席快满机时，再翻到第三档，直接竖起凳子。当织到"箅"碰到机顶，两人便将织好的席子按到席机背面，从低档开始，坐在三翻凳上，完成后半条席子的编织。

2. 精神要素

（1）"不勤不得，不俭不丰"的优良品性

"不勤不得，不俭不丰"的勤劳、节俭传统美德延续至今。在古林镇，席草的种植与编织已有上千年的历史。沉淀千年的传统文化、田少人众的生产条件，积淀出当地人勤劳奋斗、节俭质朴的品格特征。人们种草、织席，面朝黄土背朝天，日出而作日落而息，通过制席、卖席获得生活来源，勤勤恳恳，艰苦奋斗。"勤俭守朴的生活作风，同舟共济的协作意识，创新图强的进取精神"是古林人民的真实写照，凭借勤劳、坚强的秉性，古林人用灵巧的双手为家庭和家乡创造了财富，也推动了宁波草编事业的发展。

（2）"勿同人家比高低，要同人家比手艺"的工匠精神

宁波谚语"勿同人家比高低，要同人家比手艺"强调练就精湛技艺的重要性。黄古林草席选料严格，每一根草要长短整齐，粗细相似，色泽相近。草席的制作过程有十几道工序，由两人配合完成，一人坐在织席机前压箝，另一人坐在织席机的右侧送草。箝重十七八斤，须用力压下，织出的草席才紧实耐用。压得太重，草会裂开；压得过轻，织出来的草席不紧实。可见手工编织草席十分辛苦，而款式和花色越复杂，编织草席时也要越精细。近代"织席状元"孙根记边实践边探索，不断总结织席经验，其"孙根记洋花"牌子硬、质量好，便是源于对精湛手艺和品质的不断追求。古林人不断雕琢产品、改善工艺，同时又对细节有着很高的要求。如今，古林人民脚踏实地、追求完美和极致的工匠精神依然在延续。

（3）重信重义的儒商文化

宁波商贸活动发展较早，当地很早就有重商、惠商的传统。席乡古林，不仅是中国草席的主要产地，还是草席买卖、转运、交换的重要场所。鄞西人口密集的乡镇和村落自古就有交易工业品和农作物的集市。当地有一座"卖席桥"，《鄞县通志》记载，"百丈路旧名百丈街、米行街、卖饭桥、卖席桥"，草席商贩集中在卖席桥边做买卖，诚实守信、童叟无欺，形成重信重义的儒商文化。清末民国时期，黄古林凭借作为草席集散地的独特优势，在长度仅500米的沿河街道上，发展出了百余家商店、商行，其中草席店有四五十家。席商讲求信义，出售的草席品质上乘、价格实惠。数千年来，无论社会如何发展变化，黄古林的席商们始终秉承诚信经营的理念，逐渐形成自己的品牌和口碑，

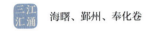

享誉全国乃至世界。

3. 语言与符号要素

"滑子"是黄古林草席核心文化基因的语言与符号要素。草席也称"滑子",背后有着一个历史故事。南宋建炎三年(1129),赵构驻临安,金兵长驱南犯,将赵构逼至宁波。浙东制置使张俊与金兵在西乡一带激战,张俊了解到当地盛产的草席坚韧光滑,又见附近多是平滑的青石板,为了智胜金兵,他命士兵向民间收取数千条草席,铺覆在大路上。次日,金军飞马而至,骑兵一踏上草席,马匹都被席片滑倒,顿时人仰马翻乱作一团。埋伏在道路两侧的南宋军民乘机追杀,大部分金兵被消灭,这场用本地特产草席作武器的战斗大获全胜。从此,草席改称为"滑子",由南宋兵传到北方,扬名南北。

4. 规范要素

宁波草席制作的传统手工工艺流程步骤严明、规范,丝毫不能马虎。从整体来说,有备料、备件、上筋、编织、修边、排席等多道工序,如加以细分,从种植席草到草席出售共有二三十道工序,编织时须两人配合,缺一不可。

(1)备料

草席的主要原料是席草,席草于10月到11月种植,到次年7月上中旬收割,通过三朝翻晒后,把干草捆成每把30斤左右,用早稻草覆盖后贮藏备用,保管时严防通风受潮。除了席草为主料外,还采用苎麻或络麻搓纺成细绳。此阶段主要包括以下6个步骤:优选品种;席草育苗;栽培管理;病虫害防治;收割和染色;干燥与储藏。至今仍流传俗语,如"冬天勿燥,春天勿爆",形象表达了席苗种植管理的注意事项。

(2)编织工艺流程

①选草、理草:按草茎长短分档选取,选草之前,需剪去根部泥块,清理杂草、碎屑,并脱去草壳,即去掉根茎部的叶梢。

②漂草、浸草:将席草分开铺成扇形,在日光下进行"漂白"。然后将选配好的干草茎全部放在湿草缸或河里浸湿,使其软化。

③刨麻头:将苎麻或黄麻的皮刨去,梳理成麻丝状,以便纺绩成麻筋。

④打席筋:也称纺麻筋,将麻丝纺绩成1.5—1.8毫米粗的麻筋。

⑤搓边绳:分草边和麻边两类,用手工将麻筋和草茎搓成绳,粗3—5毫米。

⑥整席筋：按照草席规格要求，将麻筋安装在木机上作经线。

⑦拷紧机门：将席机枕塞入下梁的上端空隙内，用榔头堵紧机门，使经线绷紧。做大席时，还要上好"肚撑棒"。

⑧敷水上油：这一步骤是为了使席筋与箸眼润滑，可减少断筋、断草的现象，又可减轻劳动强度。

⑨添草落箸：由一人握箸（一般由男子负责），一人持添鞭送草。一个人坐在席机的正面进行压箸，另一人坐在席机侧面叉草，叉草人把草往"替臂"的口子上一搭，穿入席筋中间，将草送入筋内，马上将"替臂"拉回，压箸人立即把箸压下，同时把伸露在席筋处的草根拗进。这是织席的最基本动作。

⑩搣边：由握箸人负责折草搣边，使席边紧密固定。

⑪割边：织席中分三移，待第三移上到顶时才结束，再用下脚草做排塞，然后用席机刀割去毛草边。

⑫落席：用席机刀割去多余的席筋，将毛席从席机上取下。

⑬排席和修边：席子晾晒后，平放在桌面上，去掉毛屑，用手掌把编织后的草往一个方向推，使席子变得更结实，然后把排露的席筋打结扣牢。

如今，草席编织也采用了现代化工艺，机制席编织的工艺流程大致包括选毛草、拔草、拣草、配净草、染色、软化、织造、修席、烘席等环节。但是草席手工编织的技艺仍然代代相传，在传承人的手工里，仍可以感知传承数千年的精神与记忆。

（二）黄古林草席核心文化基因的提取与评价

素有"中国蔺草之乡"美誉的古林镇世代编织草席。在漫长的历史发展中，每一代制作者对品质的严格把控、对产品质量的执着追求以及淳朴而厚实的工匠精神，使黄古林草席享誉海内外。每一张精心制作的草席都体现了劳动人民的智慧与勤劳，从而收获大众的喜爱与支持，才能流传至今。同时，宁波商人通过长久以来的草席交易，也赢得了重信重义的良好口碑。黄古林草席核心文化基因主要提取为淳朴厚实的工匠精神以及对产品品质的执着追求。

1. 生命力评价

黄古林草席自出现起延续至今，历史悠久，未曾中断。考古学家在发掘河姆渡遗址时，发现了7000多年前新石器时代的草席残片，当时的先民主要用其遮身、铺地或挡风避雨。另据南宋宝庆《四明志》记载，在 2000 多年前的西汉，古林人手工编织的草席与东北的人参齐名，作为进贡的高档礼品。宋时，鄞县西乡普遍种植席草。清嘉庆年间，宁波开设有大小草席销售店 20 多家，且在全国范围内开设多家席店。据不完全统计，草席年产量逾 100 万条。清光绪年间，黄古林草席远销东亚、东南亚和欧洲、非洲。20 世纪前半叶，受战争影响，古林席业一度生存艰难。新中国成立初期，席业发展也较为曲折，但从未中断。改革开放后，席业发展顺应时代，成功转型为优质品牌，重新焕发蓬勃朝气。2001 年，黄古林草席荣获"浙江省名牌产品"称号，黄古林工艺品有限公司坚定不移走创新之路，成为目前宁波蔺草制业中唯一进入美国市场的商家，其出口的蔺草席与枕席在美国超市上柜，保持着旺盛的生命力。进入 21 世纪，随着人民生活水平的逐步提高和经济活动的日益丰富，愿意从事辛劳工作的编织艺人越来越少，手工编织的黄古林草席逐渐成为稀缺产品，被大批量机器生产的草席取而代之。

2. 凝聚力评价

在古林镇，草编业已成为当地人赖以生存的经济来源和社会发展的重要支撑。家家户户种植蔺草、编织草席。自童年起，本地农民学做草席，世代相传，村村户户之间交流紧密。同时，草席在编织时，需要两人配合，多为夫妻共同合作，增强了夫妻之间以及整个家庭的凝聚力。此外，草编行业具有时间灵活、地点灵活、收入灵活的特点。在从事草编的人员中，女性占大多数，推动了农村妇女自主就业，改善当地民生，促进宁波经济、文化教育发展，对当地经济、社会产生明显的推动作用。

3. 影响力评价

黄古林有着"中国蔺草之乡"和"中国草编基地"的美誉，古时便影响深远，很多史料都明确记载着过去古林草席的繁盛景象。当地草编业的发展，对周边地区包括省内台州、温岭、金华等地以及省外江西、福建等地的经济发展都产生了重要的影响。

海上丝绸之路的发展使得草席打开外销之路，古林草席早在唐代就出口远销国外。到了清朝，草席生产达到鼎盛，曾远销东亚、东南亚各国和欧洲、非洲的一些国家。1954 年，周恩来总理将古林生产的白麻筋草席作为国礼带到联合国大会，受到许多国家、地区领导人喜爱。20 世纪 80 年代，蔺草制作引进现代化工艺，产业蒸蒸日上，大量出口日本，成为区域经济一大支柱产业和全国最大的蔺草制品外贸出口基地。20世纪末，古林一带有上万户农民种席草，面积达几千平方米，每年可上市250多万条草席，为国家创造了外汇，也为席农增加了收入。

至今，黄古林草席仍是我国对外出口的贸易商品之一，具有编织紧密、吸汗透气、坚韧耐用等特点，其是享誉国内外的草席品牌。

4. 发展力评价

黄古林人的优良品质代代相传，形成了古林人民特有的精神文化。当地人们身上蕴含的勤劳节俭的优良品质、脚踏实地的工匠精神、诚实守信的儒商文化以及勇于创新的进取精神具有蓬勃的发展力，与当代的精神追求和价值观紧密契合。生产黄古林草席的黄古林工艺品有限公司致力于草席和皮垫产品的传承与创新，注重将研发设计与传统工艺相结合，该公司生产的产品已从单纯的草席发展到蔺制品、竹木制品、藤制品、寝具等100多个品种，产业链不断扩大。该公司还注重产品的创新性、宜人性、环保性等因素，在竞争中占据了有利位置，使黄古林草席焕发出无限生机，其蕴含着无尽的发展潜力。

（三）黄古林草席核心文化基因的转化利用

1. 打造"草编旅游景区"，规划"草编旅游路线"

历经千年发展，黄古林草席成为古林镇及周边地区的一大特色，此处生产的草席远近闻名。古林镇原来在鄞州区的西乡位置，现属海曙区，离中心区不远，且位于鄞县大道主干道上，交通十分便利。古林及周边田地面积广阔，相较中心地区更为清净，风景也更为秀美。立足古林草编特色以及"蔺草—水稻"轮作系统，集中周边资源，打造"草编旅游景区"，对古林地区的发展及草编事业的传承都有重大意义。打造"草编旅游景区"，首先应该集中资源，综合考虑地理位置及发展情况，把古林镇上席草种植和草席编织做得好的村庄联系起来，促成村庄之间的合作，形成旅游景区。黄古林草编博物馆目前已经投入运营，旅游景区可以将草编博物馆作为中心，向四周辐射。景区的形成能够加强地域凝聚力，不同村落间频繁的沟通和交流能够促进资源的流动和共享，帮助彼此共同进步。"草编旅游景区"建成后，当地负责人可以联系旅游管理部门或者专业旅行公司，请对方根据"草编旅游景区"的情况来规划高效的"草编旅游路线"方案。方案可以多样化，例如："古林草编一日游"，游客可以报名一日旅行团，跟随导游进行一天的游玩；"古林草编体验农家乐"，游客可选择在小长假时，入住当地的农家乐，享受古林人家的真实生活，亲身感受古林的草编文化；绘制"古林草编旅游自驾地图"，人们在工作之余可随时驾车到此游玩，更便捷且更加适合当下忙碌的年轻人，他们喜欢在工作之余悠闲自在、无拘无束地游玩。在现有古林草席资源的基础上，打造旅游景区、规划旅游路线，能够聚集"古林力量"，聚焦"古林文化"，做到"劲儿往一处使"，大力推动古林草席事业的发展。与此同时，当地旅游业的繁荣也能促进村镇整体经济的提升，有一举多得的作用。

2. 强化古林草编品牌，形成草编工艺品产业链

"黄古林"与"草席"似乎已经形成了一种无形的联系，每每说到黄古林，人们便会赞美："那里的草席非常好啊！"而当人们说到草席时，也会推荐说："草席当然是买黄古林的。"由此可见，两者历经几千年，至今已融为一体，不可分割。黄古林草席的名声和品质毋庸置疑。在黄古林草席发展的历史长河中，从事席草种植和草席编织的当地人数不胜数，其间也出现了很多大大小小的品牌，但人们在说到草席时，提及最多的还是"黄古林"这个地域名称。从某种意义上说，"黄古林"就是品牌的象征。品牌不仅仅是一个名称，更是承载着产品的价值与理念。因此，一个品牌的形成对产品及企业来说，在带来更高要求的同时也有更大的意义，能让企业的发展更具有责任感和使命感。当然，对于消费者来说，品牌是品质的保障，消费对应的便是等价值的舒适体验，品牌能让消费者更加安心。因此，强化黄古林草席品牌建设非常必要，可以在原先"黄古林草席"的基础上将其品牌化——"黄古林"草席。另外，也可以重新创立一个专业品牌，生产并销售黄古林相关草编产品，给人们的生活带去舒适与温馨。

黄古林的蔺草种植历史悠久、技艺成熟。如今当地最有名的仅有草席，其他用蔺草编织的工艺品却是少见，也很少被人们提及。这一缺失对当地的发展来说实为可惜。鼓励从事草编工作的人员创新草编类工艺品，或是鼓励将草编工艺与其他领域合作，例如：将纺织品结合草编，并形成一条完整的草编工艺品产业链。如此一来，不仅能够丰富古林当地的产品输出，扩大草编产品的销售市场，还能创造更多可供选择的就业岗位，吸引年轻人的加入，为古林草编

事业的发展注入新的活力。打破一直以来仅有当地农人从事种草、编草的稳固局面，这是古林草编文化的新道路和新发展。

3. 设立古林草席专业，依托实践加强理论研究

黄古林草席发展至今，其种植与编织技艺仍是以当地人代代相传的方式传承下来，借用当下流行的一句话："草席，是黄古林的草席。"黄古林草席作为优秀地域文化载体，其未来的良好发展与有效传承注定是整个社会共同的责任与义务。像龙泉青瓷专业一样，在宁波的高校或者专职院校中设立古林草席专业，从蔺草种植、草席编织等各个方面入手，专门培养古林草席制作的年轻人才，对于古林草席的未来发展来说是非常必要的。首先，聘请与蔺草种植相关的专业研究人员和拥有丰富经验的蔺草种植农人，共同为该专业学生讲解蔺草的种植方法，并带领学生参与每年的种植实践，从实践中检验和巩固课堂成果。其次，专业还需设置一些有关创新编织的课程，教师教授学生基本的草席编织技艺，学生在学习之后可基于此技术再创作出更多的编织工艺品，就像美术专业学生的毕业设计作品那样，要求学生自主创作编织品。无论是平时的个人创作还是毕业设计作品，若可以通过实践的考验，便可以投入生产，并且面向市场销售。此外，还要加强理论的研究，例如：关于蔺草种植的理论、关于草席编织的理论，还有编制编织技艺手册等。

立足专业教育这一角度，古林草席文化的未来发展会更加长久、蓬勃。古林的草席文化将由"古林的"变成"大众的"文化。接受过专业教育的学生对于原先古林草席的传承者来说，虽然在实践经验上不够充足，但是专业知识更为扎实，且年轻学习者偏多，更具有创造力。"新人"的不断融入能让古林草席文化在坚守原有传统的基础上，再次散发光彩，让古林草席文化以全新的面貌进入大众的视野、陪伴大众的生活。

4. 记录古林草席故事，传承草编技艺与工匠精神

黄古林草席传承至今且生生不息的主要原因在于草席本身过硬的品质，而造就古林草席品质高的原因除了当地生产的草席编织原料蔺草相比其他地方生产的席草质量更为上乘以外，最重要的原因是一代又一代的古林草席传承人对编织草席的严格要求与不懈追求。黄古林草席历经几千年，其间有千千万万的草席农人为之付出，才有今天享誉中外的黄古林草席，这些故事都值得被记录，是黄古林草席"成长"最真切、最有力的见证。记录黄古林草席故事的途

径有很多种。

第一，拍摄以"我和古林草席的故事"为主题的纪录片，寻找老一辈的草席传承人讲述自己与草席的故事，或是讲述他所知道的过去有关草席的故事。影片不仅能够记录人物故事，还能清晰地记录草席的编织工艺，以及融在影片故事中的草席工匠精神。纪录片是为后世留下真实材料的有效途径，也可以用于当前日常教学，让中小学生在班会课上感受并学习前人勤劳勇敢、吃苦耐劳、无私奉献、精益求精的工匠精神。

第二，用文字记录黄古林草席故事，可通过访谈的形式，搜集古林传承人与草席的故事，将访谈改写成故事或是以语录形式直接记录成册，供后人阅读。也可把黄古林草席故事编著成地方民间文艺作品集或供宁波中小学生阅读的乡土教材，让更多的市民和青少年读者通过学习、阅读去了解黄古林草席文化。

第三，将古林草席的故事改编成宁波特色戏剧甬剧的剧目，"送剧"到周边的各个村镇。甬剧承载着的草席故事与草席精神通过演出来到人们的身边，能够愉悦人们的日常生活、丰富人们的精神世界。此外，可将讲述古林草席故事的甬剧拍摄成短视频，投放到当地电视台或是当前流行的短视频平台，可以起到很好的传播效果。

以多种形式有效记录古林草席的故事，能有力推动古林草席编织技艺与工匠精神的传承。

参考文献

1.冯盈之：《宁波草编文化》，浙江大学出版社2017年版。

2.龚成：《千年传奇　古林草席》，《宁波通讯》2010年第7期。

3.韩光智：《耕耘跟读新气象》，宁波出版社2018年版。

4.徐金木：《宁波草席》，《中国土特产》1998年第3期。

5.徐雁：《"草席之乡"的形成和发展方向》，《求实》2001年第S1期。

七、浙贝母

　　浙贝母也称象贝、大贝、珠贝、土贝、元宝贝、苏贝,是著名的中药材"浙八味"之首,原野生在林下较阴凉处,现多为人工栽培,远销全国及海外。浙贝分布在浙江、江苏、安徽、湖南等省,其中以浙江省种植数量居多,而浙江内的产地则以宁波为"最"。宁波引种浙贝母始于清代,至今已有300余年历史,是浙贝母由野生引为家种的地区中历史最久、人工栽培面积最大、总产量最高的,居全国之首。

　　据《象山县志》记载:象山"有种植浙贝历史,以后移栽鄞县小溪、鄞江一带,有万人种贝并以此为生"。相传最早将野生贝母从山间取种引入农田栽种的是象山县一位农民,后逐渐扩大,种贝母成为象山农村的一项重要副业并逐渐向周边县市拓展。清康熙年间,象山一位姓周的木匠带着贝母种子移居海曙樟村,自此,贝母开始在樟村落地生根。樟村、鄞江一带的气候和土壤环境非常适宜贝母生长繁殖,同时贝母收益较好,因而贝母在海曙、鄞州的种植面积迅速扩大。

　　2002年12月,鄞州区被评为"中国浙贝之乡"。2021年,浙贝母生产协会的"浙贝故里"试点项目落地海曙区章水镇章溪村,将以此打造全国第一家可追溯浙贝母产业链种植示范基地。

浙贝母（海曙区文化和广电旅游体育局供图）

（一）浙贝母核心文化基因解析

1.物质要素

（1）相对丰富的品种类型

浙贝母是百合科多年生鳞茎类药用植物，属贝母族中个体体形最大的一种，鲜鳞直径3—6厘米，每千克30—40只，加工折干比为3∶1。传统的浙贝母栽培品种有狭叶浙贝（细叶种、本种）、宽叶浙贝（宽叶种、竹叶青）、轮叶浙贝、三芽浙贝（小三子）、多芽浙贝（多子种）。其中狭叶浙贝是主栽品种，占贝母种植总面积的90%以上，其次是宽叶浙贝、三芽浙贝、多芽浙贝，存量较少。目前，轮叶浙贝已经基本灭绝。

相较于其他浙贝母栽种基地而言，海曙的浙贝母类型相对丰富。章水镇贝农主要种植浙贝3号（梅园种）和狭叶浙贝，以及一些杂交品种。同时，这里还保存了部分宽叶浙贝，并且正在对三芽浙贝和多芽浙贝进行提纯复壮。

（2）条件适宜的栽种环境

浙贝母的生长对于环境包括土壤和气温的要求都比较高。一是需要温凉的气温条件，15—20摄氏度是浙贝母生长的适宜温度；超过25摄氏度，贝母生长会受到影响；30摄氏度以上，贝母生长十分缓慢，并会出现早衰。二是需要充足的光照条件，浙贝母的生长需要充足光照，如栽培地地势平坦、开阔，阳光充足，日照时间较长，则植株生长健壮，鳞茎发育良好；如果栽培地荫蔽，则植株茎节将明显伸长，茎秆细弱，叶片狭薄，生长发育不佳；光照太强会造成高温与干旱，导致贝母生长缓慢，产量降低。三是需要适宜的土壤环境，要求土质疏松、土层深厚、土壤偏酸性，同时要有充足的水分，但如果水分过多，也会使贝母的正常呼吸受阻，鳞茎腐烂。

章水镇樟溪村两岸的土地，排水良好、富含腐殖质，是疏松肥沃的沙质壤土，满足浙贝母对于生长的环境要求，非常适宜种植浙贝母。

2.精神要素

（1）务实传承的精神

300多年前浙贝母的祖先象贝在章水镇扎根后，浙贝母便成为海曙四明山区农民栽种的主要经济作物之一。在数百年的种植历程中，浙贝母市场有过数次发展变化，价格也屡屡出现波动。在浙贝母市场火热时期，海曙的浙贝母亩产值可达到六万到八万元，但近年来遭遇市场波动、种源退化、无硫化加工后延长保存期难等诸多问题，经济效益下滑。然而，浙贝母种植户们没有因为浙贝价格的低迷而放弃种植，而是由家族代代坚持栽种，将传统优良工艺传承下来，这才有了海曙浙贝母如今的发展势头和局面。

（2）攻坚克难的精神

在种植浙贝母的过程中，病虫害防治、产量提升一直是个难题，极大影响了浙贝母的种植成果。一些农业科学专家付出大量心力，致力于为种植户们解决问题，体现了科技当先、攻坚克难的精神，为产业发展做出了很大贡献。

农学专家李云山致力于研究浙贝的灰霉病防治，不断推进浙贝种植的开发与延续。浙江省中药研究所团队联合浙江万里学院等单位，经过数年钻研，成功培育出了"浙贝3号"新品种。与传统品种相比，"浙贝3号"药用指标成分高，所含贝母素甲乙总量达《中国药典》规定标准含量的150%以上，同时具有生长整齐稳定、繁殖力提高、抗病虫害能力强、枯苗迟、品质优等特征。目前"浙贝3号"已是海曙浙贝母产业的主要种植产品之一。浙贝研究中心的张林苗、崔培章等也在长期实践的基础上，系统总结了浙贝母主产区章水镇贝农的经验并进行推广。

如今，海曙区浙贝母协会还在努力寻找已基本灭绝的轮叶浙贝，并对其他几种存量较少的品种进行抢救性保存和恢复性培育，力图传承浙贝母的丰富品种。

（3）创新发展的精神

贝母的用途很广，除了在医疗方面的应用外，还可以应用于美容护肤、养生等领域。随着乡村振兴号角的吹响，海曙"浙贝之乡"出现了以年轻一代为代表的热衷浙贝母产业振兴的新兴"农创客"，他们深入田间地头，积极挖掘潜在价值，开发贝母衍生品，筹建贝母产业园，为浙贝母产业振兴寻找出路，不断补强科研攻关短板，通过科技助力等方式促进浙贝母产业的可持续发展，体现了创新发展的精神。

3. 规范要素

（1）栽培管理的"三个关口"

海曙浙贝母的培植有严格的管理要求，实行无公害标准化栽培，以其生理生态要求为栽培管理的立足点，把住"三个关口"，分别是：施肥技术关、病虫害控制关和生态环境质量关。

首先需要把好施肥技术关。贝母具有喜肥的生理特性，在施肥环节上要重视有机肥料的施用，用畜、禽粪便，绿肥、堆肥等有机肥改善土壤结构，提高土壤有机肥的保水、保肥力，增强植株抗性，减轻硝酸盐在贝母体内的积累。

其次是做好病虫害管理。贝母无公害标准化栽培提倡运用农业综合栽培措施和生物、物理防治方法控制病虫害。

最后是控制生态环境质量。贝母的无公害栽培，要求重视保护产地的生态环境，做到在生产区域内没有工业企业的直接污染，水域上游、上风口没有污染源对该区域构成污染威胁，使该区域内的大气、土壤、灌溉用水质量均符合无公害食品大气环境质量标准、无公害食品土壤环境质量标准、无公害食品灌溉水质标准的要求。

在浙贝母的栽培过程中，海曙贝农们牢牢把住"三个关口"，最终采收的商品贝母中农药残留量、重金属、硝酸盐、有害病原微生物等各项指标均符合国家、行业规定的标准，达到优质、高产、无公害的要求，实现了标准化栽培。

（2）激励贝母种植的规范措施

为扶持鼓励浙贝母产业的持续发展，海曙区专门下发了《宁波市海曙区人民政府关于扶持浙贝母产业振兴发展的若干意见》，从政策上给予贝母种植规范性保障。

海曙区扶持规模化生产，推广绿色发展示范。对于浙贝母原产地保护范围内纳入追溯体系的农业经营主体，海曙区政府按照种植面积予以不同规格的资金补助，鼓励"企业+基地+农户""企业+合作社+基地"等经营模式，推进药材种植标准化、规模化、规范化，同时对经营主体购置贝母种植相关的机械设备予以每台（套）购机价60%的补助。政府对浙贝母种植户使用商品有机肥给予补助，也鼓励浙贝母生产、加工、经营等主体加入区农产品质量追溯系统。

同时，文件也对提高浙贝母产业的组织化程度、提升科研创新积极性、支持产业融合化发展做出非常详尽的规定。从加工生产到物流销售、从人才培养到技术创新、从品牌建设到文化传承，海曙区相关部门为发展浙贝母产业提供了非常具体又具有可操作性的规范要求。

（3）浙贝母交易模式的演变与选择

浙贝母交易模式的发展变化反映了不同时期海曙浙贝母产业的行业规范。传统的浙贝母交易模式是贝农将鲜贝加工成干贝，然后收购大户挨家挨户到贝农家里进行收购。此种交易模式下，收购大户和农户之间的关系是松散的，价格由收购大户制定，农户享有卖与不卖的自由，这种最古老的模式延续了200多年，至今仍旧作为一种重要的交易模式存在。

在该传统模式下的成交价格和成交对象具有较强的不确定性，契约不完全性程度很高，因此农户在该种交易模式下面临着高价格的波动风险。由此，准拍卖交易模式和"收购大户（公司）＋农户"的准订单交易模式作为浙贝母交易的新型模式而自发出现。准拍卖交易模式将收购大户的差价利润最大程度地转移到了贝农手中，但在利益最大化的驱动下，收购大户们逐渐串谋，最终形成串拍，以统一报价的形式获取最大利润空间。"收购大户（公司）＋农户"的准订单交易模式作为另一种风险规避机制也曾出现过。这种模式以收购大户与种贝大户较好的私人关系作为权利义务约束的监督机制，是一种口头协议式的"君子契约"。

之后，准期货交易模式最终在多种浙贝交易模式中生存下来，并被认定为最佳的价格风险规避型交易模式而茁壮成长。贝农在交易过程中基于干贝母的半成品即鲜贝母进行销售，鲜贝母出售以后，未来干贝母的交割价格为鲜贝母成交价格的3倍左右，未来干贝母价格的高幅波动与贝农不再有任何关联。鲜贝母的交割实际上充当了干贝母期货交割执行的保障手段，以解决国家强制力的缺失、惩罚执行成本的不可转移性和非规模化交易导致的高交易成本造成的履约障碍问题。这是浙贝母准期货交易模式得以被选择而具有较强生命力的关键因素之一。

浙贝母交易模式由传统模式逐渐演变出"收购大户（公司）＋农户"准订单式交易模式、准拍卖交易模式以及干贝的准期货交易模式。这些交易模式的出现尽管都是自发演变、生成及变异的，但对交易模式的选择则是不同交易者出于不同的风险偏好，遵从效用最大化原则进行的自主选择。

（二）浙贝母核心文化基因的提取与评价

浙贝母作为"浙八味"之首，其药用价值历史悠久，应用范围十分广泛。

在"中国浙贝之乡"——如今的海曙章水镇一带，适宜的栽种环境条件和勤恳务实的浙农，共同构成了浙贝母栽种的美好图景。随着近年来乡村振兴号角的吹响，浙贝母产业正在积极寻找可持续发展的新出路，不断创新栽种技术、培育优良品种，开发衍生产品，延长产业链，让浙贝母文化承载更多价值。浙贝母核心文化基因主要提取为悠久的种植加工技术和不断彰显创新精神的时代价值。

1. 生命力评价

明万历四十五年（1617），姚江（今余姚）三位中医合著的《得配本草》中首次记载了浙江象贝。自此算起，浙贝母自象贝母开始，栽培历史已超过400年。在海曙区种植历史超过300年的浙贝母是西部山区章水镇、龙观乡、鄞江镇等地农民栽种的主要经济作物之一，相当长的一段时间内，海曙的浙贝母产量占到全国七八成，形成了"一地生产、供应全国"的局面。据2018年有关数据统计，宁波海曙的浙贝母种植面积在1万亩左右。在全国3500吨的产量中，海曙产量约占三分之一，另外浙贝母在贵州、湖北、湖南、江西等省份也有推广种植，展现出极强的发展生命力。

海曙章水镇作为历史悠久的传统浙贝母种植基地，不断研发新品种，朝着种植、加工、销售等规模化、一体化方向发展，并初步形成了浙贝母产业链。其中"迦叶堂"不仅通过了国家药品GMP认证进行标准化生产，而且所生产的浙贝母饮片能直接进入医疗机构销售，这表明章水浙贝母已由初加工向精加工发展，形成了浙贝母产业的"宁波特色"，对树立宁波浙贝母品牌有重要的推动作用。

2. 凝聚力评价

2018年初，章水镇浙贝母种植示范基地成功入选浙江省道地优质中药材示范基地。浙贝母在章水镇悠久的种植历史，得益于章水优质的水源和优质农田等种植条件。从"家家种贝、户户留种"的传统自繁生产方式到更精细化、系统化的品种选育，贝农在浙贝母产业的传承上发挥了极强的凝聚力，很多种植户家庭都有两代、三代甚至更长时间的种植历史。在如今乡村振兴、产业转型的背景下，浙贝母产业的持续发展也吸引了更多本地年轻人的加入，对于当地的人才留驻起到了很好的集聚作用。

3. 影响力评价

中药材是中医药产业的基础，加快中药材新品种的选育和推广应用工作体现了"浙江担当"，浙贝母作为我国传统中药材，其发展对于乡村振兴和促进农民增收、农业增效具有重要意义。随着"浙贝3号"等新品种的研发和贝母产业链的有序展开，海曙作为浙贝母的传统道地产区，让浙贝母独特的药用价值得到进一步利用，使传统中药材在人民生活中发挥了重要作用。浙贝母产销共享平台的启动，让贝母通过种植、加工、收购、流通等形式进入中药材企业，不仅在国内中药材市场热销，同时吸引了国外市场，增加更多的出口合作机遇，增强海曙浙贝母产区的影响力。

4. 发展力评价

浙贝母在转型发展的道路上已有许多探索。海曙浙贝母种植户们在不断创新培养栽种技术的基础上，正在积极开发贝母菜肴和衍生美容清洁产品，推出配套农产品，最大限度地延长浙贝母的生命线。

贝农们一方面加快土地集中流转，抓好贝母产业规模化、标准化、集约化和机械化的"四化"建设，促进浙贝母种植培育；另一方面引进专家团队、加强科研攻关，陆续开发出贝母面膜、贝母成分的手工皂、用于泡茶的贝母花等衍生产品。贝母种植使用的是有机肥，贝农们还在种过贝母的土地上栽培玉米、咸菜原料、花生等，培育富含独特营养和口味的新型农产品。2020年新冠疫情期间，以浙贝母为主要原料的金花清感颗粒，成为国家批准的两种新冠病毒用药之一。使用贝母花的菜肴在进一步研发中，贝母产业园、包含贝母在内的中药材养生观光园也在筹建之中，浙贝母的深层价值仍有很大发展空间。

此外，贝农们还积极拓展市场，在磐安的药材市场设立浙贝母销售点，使章水产出的浙贝母由此走向全国各地。近几年，章水浙贝在磐安药材市场的销售额达到2000万元。

（三）浙贝母核心文化基因的转化利用

1. 保护实物留存，通过实践基地传播贝母文化

据《鄞县通志》记载：民国二十二年（1933）前后，在樟溪河两岸东西20千米，有贝户约5000户，种植面积366.66万平方米，总产值400吨。近年来，浙江浙贝母种植面积和产量均占全国的90%左右，主产于磐安、东阳、

海曙、仙居、缙云、永康等县（市、区）。2019年，浙江全省浙贝母种植面积为0.41万平方千米，总产量1.258万吨，产值6.6亿元。除药材外，实物留存还有传统种植工具。浙贝母种植过程中曾用到的工具主要是平耙和三尺耙。平耙比较沉重，现在基本使用较为轻便的三尺耙。

想要保护传承这些实物留存，建立浙贝母文化的实践基地是非常有必要的。海曙章水镇郑家小学创建了浙贝实践基地，并编辑了《学做小贝农》校本教材，建立浙贝种植实践基地，聘请浙贝种植加工技术传承人崔纪大担任劳动实践和教学顾问，每周授课2课时，开展劳动实践和有关实验等综合实践活动。实践活动使学生对家乡的贝母文化有更深的了解，也能培养学生热爱家乡、热爱劳动的品质，使学生对贝母种植产生浓厚的兴趣，乐于参与贝母种植的过程，有利于贝母产业的延续性。

2021年以来，章水镇的"浙贝故里"产业园区与寿全斋中药文化中心开展合作，打造"寿全斋+浙贝故里教育基地"，以"中药材炮制体验馆+种植基地"的形式亮相，实现一、二、三产业融合。寿全斋中药文化中心落成后，市民可以了解悠久的中药文化，还可以亲临美丽的章溪河畔，参观浙贝母的种植、收获和加工过程。近年来，海曙区以产业创新与科技创新为驱动力，将浙贝母打造成具有地方区域优势的药材产业"拳头产品"。当前，海曙区正在逐渐完善浙贝母产业体系，同时，积极扶持发展本地农业龙头企业、合作社、家庭农场、种植大户等新型浙贝母生产经营主体，共建共享产业基地，充分挖掘浙贝母产业文化，加快推进转型升级，使浙贝母产业成为海曙农业的一张亮丽的名片。

2.打造新的商业模态，构建浙贝母农业综合体

近年来，海曙区浙贝母产业遭遇了严重的"内忧外患"，在外地新产区浙贝母种植面积大幅增加的同时，海曙区的浙贝母产业由盛转衰，种植面积连年缩小，种植户面临亏损，浙贝母产业衰退迹象明显。面对如此境遇，数位专家经过研究，提出宁波要充分挖掘"道地"特色与优势，补强科研攻关短板，让浙贝母与健康产业——医药、保健食品、日化用品等——相结合，研发新产品。

首先，为修复并培育种质资源，海曙区"借脑"浙江万里学院、浙江中医药研究所等高等院校和科研机构，开展浙贝母品种提纯、复壮和新品种选育等

工作；建立浙贝母规范化种植基地，专门用于浙贝母种质资源的保护和开发。浙江万里学院生物技术研究所的王忠华教授团队，还对浙贝母进行仿野生种植，通过科技助力，促进浙贝母产业可持续发展。目前，海曙区在地方品种选育、工艺流程改善上已有新突破，如冷干技术的运用令海曙区生产的浙贝母深受国内外高端市场欢迎，个别产品售价达每公斤 1700 元。贝母种植实现了智能化，用视频探头来记录生产种植全过程。通过气象环境监测器，用数字化技术来精确把控生产。自动化喷淋系统可以监测土壤是否缺水，如果缺水，喷淋会自动启动。

"十三五"期间，宁波市农业产业得到大力发展。2022 年，全市已有市级农业龙头企业 322 家、农民专业合作社 4264 家、家庭农场（含规模经营户）17822 家。2020 年，全市实现农林牧渔业增加值 352.4 亿元，同比增长 2.3%，连续 5 年保持全省第一，农民收入在全国大中城市中处于领先地位。此外，宁波市还通过实施绿色都市农业工程和乡村产业振兴行动，打造现代农业产业集群。全市已有国家级现代农业产业园 1 个、农业产业强镇 4 个、省级现代农业园区 9 个、特色农业强镇 20 个，居全省第一。

在增加产量和提高品质的基础上，总占地面积约 2470 亩（包括 840 亩山地和 1630 亩平原）的章水镇浙贝母农业综合体项目已经启动。该项目以生态保护与可持续发展为前提，以浙贝母品牌打造为基础，以浙贝母生态养生田园为核心，拟通过养生旅游产品的开发和配套设施的完善，开发建设以中医文化体验为重点，集文化展示、休闲观光、科普体验、教育科研、中医药养生主题度假于一体的农业综合体。

3. 开发药妆和衍生产品，实现品牌定位提升

人们对贝母功效的认知主要停留在止咳祛痰，但实际上贝母还具有散结、消肿、消毒的作用，其鳞茎可供药用，具有很好的抗菌和抗过敏活性，可以作为天然的防腐剂。同时，研究表明贝母中的多糖提取物有很好的抗氧化能力，并且没有刺激性和特殊气味，适合应用于化妆品行业。在改善过敏性皮肤方面，浙贝母已经有了一系列较为成熟的产品。章水镇出产的浙贝品质和产量俱佳，可以尝试在药妆领域持续耕耘，研制含有浙贝成分、品牌自主的中药材面膜、手工皂等日用护肤品，利用贝母消炎、散结的作用达到修护皮肤的功效。

贝母不仅可以入药，贝母花还可以用来泡茶。章水镇浙贝生产基地可以开

发具有润肺化痰功效的贝母茶，打造衍生产品。

作为配制药膳中的一味常用中药原料，贝母还可以用于制作菜肴。只要认真遵循中医理论，消费者可以在中医师的指导下根据自己的需要"择料"配制药膳，比如制作贝母甲鱼、贝母鸭、阿胶贝母鸡、贝母蒸鲍鱼、贝母粥、贝母梨、杏仁浙贝糊等。章水镇浙贝生产基地可以在饭店推广浙贝菜，或制作浙贝药膳半成品，延伸浙贝产业链。

除此之外，还可以开发配套的农产品。留作种子的贝母成熟后不起土，待到秋天下种时边掘边种。为了让地下的贝母安然度夏，贝母种子地里往往会种植花生、毛豆、玉米等农作物，一方面为地下的贝母种子遮阴，另一方面也为贝农增加收入。由于浙贝种植需要用到有机肥，这些农作物生长的土壤里富含有机肥养料，农作物因而具有特别的口感。浙贝种植基地可以推出贝母地玉米、贝母地花生等配套农产品，打响浙贝品牌，进一步拓展产业链。2021 年，80 亩贝母玉米已经成熟并进行销售。农产品的配套开发也大大提升了浙贝母的经济价值和实用价值。

参考文献

1.黄政晖、章勇杰、倪忠进等：《浙江丘陵山区浙贝母生产全程机械化技术规程》，《现代农业科技》2022 年第 3 期。

2.姜娟萍、宗侃侃、王松琳等：《浙江省浙贝母生态种植模式及效益》，《浙江农业科学》2021 年第 3 期。

3.阮洪生、王翰华、马舒伟等：《浙贝母产业现状及思考》，《浙江农业科学》2021 年第 10 期。

4.叶培根、崔培章、张林苗：《浙贝母》，中国农业出版社 2004 年版。

星云坊（海曙区文化和广电旅游体育局供图）

八、大革命时期中共宁波地委旧址（启明女中）

　　大革命时期中共宁波地委旧址位于宁波海曙丝户巷一座古色古香的小院落——星云坊。时光倒流到 20 世纪 20 年代，在那个工人运动风起云涌的时代，五四运动为古老的甬城带来了各种新思想，进步的思潮推动着先进共产党人在宁波勇敢斗争。1925 年初，宁波地区的共产党员、团员受组织委派，联络教育界的开明士绅，出资创办了启明女中，这里也是最早的中共宁波支部和宁波地委的成立之地。

　　作为中共宁波地委据点的启明女中在开办之初先是向外界宣称要使平等的中级教育惠及年轻女性，并在成立后将赵钵民、董贞柯、杨眉山分别选为校长、教务主任以及教务员，另有赵济猛、蒋本菁、石愈白等当时的先进人士为学生授业解惑，他们大多是共产党员。当时中共宁波支部的党员虽仅有一掌之数，但其中有超半数人员在校任教务之职，他们教导学生们要学习进步的思想，向团员以及党员的标准不断靠拢，以青年的力量去创造新的改变。1926 年 1 月，中共宁波地方第一次大会在女中顺利召开，中共宁波地方执行委员会在此次会议上诞生，中共宁波地委机关也就此落地生根。在党组织的引领下，宁波风起云涌的大革命运动就此拉开帷幕。

（一）大革命时期中共宁波地委旧址（启明女中）核心文化基因解析

1. 物质要素

大革命时期中共宁波地委旧址位于宁波市南大路丝户巷的星云坊，具体地址在海曙区解放南路 206 弄 17 号。现虽因旧城改造而进行了迁移保护，但所幸保存完好，若去往新街小区便能一睹这幢带天井的砖木结构建筑，其由三间两厢的洋房组成，高为两层，拱券式门楼上书有"星云坊"三字。

星云坊是中共宁波地委开展活动的重要遗址，宁波政府和相关机构都对其多有重视。虽曾于 2003 年因电路问题而遭遇火灾，但在这之后数年间，市政府、市新四军研究会和海曙区委宣传部累计投资超过 50 万元对其进行修复和改造，现其中不仅陈列有大革命时期宁波地委史迹，还有多尊大革命时期中共领导人塑像。在 2007 年 7 月经改造重新对外开放后，其展览面积可达 110 平方米左右，分为左、中、右三个展厅。原中共宁波地委三位书记的铜像陈列于中厅，左厅与右厅则分别展示了大革命时期宁波党组织的斗争情况和党领导下的学生联合会、农民协会和妇女协会等革命群众组织的相关情况。

2. 精神要素

（1）新文化运动和马克思主义思想

宁波是一块具有光荣革命传统的红色热土，素有爱国精神的宁波人民在鸦片战争、中法战争乃至于整个反帝反封建斗争中都曾谱写光辉的革命篇章。

马克思主义在宁波的广泛传播为宁波建党奠定了思想基础。五四运动爆发后，社会主义思潮广泛兴起，《新青年》《教育潮》等宣扬进步思想的刊物引领着宁波的先进分子通过各种渠道在城乡掀起新文化运动，一些知识青年成立了"雪花社""社会主义读书会""乐群学会"等进步团体，扩大了新思想、新文化和马克思主义的传播。

从酝酿、准备到建立中国共产党的过程中，张秋人、杨眉山等一批具有初步共产主义思想的先进知识分子学习、传播马克思主义，并在深入工人群众的过程中砥砺成长，为宁波建党提供了干部条件。与此同时，中国工人阶级也通过举行罢工等行动声援学生运动。1919 年 5 月，宁波搬运工人和船夫便拒绝替日商卸煤、运煤，引领了当时最早的罢工之一，体现了马克思主义与工人运动的相互结合。

（2）追求进步，言传身教

启明女中党组织活动得到"众家姆妈"陈馥帮助。陈馥住在启明女中隔壁，得知其实际为中共宁波地委据点后，她不但给予经济支持，还挪出部分房屋空间供其使用。如张秋人、赵世炎、罗亦农等不少党团领导都曾在她家借宿。因此，启明女中的师生与许多共产党人都亲切地称她为"众家姆妈"，意指她是所有人的母亲。

陈馥对自己两个女儿的教育也非同寻常，不但不教她们传统女性的手艺，而且鼓励她们读书识字，从当时先进的报纸中了解辛亥革命、五四运动和孙中山的事迹等，以鉴湖女侠秋瑾为榜样。她还反对封建思想，支持自己的孩子们脱离封建大家庭的束缚，改"维真""逸仙"为名。而后，她把大女儿送进启明女中读书，入学后跟着其他师生一起参加革命运动，大革命时任中共宁波地委委员、妇运书记，小女儿也在1927年加入中国共产党，长期从事地下党工作。

陈馥逐渐成长为宁波爱国运动的先锋，也被封建财阀仇视。在严峻的革命形势下，她不顾个人安危为共产党人打探消息，拿出积蓄长期提供资金援助，还冒险把家作为革命的秘密联络点，并想方设法为地下党同志传递情报，营救身陷囹圄的革命者。

（3）不怕牺牲，英勇斗争

1927年4月9日，正值国共合作时期，宁波《民国日报》发表了《蒋介石欲效军阀故伎耶》和《王俊十大罪状》两篇文章。中共宁波地委得知后，马上召开紧急会议，决定由杨眉山和王鲲出面交涉，但二人不幸被扣押。4月11日，宁波地委决定于全市范围举行罢工、罢课、罢市进行示威反抗，以集会游行声讨王俊罪责。而当队伍行至小校场时，却遭部队血腥镇压，致多人死伤，史称"四一一惨案"。

奈何此案方才是中共宁波地委厄运的开始，其因伪装被当局洞察而深受迫害，只能不断更换地址，并先后以"培英女校"和"中山公学"等为名以延续未竟的事业。然而，学校依旧于1927年的初夏被查办，走向了最后的悲痛结局。同年6月，杨眉山和王鲲被判处决，赵济猛在杭州被捕。其后，张秋人及曾任宁波地委书记的王家谟等人也在各地陆续被捕。无畏的宁波革命党员通过

英勇斗争深刻体现着大革命时期中共宁波地委存在的意义，将被永远铭记。

（4）铸魂育人，青春向上

作为中共宁波地委重要据点的启明女中是革命精神的传承之地。在校期间，语文教师杨眉山作为实际负责人之一带领着诸位老师积极向学生传授马列主义理论和党的政治主张。在此影响下，崇德、圣模两校的进步学生纷纷转校来此求学，更广大的青年群体开始走向革命，增强革命力量，传承革命精神。

启明女中和杨眉山老师给当时的年轻学生留下了毕生难忘的深刻教诲。当年的学生党员金翎群在生前如此回忆道："启明，顾名思义，是启迪光明之意……教师都是具有革命思想的同志，对学生和蔼可亲，从不大声训斥，经常对我们讲解形势，灌输革命思想，启发觉悟。"后来，金翎群便是在杨眉山老师介绍下入了党，并始终谨记杨老师给她的启发："他把旧中国比作是一座破烂房子，说外国人来欺侮，这房子眼看就要倒塌。我们有责任把这座房子弄好。"在《宁波革命女青年的摇篮》一文中，另一名女中学生夏重宜也谈到了当时学校独特的办学理念："启明女中这个学校创办的目的就是作为革命活动的据点，并培养一批革命女青年，平时，我们的文化课略少一些，但凡有重大运动我们都参加。"可见，启明女中作为宁波新女青年的诞生地，于短短几年完成了自己的任务，为中华民族留下了宝贵的传承精神。

3. 语言与符号要素

"启明"是大革命时期中共宁波地委旧址（启明女中）核心文化基因的语言与符号要素。作为大革命时期中共宁波地委的发源之地，启明女中的"启明"二字别有深意。"启明"一语出自《尧典》，书中有言："放齐曰：'胤子朱，启明。'"说明其有开明之意，指通达事理。《孔传》中说："启，开也。"孔颖达疏："其人心志开达，性识明悟。"也就是指思想开放，秉性聪明。唐代柳宗元曾在《舜禹之事》中说道："其立于朝者，放齐犹曰朱启明。"明时王守仁《答顾东桥书》也作出解释："背此者，虽其启明如朱，亦谓之不肖。"这些都表明"启明"指的是心思透明、悟性很高，代表了中共宁波地委对青年学生的期望。

"启明"也是星名，诸多诗歌中都常见启明星的意象。《诗·小雅·大东》中写道："东有启明，西有长庚。"《毛传》有云："日旦出，谓明星为启明；日既入，谓明星为长庚。"唐朝诗人刘禹锡的《途中早发》也有提及："中庭望启明，促促事晨征。"清代赵翼所作的《范浛园七十寿诗》之一有言："江天落落占星象，一似长庚一启明。""启明"代表着启明女中作为中共党委根据地，为群众充当思想和行为的"启明星"。

4. 规范要素

青年的崛起与自律是大革命时期中共宁波地委旧址（启明女中）核心文化基因的规范要素。受五四运动影响，宁波不少先进知识分子和青年学生开始组建进步文化团体，希望通过出版进步刊物研究和宣传新文化，同时向旧思想、旧道德、旧文化发起斗争。青年团组织在宁波的发展较早，1924年3月，张秋人受团中央委派来宁波，最早发展了周天僇、赵济猛等6人入团，这是宁波最早的一批社会主义青年团团员，也是后来中共宁波支部最早的党员。

青年文化团体在社会不断崛起，由学生谢传茂、蒋本菁等7人于1921年成立的进步青年团体"雪花社"便曾在宁波名噪一时，其不仅建立时间早，且影响广泛，后又吸引宓汝卓、汪子道等宁波青年精英陆续入社。该组织以"有改造社会的愿望，介绍新思想、创作新文艺"为创立之宗旨，且"本互助之精神，作社会之改造"，寄望于文学改造人生和社会。

尽管是一个具有松散性的文学团体，"雪花社"并未松懈纪律，而是拟有完善的规章制度，督促着社员严于律己，以读书、通信、出版刊物等方式学习和研讨新文化、新思想，提升自我修养。在修养己身之外，他们反对封建礼教，发扬进步思想，渴望改造社会。作为中共宁波地委据点的启明女中在创办之初深受影响，也沿袭了部分规定，保留了其良好的学习方式。

（二）大革命时期中共宁波地委旧址（启明女中）核心文化基因的提取与评价

大革命时期中共宁波地委是中国共产党在宁波的地方基层组织的典型代表，它的基因根植于新文化传播以及思想和行为的崛起中，与宁波本土优越的港口经济条件和气候环境有关，与房屋结构及日常生活有关，其核心文化基因是不畏强暴、勇于斗争。

1. 生命力评价

从存续时间来看，大革命时期中共宁波地委的文化基因延续至今，未曾中断。大革命时期中共宁波地委旧址纪念馆将红色文化作为根基，且以此为支撑连接起了宁波红色革命的历程，其生命力也正是在不断增强并弘扬历史文化的过程中得以盛放。

2020年，海曙区投入了专项资金对纪念馆的党史陈列进行了史料充实和重新布展装修，以充分发挥革命文物在开展爱国主义教育和培育社会主义核心价值观中的重要作用。考虑到纪念馆参观面积较小、承载人数有限等问题，海曙区更是着力提升纪念馆的展陈形式，争取在有限空间内传递更多红色故事、革命精神。首先是设立地标，引导群众进馆学习。纪念馆坐落于民间厢房中，四周居民住宅围绕。因此，打造道路地标能够增强宁波城市文化和旅游特色，吸引居民、游客到访。其次是外部翻新，还原场景和应用浮雕艺术。除了独栋小庭院呈现为典型的20世纪宁波建筑风格，当时的前后门以及门牌号也得以保留，展现了浓厚的历史气息。

随着纪念馆的完整翻新，许多入党仪式和各类爱国主义教育活动也陆续在此开展，先人历史得以传承，生生不息的红色精神自此绵延。现在的旧址纪念馆已然是宁波共产党人初心的出发地，每年参观人数达4000人左右。

2. 凝聚力评价

大革命时期中共宁波地委曾起着广泛凝聚区域群体的作用，因革命运动本就为群体性运动，离不开群众的支持。作为宁波爱国主义的先锋，其是一个组织，更是一个区域共同的文化和情感相联系的纽带，推动着宁波社会经济文化的发展，承载着先进青年和思想逐渐觉悟的工人等团体的希望，表现出强大的凝聚力。

中共宁波地委的凝聚力主要体现在对于群众的号召力。1927年3月8日，蒋介石委派东路军策划"反共清党"，其后东路军师长王俊收买流氓打手，一手策划了焚毁宁波总工会会所和捣毁宁波店员总工会事件。在中共宁波地委领导下，总工会发出罢工号召，全市积极响应。不管是在大革命时期作为革命活动的主阵地还是如今作为革命纪念馆存在，其都以独特的文化凝聚着势不可挡的群体力量，影响着不可忽视的集体活动。

大革命时期中共宁波地委的旧址作为革命根据地有着很强的政治凝聚力、行动凝聚力和思想凝聚力。现在作为革命纪念馆，其凝聚力有着愈来愈强的趋势，对于引导和教育广大群众，加强革命思想凝聚力和爱国凝聚力具有重要意义。

3. 影响力评价

宁波组织的设立经历了一番波折。1924年5月，宁波地方团组织成立。7月，在张秋人的主持下，中国社会主义青年团宁波地方执行委员会（简称团地委）成立。1925年2月至3月间，在中国上海地方执行委员会的领导和多方支持影响下，设于启明女中的中共宁波支部成立，并对后世产生了不可忽视的重要影响。

中共宁波支部的设立造福于人民群众，推动着宁波的港口经济发展和青年的思想文化进步。其中，支部有多名党员领导了宁波的许多重要活动，体现了宁波基层组织的重要影响力。早期，宁波港一直依赖上海港口。大革命时期，人群流动和生活条件的改善帮助宁波港逐渐走出困局，许多文化团体也随着中共宁波地委的出现而绽放生机。赵济猛是宁波最早的一批团员、党员，他在中共宁波地委成立之后、大革命时期高潮到来之际，大力开展工农运动，最终于1928年1月9日在狱中牺牲。许许多多的先进党员也都如他一般为了伟大的事业奉献自我，在历史长河中刻下了难以磨灭的印记，留下了宝贵的精神遗产。

4. 发展力评价

作为宁波革命历史的重要载体，大革命时期中共宁波地委的旧址所蕴含的伟大革命精神已然得到了社会各界的高度关注。如今的旧址纪念馆讲述宁波革命先烈的故事，开展入党仪式，是整个宁波最受群众欢迎的红色纪念馆之一，发展势头可谓强劲。

大革命时期中共宁波地委是第一个宁波地方基层组织，具有特殊的文化和纪念意义，现被列为海曙区区级文物保护单位。其自建馆以来始终坚持"以史鉴今、资政育人"的目标定位，凭借集中反映中共宁波历史的鲜明特色吸引了全市企事业机关单位、各中小学及高校前往参观学习，逐渐发展成市级爱国主义教育基地，是开展爱国主义教育和学生暑期实践活动的重要场所和基地之一，发展潜力可见一斑。

随着传统文化基因得到创造性转化、创新性发展，海曙区未来需将纪念馆原汁原味地保护利用好，同时对其中的革命史迹进行挖掘梳理，使之更好地成为宁波市党员教育基地。

（三）大革命时期中共宁波地委旧址（启明女中）核心文化基因的转化利用

1. 区域联动，打造红色文化旅游景区

大革命时期中共宁波地委旧址纪念馆象征着宁波革命的启航，不仅具有重要的历史文化意义，还拥有扎实的群众基础。因此，应当以红色革命文化为基础，以弘扬红色文化为目标，将思想建设和爱国主义宣传与宁波旅游景区特色结合，开展各项参观和教育活动。

既然以红色文化为基础，就必须宣扬好革命先烈的丰功伟绩，讲述好革命时期艰苦的奋斗历史，打好"文化自信牌"。在此基础之上方能将宁波旅游的各方面优势集零为整，通过多种形式红色文化观光路线的规划设计弘扬传统文化，吸引游客到来，带动当地餐饮、民宿等旅游元素发展。宁波历史文化底蕴深厚，本就不缺少旅游景区资源，其中革命旧址遗迹和相关纪念性建筑更具有总量多、分布广、价值高的特点。如果能够以多类型文化融合为特色，再注入文化内涵，那么就可以与大革命时期中共宁波地委的革命文化联动，从而造就革命遗址项目——红色文化旅游景区。

虽然自1994年7月1日对外开放至今的旧址纪念馆早已是宁波重要的爱国主义教育基地之一，但是其仍然需要借助区域联动带来的全新活力才能更加充分地发挥自身优势，实现旅游资源在整合开发过程中的优势互补。纪念馆未来可结合宁波特色小吃，串联白云庄、宁波老外滩、天一阁·月湖、樱花公园、庆安会馆、宁波城市旅游之窗、七塔禅寺等著名景点形成红色文化旅游景区，让游客们在直观体验革命历史的同时感受新时期宁波的快速发展。

2. 立足时代，推广红色文化旅游品牌

在精神文化传承方面，大革命时期中共宁波地委旧址拥有众多革命故事和伟大的革命精神。为了进一步推广文化旅游品牌，必须立足现代语境，围绕其文化基因促进产业结构的优化升级，从而满足社会效益和经济效益的双重需求。

在影视产业高度发达的今日，将电影、电视与红色主题相结合的主旋律作品早已成为广大人民群众喜闻乐见的心头所好，且与文化旅游之间存在着天然的亲近感。想要用好红色资源、讲好红色故事，那么就必须与时俱进，善用

各类传播媒介，方能深入挖掘红色文化的现代价值。宁波的象山影视基地带来了拍摄红色历史主题电视、电影的优势，通过该类影视产业项目，大革命时期中共宁波地委的革命故事及背后的革命精神将为更多人所知，其中的丰富内涵也会得到更深刻的阐释。除了影视产业方面，文旅品牌的宣传还需要依托互联网平台。报纸、电视、广播等传统媒体在互联网时代的影响力显然已不足以吸引更多的年轻游客或外地游客，阻碍了旅游产业的扩张。因此，应当开拓旧址纪念馆在网络上的红色文化阵地，如利用微信公众号发布文章、视频，对宁波的革命历史和革命先烈的事迹进行介绍，或是开发小程序，为游客提供线上云参观的服务。除此之外，还可在当地建设宁波红色文化馆，抑或是在村镇举办露天电影、集市、祈福等一系列相关主题的子活动，不仅传承老宁波的经典文化，更承载着全宁波市民的美好祝愿。

无论是影视作品改编、网络媒体宣介还是其他各类品牌推广活动的实施，首先必须坚持将社会效益放在第一位，因其根本目的都在于挖掘大革命时期中共宁波地委及其旧址纪念馆作为红色资源的发展潜力，从而发挥红色文化的教育价值，使革命精神被完整继承、广泛传播，并融入现代文明实践，与新中国思想高度发展相适应，引领时代前行。

3. 推陈出新，开发宁波红色文创产品

大革命时期中共宁波地委的旧址纪念馆承载着浓厚的文化精神底蕴，且在弘扬红色文化基因方面发挥着举足轻重的作用。打造相关的红色文化品牌，不仅仅需要将其中所蕴含的核心文化基因转化运用到诸如大型民俗活动举办、文化设施建设和文旅线路设计中，同时还应将其融入文化产品创作中，从而将文化精神转化为实体的文创产品。

随着红色旅游的热度持续升温，种类繁多、设计精巧的文创产品受到了诸多游客的青睐。作为宁波革命的摇篮，大革命时期中共宁波地委旧址纪念馆所象征的是超越时空的革命精神，因此与之相关的文创产品应当充分发掘其历史文化精神的深刻内涵，而不是只关注表面，在注重创新的同时，也应当不失庄严肃穆；追求流行美观，也不能抛弃传统实用。针对纪念馆而言，可以结合星云坊等宁波传统建筑及红色纪念馆建筑外形，设计形式新颖的文创产品，例如带有星云坊等建筑造型的书签、书立等。同时可在茶杯、口罩、水笔、笔记本等物件印上与宁波革命历史和传统文化相关的名言警句或图案标志。此类生活

学习用品老少咸宜，能够最大限度地满足不同人群的口味和需求，如若能和大革命时期仁人志士为了伟大事业而不畏艰险的生活状态相联系，那便是与大革命时期中共宁波地委旧址纪念馆的核心文化基因最为契合了。

文创产品的设计开发对于培植文化底蕴、彰显文化魅力的重要作用不容忽视。在文创产品的加持下，宁波光辉荣耀的革命历史和文化传统必将引发人们积极的探索热情，大革命时期中共宁波地委旧址纪念馆蕴藏在历史中的文化基因也必将焕发新的活力。

参考文献

1.姚颖超：《探寻　寻红色根脉　悟初心使命》，《宁波通讯》2021 年第 12 期。

2.咏党岩：《大革命时期中共宁波地委旧址纪念馆》，《宁波通讯》2021 年第 4 期。

3.张亚琦、杨锋：《宁波近代传统建筑气候适应性浅析》，《施工技术》2017 年第 25 期。

4.中共宁波市委党史研究室：《宁波党史要览》，宁波出版社 2011 年版。

5.中共宁波市委党史研究室：《中国共产党宁波历史 800 问（上）》，宁波出版社 2019 年版。

九、海曙中心小学

海曙区海曙中心小学（简称海小），坐落在港城江畔，与千年唐塔、百年书阁毗邻相伴。起翘的唐塔檐角、悠醇的书阁墨香都见证了学校发展的百年历程。在漫漫百余年办学历程中，海小经历了沧桑，也积淀了深厚的文化底蕴，继承了"致知力行"的校训，并跟随教育环境的变化，从"致知力行"走向"众行致知"，进而提出"人人皆行"，形成了"高质量，严要求，有特长"的办学特色，"奋发、好学、诚实、健美"的校风，"致知力行，尽心潜心"的教风，"健康、智慧、感恩、尚美"的学风。2002年，海小跻身中国名校600家的先进行列。百年海小，一路走来，赢得了宁波家长的高度信赖和社会的极高认同，成为宁波市一所享有很高社会声誉的名校。

（一）海曙中心小学核心文化基因解析

海小的建校史可追溯到清同治九年（1870）。江苏候补道台蔡筠目睹宁波城内贫寒人家的众多失学孩子，深感求学之艰难，于是他购田130亩，置房8间，在府桥街旁的蔡家巷14号创办星荫义塾，供贫寒子弟免费读书。光绪三十二年（1906），借朝廷实行"废科举、兴学堂"的新政，蔡筠伯子蔡鸿仪将星荫义塾改建成初级国民小学堂。之后，在蔡氏族人的不断努力下，学校规模逐渐扩大，后改名星荫小学。在当时甬城国人自办的小学中，星荫小学是极富有影响力的一所。民国二十年（1931），学校改名为鄞县私立星荫小学，校舍扩展，初具规模，教室、运动场、音乐室、图书室、娱乐室一应俱全，教学

海曙中心小学（孙鉴摄）

质量明显提升。战争时期，学校迁往乡下，常处于停课或半停课状态。学生白天随父母避难郊区，晚上提着自制煤油灯到学校上课。师生以百折不挠的意志，在艰苦的条件下坚持办学。20世纪50年代，学校恢复了正常的教学秩序。1956年，星荫小学由宁波市人民政府接管，改为公立学校。因校址位于鼓楼的府桥街上，故更名为宁波市府桥街小学。当年7月，又改名为宁波市第一中心小学。1959年，学校改名为宁波市海曙中心小学。直至1984年8月，学校更为现名——海曙区海曙中心小学，甬上俗称"海小"。

1. 物质要素

海曙中心小学建于天宁寺遗址之上。天宁寺，原名国宁寺，始建于唐大中五年（851），规模宏大。后寺名数易，至民国初年改为天宁寺。天宁寺前原建有左右两塔，可惜左塔已在清光绪年间圮废，右塔即为咸通塔，因其塔砖右侧有真书"咸通四年造此砖记"的铭文，故得名。新中国成立初，天宁寺被拆，众多寺院古迹荡然无存，仅留古塔。咸通塔为砖结构，塔身古朴庄重，没有柱、枋和斗拱，每层覆以层层密叠的腰檐，具有唐代密檐式砖塔的明显特征，是我国长江以南现存唯一的本体保持完整的唐代密檐式方形砖塔。1981年，该塔被列为市级文物保护单位，1989年公布为省级文物保护单位。咸通塔，体现了江南唐塔凝重、含蓄的特点与风格，对研究唐代的砖结构建筑和制砖技术、唐代寺观的规模、宗教的历史和江南古城明州（即宁波）的坐标等具有重要价值。也是唐代明州人理性精神和美学追求的一种象征。临近唐塔的海小，自然在这浓郁的历史文化氛围中，受到了极大的熏陶。2021年，海小历时三个月，大胆地在校内建起博物馆，成立校内文化空间——探古中心，打造了一座以考古学史为主题的校内体验馆，将千年古塔诉说的历史搬进了校园，变成了一堂堂依托历史故事又融合学科知识的课程，举办系列特展，开展项目化探寻古迹遗址、沉浸式体验考古魅力等活动，让孩子们在玩中学、学中玩。

2. 精神要素

（1）"致知力行"的校训

海小第一任校长张雪门先生一贯主张"生活即教育，教育是从生活中来，从生活中展开"和"行为即课程，在行动中得到的认识才是真知"的教育理念。他认为最好的教育，就是"从生活中学习""从经验中学习"。为此，他援引先秦经典，将"致知力行"确立为校训。"致知"，出自先秦经典《礼记·大学》之"致知在格物，物格而后知致"，"致"意为得到，"知"意为知识。"力行"出自《礼记·中庸》之"力行近乎仁"，意为努力实行、亲身实践。中国古代哲学认识论认为，行动是获得知识的方法，知是行之始，行是知之成。"致知力行"强调学习与实践的统一，意为人要有丰富的学识，并要努力行动、实践。其目的是提升学生的素养，以尊重学生内在潜力与自我建构为前提，为学生提供学习和实践机会，创造自我发展的空间。

海小教师秉持"致知力行"的校训，注重从实践中传递知识，教导学生要锻炼动手能力，通过亲身实践获取新知。这不仅让学生深入了解知识的来龙去脉，更对记忆知识有很大的帮助。"致知力行"的百年校训，始终贯彻在海小的教学方针中，历经传承，依旧不朽；它也激励着一代代海小人锐意进取，与时俱进，历久弥新。

（2）"人人皆行"的理念

海小这所百年老校，在贯以"致知力行"的基础上，又进一步提出了"人人皆行"的理念，实现了从传统名校向现代优质学校的蜕变。

"人人皆行"即人各有志，人各有能，人人都能展示自己的独特才能，通过个人努力实现自己的梦想。以"力行"为导向，遵循"人人参与、尊重倾听、实践体验、适度留白"的原则，实现尊重差异（理念基础），实践体验（过程特征），人人皆行（必然结果）的教育目的。这样的理念激励着各自怀揣梦想的少年，他们在海小通过学习交流，增长自己的见识，提高自己的能力。他们立下目标，朝着目标坚定前进。他们更加自信，对前程未来有着美好的期待。他们是新时代的主力军，是国家未来的希望。

3. 语言与符号要素

海小始建于蔡筠创办的"星荫义塾"。"星荫"意为星光闪耀，绿荫如伞。这是海小创办者蔡筠对求学孩童美好的祝福与期盼。星荫文化承袭了儒家思想中"有教无类"的教育理念，意在让青少年普遍接受教育，方能培养出有才识的新一代。海小的创办给许多失学孩童提供了获取知识的机会，通过教育培养学生的文化与精神内涵，从而改变他们的人生轨迹。经过百余年传承与创新，星荫文化沿袭至今，在现代教育界依然闪烁着独特的光芒。现今，星荫文化主要体现于海小的"一训三风"，即校训和校风、教风、学风，这是学校文化传统、办学思想和学校精神的集中体现，是学校办学传统与办学目标的高度概括，是全校师生为人为学的共同准则。这"一训三风"，分别是：

校训——致知力行

校风——奋发、好学、诚实、健美

教风——致知力行，尽心潜心

学风——健康、智慧、感恩、尚美

"一训三风"明确后，并非只是在文本上定格、空间上定位，还融入活动和课程，使其在活动中内化、课程上融合。星荫文化，历经百余年，滋养着这一所百年名校。

4. 规范要素

（1）"致知力行"的课程体系

通过SWOT分析，海小构建了"文化、课程、教学"三位一体教育模式，并从学生核心素养要求出发，提炼出"力行五质"素养和"求是五问"新型学习方法，重塑了"致知力行"的课程体系。

首先是"力行五质"素养。海小从自身的教育理念和长期积淀的学校文化出发，依托学校教育议事会平台，通过对海小校友、所在社区、家长代表、对口初中教师、本校教师和学生代表等几大群体的访谈，提炼出具有海小特质的学生核心素养——"力行五质"，即运动与健康素养、道德与实践素养、语言与交际素养、思维与技术素养、艺术与审美素养等五个方面，并依托"健"行、"善"行、"智"行、"美"行、"雅"行五大课程群建设，形成了学校"力行五质"学生核心素养谱系。围绕提升学生"力行五质"核心素养这一核心目标，实现学校文化、课程、教学三位一体发展，拓宽教学途径，创新知行合一的教学形态。

其次是"求是五问"新型学习方法。"求是五问"最初是为了解决品德学科"知""行"脱节的弊端，拓宽教学途径，从五个方面层层追问，即"True—What—Why—How—Relation"，构建起项目设计—准备阶段—分析阶段——实施阶段—评价阶段的"力行"德育课堂教学策略。后通过凝练，形成"求是五问"，并应用于学校的各门课程。"求是"，既指探究自然、社会和人本身运动（活动）的奥秘、规律，更指追求真理的科学态度、科学精神。以"求是"精神，从学生生活中提炼真问题，分析其本质；进而结合本学科教材内容，创造性地开发教育资源，寻找解决策略，并开展生动的学习实践；最终，回到实际生活中去指导、规范、提升学生生活，由此不断赋予课堂浓厚的生活气息和经久不息的生命力。

（2）"知行合一"的教学形态

海小秉承"致知力行"校训，面向每一个学生的健康成长，面向生活，面向未来社会，超越教材、课堂和学校的局限，积极开展课程改革，提炼了以下五种"知行合一"的教学形态。

一是混龄学习：拓展课程全覆盖。利用异龄之间发展的不平衡和差异性，促进学生之间自主的"教与学"，使各年龄的学生都能在原有水平上得到发展，实现了以行促知、知行合一。教师在其中通过扮演"脚手架""引路人""评估师"三种身份，做好辅助、引导和评价工作。经过三年的实践探索，通过自主选课、走班学习，实现了拓展性课程混龄学习全覆盖。

二是项目学习：学科跨界大整合。与单一学科教学不同，项目学习推行跨学科、跨领域的知识整合。活动中，以学生自主项目研究为主，教师指导和家长协助为辅，有效促进了学生在探究能力、表达能力、合作意识等方面的提升和发展。

三是社区学习：关注社会共参与。挖掘、整合社区内的教育资源，以大社会中的活教材为课程内容，通过每星期两课时的教学，以社会实践活动作为教学方式，由教师和社会人员带领学生从实际生活中寻找素材，引导学生在社会实践中发现问题、分析问题、解决问题。

四是基地学习：职业见习真体验。开辟校外实践基地，以友好共建的形式，与实践基地联合开发社会实践课程。具有每周两课时的教学时间、独一无二的实践场地、专业的基地师资、与基地学习相配套的教材，还有适合特色基地学习的多样化评价。通过"基地学习"课程给学生提供鲜活的教育场景，让学生通过自主体验获得自我教育的机会，同时将研究性学习方法贯穿在各项活动之中，进而迁移到今后的学习中。

五是生活学习：服务生活以致用。生活不只是由"思想"构成，更重要的是要亲历感性的活动，并在生活世界中通过实践不断生成新的意义，不断实现新的超越的世界。海小以学生的生活经验和社会需要为主要内容，通过动手操作、实践，让学生获得经历和体验。学生在生活中学习，在学习中服务生活。课程突破了教材、课堂和学校的局限，实现了向学生生活领域延伸，达到服务生活的目标。

（二）海曙中心小学核心文化基因的提取与评价

海曙中心小学"致知力行"的校训，经过百余年的历史传承与积淀，已走进海小师生内心，并转化为行动的指引。跟随教育环境的变化，也逐步从"致知力行"走向"众行致知"，进而实现"人人皆行"。经过对海小发展历程和相关素材的全面梳理，得出海曙中心小学的核心文化基因是"致知力行，人人皆行"。

1. 生命力评价

由首任校长张雪门提出的校训"致知力行"，已贯彻百余年。多年来，海小传承中华传统文化和教育品性，形成了"高质量、严要求、轻负担、有特长"的办学特色，致力于打造"轻负、高质、浸润、灵动"的智慧课堂。海小以"常变"契合教育环境的不断变迁，紧抓课程改革这一推进学校内核不断演进的主线红绳：构建"文化、课程、教学"三位一体教育模式，提出"力行五质"素养和"求是五问"新型学习方法，重塑了"致知力行"的课程体系，并形成了面向未来、面向生活的学习形态。海小以"致知力行"为基础，不断调整教学及学生评价模式，进一步提出了"人人皆行"的愿景，这是一所传统名校向现代优质学校过渡的重要环节。"致知力行，人人皆行"核心文化基因，深深融入了海小师生的血脉中，今天海小的学生是千姿百态的，海小的老师是刚柔并济的，海小也成为宁波家长心目中"最想送孩子入读"的学校之一。穿越了百余年的传承，进入新时代，彰显着她强有力的生命力。

2. 凝聚力评价

"致知力行，人人皆行"这一核心文化基因，就像一条红线，贯穿于整个海小百余年发展的历程，引导着海小适应了不同时代的考验和每一轮基础教育改革的需要。依据"致知力行"的校训确立了"让每一位孩子健康成长"的办学理念。根据海小实际与时代精神、教育发展的新趋向与提升学校品质的需求，以"致知力行、尽心潜心"的教风和"健康、智慧、感恩、尚美"的学风为内核，完善课堂架构，实施课程建设研究。课程本身就是一种文化现象，课程建设形成基于教育理想的文化，是在实践行动上的生成。为此，将核心文化基因与课程建设相融合，基于"学生发展一切皆有可能"的课程理念，培养"感恩、智慧、尚美、健康"的海小学子；成立教师"学习共同体"，组织教师进行学习、研讨、合作、交流，培养"致知力行、尽心潜心"的海小教师；建设完善具有海小特色的课程体系，打造"轻负、高质、浸润、灵动"的课堂，形成了"文化、课程、教学"三位一体教育模式。在核心文化基因的浸润下，师生的积极性、主动性和创造性被不断激发，自我成长、自我完善的愿景得以保护，正确的人生观、世界观和价值观得以培育，形成了一种生态化的教育。海小百余年来，与历史做伴，和时代同步，立于创新潮头，在不同时代的师生群体努力下，成长为今天的百年名校。

3. 影响力评价

海小在百余年的办校历程中，在不同的时代背景下，对当时的教育都曾起到过积极的影响。光绪年间，海小名为星荫小学，在当时甬城国人自办的小学中，星荫小学是极富有影响力的一所。而海小前身星荫义塾，影响了蔡琴荪，使其于民国七年（1918）创办星荫幼稚园，那是宁波第一所由中国人创办的幼稚园。此后幼儿教育不断发展。今天，作为百年名校的海曙中心小学，始终秉承首任校长张雪门先生提出的"致知力行"的校训，与时俱进，在"人人皆行"理念的指引下，形成了"高质量、严要求、轻负担、有特长"的办学特色，在探索全面教育、提升教学质量过程中积累了不少成功的经验，取得累累硕果。获得了全国文明校园、全国和谐校园先进集体、全国红十字模范学校、全国红旗大队、全国语言文字先进集体等众多的国家级奖项，获得了省文明学校、校本教研先进学校、省艺术教育特色学校、省"千校结好"特色学校等多项省级荣誉称号。2021年1月，入选2020年全国青少年校园足球特色学校名单，2022年3月，入选浙江省首批"浙江院士科普基地"。

在不断壮大自身办学实力和影响力的同时，海小也一直发挥着名校示范辐射作用。与广德湖小学结对，制定结对实施方案，构建"互联网＋义务教育"的形式。近几年来，"互联网＋义务教育"活动覆盖面广，涉及语文、数学、思想品德、英语、音乐、体育、美术、科学、信息技术、写字等10多门学科，与结对学校共同开展同步课堂、教师网络研修、远程专递课堂。两校携手应用现代化信息技术手段，充分发挥网络的积极作用，努力实现教育教学优质资源的共享，通过网络同步课堂的教学实践增强结对学校间教师与学生的学习与交流能力，架起思维的桥梁，激发兴趣的火花，充分调动孩子学习的积极性、自觉性和主动性，让结对学校的孩子们相互交流学习和方法，促进学生全面发展。海小通过结对帮扶，不断扩大优质教育资源覆盖面，承担着应尽的使命和责任。

4. 发展力评价

在长达百余年的发展历程中，海小秉承"致知力行"的校训，怀揣"人人皆行"的愿景，走出了任美锷、童志鹏、李庆逵、路甬祥、王建宇五名院士，历届毕业生中约70%考入国内重点大学或留学于全球顶级大学。办学质量领跑全市，相继获评全国、省级多项荣誉。同时，在新的教育愿景下，学校开展了国际理解与尊重教育，实施国际化发展战略。近几年来，与美国、新加坡等世界各地的学校建立了长期友好合作关系，选派教师和学生到国外去，拓宽国际视野，培养学生的创新意识和实践能力，为学生适应未来国际竞争奠定坚实的基础。

为加快推动区域教育优质均衡进程，采取"名校＋新建学校"集团化的办学方式。2020年，高塘、新芝小学正式挂牌为海小西校区。新海曙中心小学设东、西两个校区，实行一套班子、一体化管理。为拓展区域优质教育资源的辐射力度，促进过渡期间新芝小学、高塘小学质量提升，在新校建成后加快融入海曙中心小学紧密型集团化办学，尽快整体提高"海小教育"品牌，2020年秋季新学期起，过渡中的新芝小学、高塘小学由海小全面托管。同时，为促进三校融合发展，围绕文化共生、优势互补、资源共享等方面，加速融合，保留东、西校区原有的特色，实现教育力量的最大化。此外，石碶街道江上地块海曙中心小学雅戈尔校区（暂名），建成后也将作为海小的雅戈尔校区实行集团化办学。

（三）海曙中心小学核心文化基因的转化利用

2022年，文化和旅游部办公厅、教育部办公厅、国家文物局办公室发布了《关于利用文化和旅游资源、文物资源提升青少年精神素养的通知》（以下简称《通知》）。《通知》从创新利用阵地服务资源、推动优质服务进校园、推进"文教合作"机制、加强组织保障四个方面提出指导意见，以整合文化和旅游资源、文物资源，利用学校课后服务时间、节假日和寒暑假，面向青少年开展社会主义先进文化、革命文化和中华优秀传统文化教育，培育广大青少年艰苦奋斗、奋发向上、顽强拼搏的意志品质，丰富青少年文化生活，提升青少年

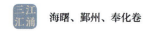

精神素养。《通知》为海小核心文化基因的转化方式提供了方向。

1. 创新利用周边服务资源

海小周边服务资源丰富，与千年唐塔、百年书阁相伴，地理位置十分优越，文化资源丰富而集聚，且彼此之间已有深厚的合作基础，合作形式多元创新。如海小与天一阁博物院合作举办"阁主大大带你'穿越'登阁"活动，融合VR沉浸式体验的科技手段，开展虚拟游览；举行以"游南国书城，览中华文脉"为主题的小学无纸化考试。以天一阁藏书文化为核心，运用高科技手段，让博物院研学课程走进期末测评，为"双减"助力。海小建校内博物馆，成立校内文化空间——探古中心，将千年古塔历史搬入校园。为此，可将海小、唐塔和书阁，连点成面，开发书香小镇，发展周边文化，打造城市"静"生活。将海小室外场地和室内场馆对辖区单位和社区集体活动开放，为公众提供体育活动基地。同时，利用各自优势——海小懂少年，书阁有文化，唐塔诉历史——共同合作，设计符合少年成长需求的学期内、节假日、寒暑假研学旅行精品线路，举办各类主题活动、展览展示、文化节等。基于"互联网+"的趋势，建议三者合作，共同开发书香小镇云研学课程。通过360全景技术、VR、AR、绿幕虚拟实境技术，打造出一个沉浸式"云研学"课堂，把课堂变成身临其境的户外学习环境。云研学课程还可特别开设云学习资源库和云实验室，学生可以从中获取自己感兴趣的内容，并根据自己的兴趣进行拓展学习并完成相应的课题和作品，完成后的作品还可以发布在云社区中，和更多的老师、同学一起分享，共同探讨。

2. 推进优质服务进校园

天一阁博物院作为"宁波市十佳科普教育基地"，开发了一系列优秀的带有基地鲜明特色的科普教育活动，并逐渐形成几大特色活动品牌，包括"大美古籍""小小修复师""传家宝""国学堂""悦读会""我们的节日"等。结合海小的课程体系和教学改革需要，可以选择一些适合进校园的优质项目，积极服务学校教育教学工作和文化素养培育。同时，从天一阁博物院遴选几位思想品质过硬、热爱教育事业的优秀文化工作者，按照"双向选择"原则，由海小根据需要自主选聘为文化辅导员。文化辅导员要积极参与学校课后服务，发挥自身专业优势，开设文化艺术类活动课程，指导学生文化艺术社团和兴趣小组活动，切实提高课后服务质量。在推进优质服务进校园的过程中，进校园的优质项目应纳入课程体系建设，进行持续性、常态化教学活动，而非只是一两次的活动；将进校的优质文化项目植入校园生活，与校园文化融合，避免进校园的优质文化项目悬浮于学校教育文化体系的表层，成为"两张皮"。

3. 推进"文教合作"机制

进一步夯实海小与天一阁博物院的共建合作，举办文教互动活动，定期组织学生到博物院参观学习。建立海小校外实践活动效果评估、服务满意度评价等跟踪反馈机制，促进天一阁的文旅资源的生产供给与海小的教育需求相匹配。联合开展师资培养培训，提升海小教师对藏书文化的认识和理解，增强博物院的文化辅导员对青少年的教育教学理论知识和技能素养；加强专业人员交流合作，建立天一阁博物院和海小协同提升青少年精神素养工作长效机制。将海小与天一阁博物院文教合作模式做成优秀案例，用于典型示范引领，为宁波市的小学利用文化和旅游资源、文物资源提升青少年精神素养提供一个可参照的范式。

参考文献

1.周汉斌、姚霞飞：《文化承创视野下的星荫园课程建设探索》，《浙江教学研究》2016年第2期。

2.周汉斌：《变革学习方式应面向未来、面向生活》，《人民教育》2017年第Z2期。

3.周汉斌：《共享"致知力行"的德育生活》，《中小学德育》2019年第4期。

雅戈尔集团（孙鉴摄）

十、雅戈尔

雅戈尔集团创建于1979年，总部位于海曙区石碶街道。40余年来，雅戈尔将从贯彻老"四千"精神到发展新"四千"精神作为集团开拓创新的精神支柱，以"四共精神"立业，通过"红领袖工程"，打造"四心工程"，以"五化合一"的建设理念，围绕转型升级、科技创新，砥砺前行，确立了全国纺织服装行业龙头企业的地位。未来，雅戈尔集团将继续秉承"建时尚集团，铸百年企业"的企业愿景，践行"让人人变得更美好"的企业使命，传承"诚信、务实、责任、奉献、正直、有为、勤俭、和谐"的企业宗旨，力争通过30年的努力将雅戈尔建设成世界时尚集团。

（一）雅戈尔核心文化基因解析

40多年前，在宁波一个小村庄的戏台地下室里，青春服装厂成立，这家小小的乡镇企业就是雅戈尔的前身。1990年，在李如成的精心运作下，一个全新的中外合资企业——雅戈尔制衣有限公司——宣告成立，并申请注册了"雅戈尔（YOUNGOR）"品牌。"雅戈尔"既有着"青春"厂的历史延续，又寄托着对未来的美好期望，还嵌入了李如成下乡劳动15年的雅渡村村名。就这样，这个"民"字号的企业，脱胎换骨，连上台阶：1993年，改制为股份制公司，1998年完成转型成功上市，逐渐形成品牌服装、地产开发和股权投资多元化发展之路。进入21世纪，品牌服装知名度有所下降。为此，在多品牌发展的同时，提出回归聚焦服装主业，开始自我变革：将"五化合一"摆在了转型工作中的重要位置。利用工业互联网，将智能制造和智慧销售进行串联。
2018年，建立"智慧中台"，打通线上线下渠道。开创服装概念工坊店，打造
创新体验平台。推出迪士尼狮子王系列T恤，开启首次IP合作。开设时尚体
验馆，引入瑞幸咖啡等跨界产品，打造新的时尚生态。一路走来，雅戈尔秉承
着"建时尚集团，铸百年企业"的企业愿景，践行着"让人人变得更美好"的
企业使命，实践着"诚信、务实、责任、奉献、正直、有为、勤俭、共享"的
企业宗旨，传承着"四千""四共""四心"精神，力争通过不懈努力将雅戈尔
建设成时尚王国。

1. 物质要素

雅戈尔的前身青春服装厂位于石碶街道。石碶街道处于宁波市南郊，东临
奉化江，西至宁波栎社国际机场。位置优越、交通便捷，是宁波市重要的"窗
口"之一。工业上，石碶一带手工业厂都集中在雅渡村。1994年，这些厂都
转制为私营，其中就包括青春服装厂。当时的鄞西主航道南塘河贯穿全村，使
得雅渡村交通极为便捷，地理位置十分优越。商贸上，新中国成立之初村内并
无店铺。1952年，石碶成立供销社，1954年成立石碶信用社，雅渡村分别拥
有股金。这也使得早期青春服装厂的销售得以运营，青春服装厂得以平稳发
展，从而脱胎新生为雅戈尔集团。

雅戈尔的发展，深受"红帮文化"的影响。宁波是中国近代服装的发祥
地，也是红帮故里。清末民初，宁波作为当时最早与国外通商的口岸城市之
一，不少裁缝曾为荷兰人（当时人称"红毛"）裁制过服装，"红帮"之名由此
而来。早期的宁波服装人以"红帮裁缝"之名，创造了全国第一家西服店、第
一套西服、第一部西服专著和第一家西服工艺学校等多个辉煌。改革开放后，
随着西服需求的日益增加，宁波大批小规模的私人服装加工厂如雨后春笋般地
兴起，但因为没有影响力，很难接到大的加工订单。而上海红帮名店，由于西
服市场突然升温，出现供不应求的状况。宁波地区的不少民营服装企业，抓住
改革开放的"天时"、红帮发源地宁波与发迹地上海的"地利"、红帮传统同
族同乡关系的"人和"，通过横向联营，迅速发展起来。雅戈尔就是在这一时
代背景下，抓住了机遇，应运而生，迅速发展。现如今，随着高科技在现代服
装企业中的运用，似乎无法看到传统红帮工艺的直接运用。但发展起来的雅戈
尔，是由红帮名店滋养而成，红帮是它的起步依托，它的基因与红帮文化一脉

相承。无论从技术还是从经营管理模式层面，红帮文化在雅戈尔服装业领域没有成为历史，而是以另一种新的形式、一种新的面貌呈现于企业的各个层面，"形"变而"神"未变，红帮永不褪色的理念精髓仍是雅戈尔不断向前发展的有力支撑。

2. 精神要素

（1）"四千"精神：千山万水、千言万语、千方百计、千辛万苦

雅戈尔从当年名不见经传的小作坊成长为如今面向世界的大品牌，一路走来，无不在时代的洪流中贯彻着"四千"精神。当小厂面临断炊、岌岌可危时，李如成"走遍千山万水"，遍访全国各地，最终远赴东北揽下12吨面料的加工业务，使小厂起死回生；为了做成一笔生意，"说尽千言万语"，赔笑脸，说软话，想方设法，无所不能；为了实现企业发展目的，克服一切困难，"想尽千方百计""尝遍千辛万苦"，在风云变幻的商海中站稳了脚跟。

进入21世纪，面对新挑战，雅戈尔依然紧跟时代脚步，传承新"四千"精神，即"千方百计提升品牌、千方百计开拓市场、千方百计自主创新、千方百计改善管理"。雅戈尔"千方百计提升品牌"，旗下不仅衍生出了很多子品牌，还努力提升自己的国际品牌地位；雅戈尔虽以服装业起家，但并不仅限于服装业，而是"千方百计开拓市场"，下设时尚、房地产、投资、康养、文旅和国贸六大产业，经营涉猎范围相当广泛；在不断发展过程中，雅戈尔千方百计自主创新，2005年升级免烫技术，推出DP纯棉免熨精品衬衫。DP纯棉免熨方式的诞生，标志着免熨技术升级换代，是服装科技发展的必然结果。同时，雅戈尔"千方百计改善管理"，以实现开拓与稳健并重、传统与创新结合、效率与公平兼顾、人才与事业共长的企业发展愿景。

（2）四共精神：共创、共鸣、共情、共享

雅戈尔是与改革开放共成长的企业。40多年的企业发展历程，一直紧跟国家的制度推进，在共同富裕的道路上不断前行。在雅戈尔新的"六五"发展规划中，明确提出了为社会提供优质服务、为企业增加发展后劲、为股东创造更大价值、为员工谋取幸福尊严的价值观，即"共创、共鸣、共情、共享"的"四共精神"。

"共创"是实现共同富裕的首要之义。雅戈尔只有不断做大做强，才能为企业增加发展后劲——构建服装垂直产业链，进军其他产业，带动更多中小企业共同成长。"共鸣""共情"是实现共同富裕的情感连接。与消费者、股东、员工共鸣共情，便于为消费者提供更好的产品和服务，为股东带来更多的财富和信任，使员工获得公平和幸福；此外，雅戈尔与社会"共鸣""共情"，历年来累计纳税额已达近 400 亿元，公益捐赠近 7 亿元，实现了与社会同频共振；"共享"的目的不仅是物质生活的富裕，更是精神文化生活的丰富、人的自身文明素质的提高等各方面的有机结合，这是共同富裕的根本要义，也是雅戈尔一直打造的企业文化核心。

（3）四心工程：初心、凝心、匠心、暖心

一直以来，雅戈尔用一针一线，传承着"红帮裁缝"的工匠精神，按照政治上保证、制度上落实、素质上提高、权益上维护，打造"四心工程"。即坚守"中国人能以穿着民族品牌为荣"的企业初心，通过开展主题教育、拔高产业工人的政治地位，加强初心坚守的政治保证，打造初心工程；通过探索企业经营制度、迭代企业管理制度、优化联动机制等强化制度落实的方式，凝聚产业工人心，打造凝心工程；通过技能等级认定、"名师带徒"和 5S 精益管理，促进产业工人素质提升，打造匠心工程；通过优化工作生活环境、减少职工后顾之忧、党群同心联动关爱，加强权益保障，打造暖心工程。通过打造"四心工程"，开展新时代产业工人队伍建设，造就一支有理想守信念、懂技术会创新、敢担当讲奉献的产业工人队伍，依靠精益求精的工匠精神和工艺创新，书写时代变革下"红帮裁缝"的现代传奇。

3. 语言与符号要素

（1）雅戈尔标识

雅戈尔品牌标志识别图形来源于狻猊。东海蛟龙狻猊性勤敏，喜洁净，兼怀仁德之心，故受命执掌天下衣饰。狻猊受命而化为龙马，见天下众生寒服草履，心中戚然，携丝麻布帛自东海而出，周而往复，执饰衣华冠送于市郊野村，昼夜劳而未感倦怠，奔走于九州方圆，唯以世人衣冠为一己之忧。后世之人以厚德载物为念，以龙马精神为事，终成大业。

（2）雅戈尔旗下的子品牌

①汉麻世家

麻文化为东方服饰文化的重要标志，在中国至少有 1 万年的历史。麻是地球上韧度最高的纤维，享有"天然纤维之王"美称，被欧美国家誉为"人类的第二层肌肤"。中国著名设计师吴海燕和WHYDESIGN创意设计策划了汉麻世家（HANP）这一品牌。"汉麻世家"从其概念而言，蕴含了极其丰富的内涵："汉，代表中国原创；麻，代表自然、无污染的绿色产品；世家，代表雅戈尔奉献给世界一个和谐的、可持续发展的家。"汉麻世家接下来主要有三个发展方向：一是将汉麻的家居生产作为一个分支机构；二是时尚，即设计汉麻的男装女装；三是发展汉麻的家装。雅戈尔希望将汉麻从单一纤维逐步发展，融入多种纤维元素，使整个产业链延伸出去。汉麻世家期望传递生活理念，并为新一代年轻消费者缔造另一种生活模式。

②MAYOR

MAYOR品牌，诞生于2000年，其创立源于雅戈尔创始人李如成始终怀揣的一个梦想，就是"让中国的精英人群，以穿着中国人自己的西服为荣"。雅戈尔的发展史，就是践行这一梦想的逐梦史。MAYOR，是为梦前行的旗帜。

4. 规范要素

（1）红领袖工程

雅戈尔成立之伊始，便建立了党组织，在党的政策路线指引下，解放思想、实事求是、与时俱进，实现了从"小作坊"到"大集团"的华丽转身。迈入新时代，基于对新发展格局的深度把握，雅戈尔把党建工作和现代企业制度的市场化运作结合起来，打造红领袖工程。"红领袖"是雅戈尔党建工作最生动传神的载体。"红"代表雅戈尔基因序列中的红色因子，即党建的代表色；"领袖"则结合了雅戈尔身处服装行业的特性，分"领"和"袖"两个方面，分别设立了"领·路""领·帅""领·队""袖·章""袖·扣""袖·风"六个板块。通过支部"领"路，营造党建"袖"风；书记"领"衔，亮起红色"袖"章；党员"领"跑，缝上服装"袖"口，将党建工作与企业发展紧密融合，以此作为企业发挥党的理论优势、政治优势、组织优势、制度优势、密切联系群众优势、党风廉政优势的途径。

（2）制作工艺与产品

①面料

雅戈尔西服（套装）所采用的面料多数为纯羊毛高支精纺西服专用面料，主品种有：驼丝锦、贡丝锦、花呢、板丝呢、缎背哔叽、人字呢等，供货单位以江苏、北京、上海、无锡的著名厂家为主。高级超高支精纺面料，主要来自英国、意大利等地。雅戈尔西服套装面料的特点是：精梳强捻，精织精修，纹理细腻，色泽均匀、触手柔滑，质料薄挺，悬垂性强。各种雅戈尔西服的面料在开裁前，都要经过两次"物理性预缩处理"，一方面增加纤维的弹性和形态记忆恢复功能，另一方面可以消除纤维间的内应力。凡是经过"物理性预缩处理"的毛织品面料，在出皱褶的时候，只要按皱褶的垂直方向悬挂 10—12 个小时即可除皱。

②生产工艺

雅戈尔西服是汲取了欧洲西服的精髓，结合东方人的体型特点，并根据中国市场不同时期的流行风格，精心制作而成的，形成了"薄、轻、软、松、挺"的效果。在穿着时，会给他人以正规、大气、典雅、挺括的视觉感，同时穿着者本人也会感受到精神、体面、舒适、自如。雅戈尔西服套装从面料预缩、裁剪、缝制、整烫一直到进仓，共有 400 多道工序，由近 500 人协力完成。

③雅戈尔西服产品

垂摆西服在摆衩部位采用新颖的专利技术，消除了双开衩西服后摆容易错位的困扰。

纯羊毛抗皱西服面料采用精细、优质的澳大利亚顶级美丽诺羊毛，这种优质的羊毛纤维具有较强的天然弹性和抗皱防污性能，再加上先进的面料物理抗皱工艺处理，使得生产出来的雅戈尔纯羊毛抗皱西服具有抗皱防污、轻薄舒适等特性。

高品质西服选用意大利进口面料，具有优质的透气性、抗皱恢复性和环保抗菌性，手感柔软舒适，纽扣都采用果实扣，天然、高贵，款式经典大方，面料条纹清晰，时尚感强，多以藏青色系为主，能充分彰显名流绅士的独有气质。

婚庆西服版型注重掐腰、肩部的设计，面料常以毛丝居多，还有毛涤丝或全毛，带有红色或玫红色条子等喜庆元素，以藏青底色为主，个别为深灰色，款式是两粒扣，开衩，宽驳头平带盖，小圆角，适合准新郎以及参加喜庆婚宴者。

（二）雅戈尔核心文化基因的提取与评价

雅戈尔从20世纪80年代贯彻的"走遍千山万水、说尽千言万语、想尽千方百计、尝遍千辛万苦"的老"四千"精神，到如今的"千方百计提升品牌、千方百计开拓市场、千方百计自主创新、千方百计改善管理"的新"四千"精神，是集团开拓创新的精神支柱；以"共创、共鸣、共情、共享"的"四共精神"立业；通过"红领袖工程"，打造初心工程、凝心工程、匠心工程和暖心工程，把党建工作和现代企业制度的市场化运作机制有机结合，实现了非公企业党建和现代企业制度的有机融合。从而得出，雅戈尔核心文化基因是"四千""四共""四心"。

1. 生命力评价

改革开放以来，民营企业的崛起为新中国的发展注入强大的活力，但在激烈的市场竞争中，企业的生存和发展也会遇到挑战。在中国，民营企业的平均寿命只有3.7年，而雅戈尔之所以能在40余年中，青春不老，仍然保持旺盛的生命力，最重要的原因就是企业拥有"四千""四共""四心"这一核心文化基因。从青春服装厂到雅戈尔制衣有限公司，抓住改革开放时机发展横向联营，之后经历过创立自有品牌、建立销售直营店、迈向全球市场、多元化经营的曲折、互联网时代来袭、电子商务崛起的迷茫……而今，雅戈尔再次毅然地拥抱第四次浪潮，以科技赋能和数字驱动，引领企业奔向"新零售"和"智能制造"的高地。下一个40年，雅戈尔为成为世界级的时尚集团而继续出征。树高百尺不离其根，江逐千里不舍其源。雅戈尔的核心文化基因就流淌在它的血液中，根植在宁波这片土壤里，从前是这样，未来也不会变。

2. 凝聚力评价

40多年来，雅戈尔贯彻并传承"四千""四共""四心"这一核心文化基因，形成了其特有的企业文化——"和合"——注重实现公司股东价值、员工权益、环境、社会公益事业、供应链伙伴关系、消费者权益这六大体系的价值最大化。同时，建立了一整套健全的制度，通过考核、管理、分配、提升、培训等制度建设，构建和谐企业。对于企业员工，雅戈尔采取的是"共济"之道，为员工创造一个平台型、亲和型、平权型企业。

（1）营造良好的工作生活环境。雅戈尔投入巨额资金，引进国际先进设备，减轻工人劳动强度，降低安全隐患。建职工宿舍，设置了多功能活动室、电视机房、室内外健身器材、网吧等娱乐设施，并定期举办各类活动。

（2）提高产业工人政治地位。健全保证产业工人主人翁地位的配套制度，不断提高产业工人的政治待遇，增加产业工人在公司职代会、团代会中的代表比例。推进优秀产业工人在公司群团组织兼职和任职工作，提高一线产业工人在公司群团组织中的任职比例。坚持和完善职工董事、职工监事制度，健全劳动关系协调机制，开展职工代表大会、集体协商，在重大决策上听取一线工人意见。雅戈尔荣获"2019年度宁波市集体协商精细化示范企业"。

（3）推动职工参政议政。集团拥有健全的党群一体化协调联动机制，积极鼓励职工树立主人翁意识，吸纳职工参与企业管理，大力开展合理化建议主题系列活动，对职工的创新成果和建言献策予以表彰和奖励。常态化通过总经理信箱、职工座谈、微信群等平台，倾听职工心声，为职工搭建开放、公平的民主管理参与平台，产业工人制度落实措施精准到位。

正是雅戈尔的核心文化基因所形成的"和合"企业文化，使得员工之间、上下游之间，为同一个目标努力，向同一个方向奋进，在集体利益中寻求个人力量的印证，从而使得雅戈尔凝聚众人之力量，释放着企业无限的张力。

3.影响力评价

雅戈尔经过40多年的发展，逐步确立了以品牌服装为主业，涉足地产开发、金融投资领域，多元并进、专业化发展的经营格局，在各大领域屡获殊荣。

在地产开发领域，从1992年成立之初的立足宁波转变为成为长三角区域强势品牌，已在宁波、苏州、杭州、绍兴、台州等地开展地产开发，并准备整合地产开发业务，雅戈尔地产开发将走向全国，成为一家全国性的地产开发企业品牌。

金融投资方面，雅戈尔自1993年开始介入股权投资领域，随后进一步涉足了证券、银行等金融领域，先后投资了广博集团、宜科科技、中信证券、宁波银行、海通证券等多家企业。2006年，随着股权分置改革工作基本完成，公司持有的中信证券、宜科科技等股权投资价值逐步体现，公司净资产水平得以显著提高，股权投资获得巨大的增值空间，取得了良好的投资收益。

在品牌服装领域，雅戈尔自1979年从单一的生产加工起步，经过不断努力，迄今已经形成了以品牌服装经营为龙头的纺织服装垂直产业链。旗下的雅戈尔服饰公司在全国拥有100余家分公司，400多家自营专卖店，共2000多个商业网点。主打产品男士衬衫为全国衬衫行业第一个国家出口免检产品，连续24年获得市场综合占有率第一位，男士西服连续21年保持市场综合占有率第一位。雅戈尔品牌服饰连续七年稳居中国服装行业销售和利润总额双百强排行榜首位，被评为最受消费者喜爱品牌。相继获得中国服装协会颁发的公众大奖、成就大奖、营销大奖，是首届浙江省十大品牌创新先锋之一，被中国品牌研究院评为行业标志品牌。

此外，雅戈尔同时还涉足国际贸易、酒店、旅游等行业。旗下的宁波中基贸易公司是宁波地区最大的进出口公司，苏州富宫、王朝等酒店已成为当地四星级酒店中的佼佼者，集团还开发了雅戈尔野生动物园、雅戈尔达蓬山旅游度假区等旅游产业项目。

4. 发展力评价

宁波是中国现代服装产业的发祥地、先行地，也是重要的服装优质制造基地、出口基地和品牌基地。"宁波装，妆天下"。近年来依托产业基础雄厚、智能制造技术先进等优势，宁波正从"服名城"向"时尚名城"加速蝶变。按照《宁波市时尚纺织服装产业集群规划》《宁波市时尚服装产业链培育方案》，到2025年，将建成有全国影响力的"创意设计—品牌培育—智能制造—时尚传播"时尚服装产业链和国家时尚服装先进制造业产业集群。

作为头部企业的雅戈尔，"四千"精神，化作了它的骨架；"四共""四心"，化作了其发展的血脉，多年发展，除造就自身强大实力外，还带动相关创新元素、资源聚集，形成发展新动能。2021年初，雅戈尔出资28亿元设立雅戈尔时尚（上海）科技有限公司，进军时尚科技领域，又与挪威国宝级户外品牌Helly Hansen（海丽汉森，简称HH）达成合作。此外，为促进产业向"微笑曲线"两端攀升，雅戈尔特别重视为人才提供成长的舞台，发起了"时尚创新100"活动。通过汇聚全球100位新锐设计师，打造集设计、创意、品牌孵化等于一体的综合性平台，服务宁波时尚产业发展。2021年举办了第一季活动，此后每年举办，推动100位设计师与宁波时尚产业长期合作。在政府的支持和雅戈尔的努力下，雅戈尔在宁波由"服装名城"向"时尚名城"的转变中发挥重要的示范和引领作用。

（三）雅戈尔核心文化基因的转化利用

根据《浙江省推进工业文化发展行动计划》，围绕雅戈尔"四千""四共""四心"的核心文化基因，促进企业、文化、旅游相融合。以企业为基，以文化基因贯通，立足企业历史，深挖文化旅游资源；推进产教融合，创建工业旅游示范基地，进一步丰富宁波制造的文化底蕴和内涵。

1. 立足企业历史，深挖文化旅游资源

雅戈尔，是改革开放以后发展起来的民营企业，尤其在纺织服装行业领域有着很大的影响力。40多年的企业发展历程，带着"红帮精神"的深深烙印，有着"四千""四共""四心"的文化基因，形成了"和合"的企业文化，是宁波民营企业在改革开放中创业成功的典范之一。讲好雅戈尔的企业故事，也是讲好宁波故事的其中一个窗口。在进行文化旅游资源开发过程中，应重视雅戈尔企业成长史，充分利用企业的文化底蕴和企业价值观，推出关于雅戈尔的文学、影视、舞台艺术等文艺创作，传承弘扬企业文化；组织梳理和挖掘雅戈尔在其不同成长阶段的各种资源，逐步建立多品类基础资源库，推动资源保护和开放共享；雅戈尔自身要继续加强企业文化建设，充分挖掘工业文化对品牌建设、品质提升、提质增效的潜力，提升产品附加值、企业竞争力和产业价值链，助推雅戈尔高质量发展，进而打造主题鲜明、特色突出的工业文化品牌项目。

2. 推进产教融合，创建工业旅游示范基地

建议雅戈尔加强与宁波高等院校和职业学校合作，将工业文化有机融入相关课程，探索打造工业文化精品课程；设立横向课题，加强工业文化理论研究和教学实践，开展工业文化助推产业高质量发展的路径模式研究。此外，建议雅戈尔创建工业旅游示范基地。充分利用和开发自身生产历程、工艺、环境等物质资源，同时注重强化企业文化和企业品牌，以充分体现工业旅游特点和企业特色形象；从企业特色工业旅游资源中提取统一的文化和形象符号，应用于不同区位，形成差异化工业旅游业态，有助于雅戈尔未来在宏观领域推进工业旅游，建立竞争壁垒，保持形象和管理的统一性；推进工业文化与数字经济融合，利用大数据、物联网、人工智能、虚拟现实等新一代信息技术，推动工业文化创新发展，催生文化创意新业态，拓展工业文化消费新空间，增强工业文

化创意产品的文化承载力、展现力和传播力。

参考文献

1.梁莉萍、易芳：《从 2021 宁波时尚节看宁波服装的无限生机》，《中国纺织》2021 年第 Z6 期。

2. 刘云华：《红帮裁缝推动宁波现代服装产业转型升级的模式研究》，《宁波大学学报（人文科学版）》2014 年第 3 期。

3.马艳：《浙江多举措增强工业文化"三力"》，《中国工业报》2022 年 4 月 27 日。

4.吴杨：《上海工业旅游发展的动力机制与模式研究》，华东师范大学 2016 年博士学位论文。

5.易芳：《雅戈尔"智慧营销"里的思索与态度》，《中国纺织》2018 年第 8 期。

鄞州，秦朝置县，有着2200多年的悠久历史，自古以佛教、海丝、名人三大文化闻名，是海上丝绸之路的东方始发港。鄞州区域总面积814.2平方千米，户籍人口95.5万，下辖15个街道、10个镇。鄞州是著名的"中国博物馆文化之乡""中国海丝文化之乡"，先后获评中国最具幸福感城市（城区）、全国市辖区旅游综合实力百强区、最美中国文化旅游区、中国最具魅力文化旅游名区、中国最美文化休闲旅游名区、中国最佳文化生态旅游目的地、中国最美乡村旅游目的地、中国建设最美乡村旅游示范区、首批国家公共文化服务体系示范区、首批国家级旅游度假区、首批省旅游经济强区、省旅游发展十佳县（区）、省文明区、省平安区。

鄞州，地处宁波市东部，为宁波中心城区之一，既有现代都市的繁华便利，又有东海之滨的悠闲淡定。鄞州之东，与北仑港相接，尽显东方大港的宽广和豪迈；南部紧邻奉化，近江南平原的鱼米之乡；东南临象山港，与象山隔水相望，坐收东海渔港的物丰天成之利；西部与海曙一衣带水，共享四明山的旖旎风光。

鄞州，气候宜人，空气里弥漫着山的清新、海的透彻，兼具山水风光、佛教文化和人文胜景，又以都市时尚、城市休闲和商务度假而著称。有1700多年历史的"东南佛国"天童寺、藏有佛祖真身舍利的阿育王寺、首批国家级旅游度假区东钱湖国家旅游度假区、首批国家级森林公园天童森林公园、世界最大的室内主题乐园罗蒙环球乐园、拥有多项中国之最的海洋世界主题馆宁波海洋世界、中国首家以"探索"为主题的科普体验馆宁波科学探索中心、入选"中国大运河"世界文化遗产点的庆安会馆、素有"都市里的农庄"之称的全国农业示范点天宫庄园，以及众多各具风格的主题博物馆等。

鄞州，坐拥宁波东部、南部两座新城，其分别为宁波市、鄞州区的行政中心。在繁华都市间，鳞次栉比的摩天大楼和高星级酒店，勾勒出美丽的城市天际线；星罗棋布的城市商业广场，弥漫着休闲的气息，处处凸显着城市的时尚地标。入夜，乘坐三江游船，在流光溢彩的三江口，赶赴一场中国大运河与海上丝路的浪漫邂逅。

鄞州，处处点缀着乡村旅游明珠。"鄞南福地"横溪镇，是宁波首个国家3A级旅游景区镇，以众多各具特色的文化古道而著称；"鄞南重镇"姜山镇，以"中国进士第一村"走马塘而闻名，有着都市人向往的油菜花海和稻花香田；"人文名镇"塘溪镇，以四大名人故居而闻名，董山湖风光旖旎，众多文化名村遍布周遭；"海丝圣地"东吴镇，依托"东南佛国"天童寺等众多海丝文化遗存，是独具禅韵美学的禅旅养生目的地；"龙舟之乡"云龙镇，因"十里水乡、端午风情"成为人们旅游休闲的理想终点；"滨海小镇"咸祥镇，有着61千米的蔚蓝色海岸线，是一座"鲜2°"的滨海风情古镇；"山海古镇"瞻岐镇，是一个犹如山海画卷的"微旅"小镇。在鄞州的山海之间，还隐匿着风格迥异的乡村民宿，是都市人"诗与远方"的向往。

鄞州，兼具江南的柔美和大海的豪迈，既有鱼米之乡的物丰天成，也有东海之滨的自然馈赠，造就了"鄞州十碗"鲜咸绵糯的江湖味道。春天咸祥码头寸时寸金的蓝点马鲛鱼、夏天太白湖里的翘嘴鲌鱼、秋天走马塘鲜美清甜的进士莲藕汤、冬天集海陆空各味鲜物于一锅的鄞县老三鲜等，处处时时洋溢着鄞州人幸福的味道。这是活色生香的鄞州味道，也是地地道道的宁波味道，更是最抚人心的烟火味道。本章展示的是鄞州区10个重点文化元素基因解码及转化利用情况，其中优秀传统文化7个，革命文化1个，社会主义先进文化2个。

庆安会馆（徐丹摄）

一、庆安会馆

庆安会馆，即天后宫，也称"甬东天后宫"。清道光三年（1823），南号舶商在宁波三江口东岸建造会馆，取名"安澜"。清道光三十年（1850），在董秉遇、冯云祥、苏庆和等北号舶商的倡议下，共花费缗钱十万有奇，在安澜会馆一侧兴建起北号会馆，取名"庆安"。

庆安会馆既是祭祀天后妈祖的殿堂，也是舶商航工业聚会的场所；不仅是我国八大天后宫和七大会馆之一，而且是江南现存两处集天后宫与会馆于一体的古建筑群之一。每年农历三月廿三妈祖诞辰日和九月初九妈祖升天日，航商、渔民都聚集于此，演戏敬神、祭祀妈祖，同时还有热闹的民间庙会和丰富多彩的民俗表演，为甬上之大观。

1997年，宁波市文化局接管庆安会馆和安澜会馆，并组织修缮，加强保护力度。2001年底，修缮完成的庆安会馆凭借建筑原貌和天后宫以展示妈祖文化为主的功能定位，被开辟为浙东海事民俗博物馆，内部进行陈列布置，一期陈列为妈祖文化场景展示，二期陈列为海事会馆场景展示，并被列入第五批全国重点文物保护单位。2014年6月22日，庆安会馆被列为中国大运河世界文化遗产点，成为宁波首个世界文化遗产点，也是海上丝绸之路申遗的重要遗存。

（一）庆安会馆核心文化基因解析

1. 物质要素

（1）辉煌绚丽的会馆建筑

庆安会馆建筑体量庞大，坐东朝西，占地面积约 12 亩，会馆平面布局呈纵长方形，采取中国传统的院落和空间围合手法，是中国宫馆合一建筑的现存实例。庆安会馆呈中轴对称，中轴线上由西到东分别为山门、仪门、前戏台、前大殿、后戏台、后大殿等建筑，轴线两侧有前后厢房等建筑。正殿是会馆核心建筑，是供奉妈祖的场所。最为特殊之处当数会馆内建有前后两个戏台，前戏台为祭祀妈祖之用，后戏台为行业聚会时演戏用。庆安会馆作为江南规模最大的天后宫，其建筑气势宏伟，布局严谨，结构精巧，鬼斧神工，集中反映了宁波传统的木结构建筑水平与特色，成为宁波地方特色建筑的典范，尤为突出的是馆内正殿硬山顶的假歇山顶式做法，在宁波现存古建筑中较为少见。

（2）宁波 7000 年船史下的发达船业

古老的宁波港，是我国最早对外开展文明对话的窗口之一，是海上丝绸之路的起运港之一，也是世界舟楫文明发源地之一。7000 年前，河姆渡先民制作使用的舟楫，是我国最早的"浮海"工具。古越海港句章，是世界上最早出现风帆的地区之一。

随着句章港与东南亚、西亚各国及地区的通商贸易和文化交流，宁波的造船业与航运业迅速发展。东汉时，句章港已开始海上文明对话；到了唐代，句章港与世界上 20 多个国家地区有着密切的交往；宋代时，朝廷两次出使高丽，明州府打造的"万斛"神舟，技术工艺之先进为世界所罕见。宁波出土的宋代海船所创制的减摇舭龙骨装置，技艺领先世界。

清代，宁波港在"海禁"解除后，呈现百舸争雄的趋势。开始走向世界的宁波商帮率先引进第一艘西方机械轮船，标志着我国现代航海事业的开始。浙东海事民俗博物馆陈列的按原物等比缩制的"宝顺轮"船模，形象地展现了宁波悠久的航海文化历史，表现了宁波在中国航海史上的重要地位。

悠久的航运历史和深厚的文化底蕴是宁波参与 21 世纪海上丝绸之路建设的历史基础，是宁波走向世界的立足点。如今，庆安会馆内陈列着 100 多艘精美的帆船模型。

2. 精神要素

（1）妈祖信俗——立德、行善、大爱

始建于清道光年间的庆安会馆，当年不仅是南北舶商办公议事的场所，而且也是海上行船人祈求平安归来的天后宫所在地。

妈祖又称天妃、天后、天后圣母、天上圣母，是一位人格化的神祇。相传，妈祖生前扶危济困、行善救世，留下"挂席泛槎""铁马渡江""化草救商""祷雨济民"等感人故事，升天后护国庇民、泽被四海，被沿海民众尊为海上女神并立庙祭祀。据史料记载，宋、元、明、清历代王朝，对妈祖至少有36次的褒封，妈祖神格也从宋时的夫人、妃，元明时的天妃，升至清代的天后。光绪元年（1875），妈祖封号已达64字，成为历代封号字数最多的女神祇。妈祖慈悲博爱、济世行善、护国庇民等传说事迹，迄今依然广泛流传于民间，有着众多信众，同时也随着古代海上丝绸之路的拓展与延伸，得到更为广泛的传播，逐渐衍生为一种文化现象。

宁波是妈祖信俗文化的重要传播地之一。由于毗邻福建以及频繁的捕捞、航运、贸易、移民等活动，发源自福建莆田湄洲的妈祖信俗，逐渐向宁波等沿海地区传播。作为"海盗辐辏之地"和海上丝绸之路的重要始发港，在海定则波宁的宁波，观音、妈祖、如意娘娘等海神信俗历史悠久。宋宣和五年（1123），给事中路允迪等乘两艘"神舟"和六艘"客舟"，从明州出发出使高丽。回来途经黄水洋，突遇狂风巨浪，舵折船覆。危急时刻，路允迪等人求助妈祖，后经五昼夜顺利抵达定海（今镇海）。事闻于朝，宋徽宗下诏封林默为"湄洲神女"，赐庙额为"顺济"。自此，妈祖信俗得到朝廷认可，妈祖成为航海保护神。北宋以后，妈祖不断获得朝廷封赐，妈祖信俗还被列入国家祀典。据史书记载，南宋绍兴二年（1132），宁波开始建造妈祖行宫，至清代中晚期，妈祖信俗广泛传入宁波城乡和海岛，各地纷纷立庙祭祀，天后宫遍布宁波。

（2）"宁波帮"海商精神——务实、慈善、感恩

宁波是我国海上丝绸之路的重要港口城市。自唐宋以来，宁波经济繁荣，商贾云集，各地商人依托宁波港优越的地理条件，开设商号、打造船只、经营货物，并逐渐形成以经营南、北方贸易为主的南、北号两大商行船帮。

近代"宁波帮"商人是在元代漕运业和明清会馆业的基础上形成发展起来

的地域性商帮。近代宁波商帮形成于明末清初，主要标志是宁波商人在北京创设鄞县会馆。明朝万历至天启年间，鄞县在京的药业商人创立鄞县会馆。在中国近代史上，宁波商帮在海外商务中占有重要地位，闻名海内外。据统计，如今有 30 多万宁波籍人士，旅居在世界 50 多个国家和地区，"宁波帮"是宁波连接世界各地的重要桥梁和纽带。

"一方水土养一方人"，近代宁波帮商人是以市民为主体的商人团体，其目标和价值取向与宁波城市的地域精神联系紧密；其为人处世信奉妈祖信俗文化中"扬善扼恶"的核心理念和价值观；在商务活动中奉行"获大实惠必要有大慈善"的朴素信念。

祖籍宁波鄞州的新加坡三江会馆馆长水铭璋是一位妈祖信奉者。水铭璋穿着肘部打有补丁的西服，脚踏旧布鞋，行程 10 万千米走遍中国各地，把在新加坡的资产投入中国，奉行"越穷的地方越要投"的原则。水铭璋先生讲道："祖宗传承经商是为了扬善扼恶，妈祖保佑我做大生意，我赚了钱不做善事，就违反赚钱的初衷。"在近代宁波商人中，多数都认为"发财不行善，无颜见祖宗"。清末宁波商人吴锦堂，在日本做棉纱生意赚了钱，回家乡疏浚杜、白两湖，兴办学校，造福子孙后代。渗透在血液中的妈祖信俗，是促使宁波商帮发展成中国近代商帮中佼佼者的因素之一。

3. 语言与符号要素

（1）石碑刻记

庆安会馆中有两处石刻碑记，均出自清朝董沛。甬东天后宫碑，嵌于庆安会馆仪门之南侧山墙上，碑铭记录了宁波妈祖信俗的发展历史。碑上写道："吾郡旧有天后庙在东门之外，肇建于宋，实今有司行礼之所。分祀在江东者三：一为闽人所建，一为南洋商舶所建，基址俱狭。惟此宫为北洋商舶所建，规模宏敞，视东门旧庙有其过之。经始于道光三十年之春，落成于咸丰三年之冬，费缗钱十万有奇，户捐者什一，船捐者什九，众力朋举，焕焉作新，牺牲楮帛，崩角恐后，盖非独吾郡然也。"

重建赐宁波府灵慈碑记碑，是清同治七年（1868）十月重立，原碑为清康熙三十四年（1695）十一月撰勒。碑高 130 厘米，宽 112 厘米，厚 15 厘米，圭首，篆额刻"重建敕赐宁波府灵慈宫碑记"，碑文正书。甬东灵慈宫，又名天妃宫，旧址在今江厦街东渡路口附近。1949 年 9 月，灵慈宫毁于飞机轰炸。

1982年7月，浙江省文物考古研究所和宁波市文物管理委员会办公室配合城市建设工程，对灵慈宫遗址进行抢救性考古发掘，发现此碑。

（2）蝙蝠纹饰

古时，常以"天鼠""飞鼠""仙鼠"称呼蝙蝠。蝙蝠会飞且多在夜间行动，也有"夜燕"别名，但较正式的名称为"伏翼"。在中国吉祥文化里，由于蝙蝠的"蝠"字与"福"谐音，因此蝙蝠被认为是传统吉祥物之一。在民间，蝙蝠纹饰普遍应用，具有文化象征意义和社会功能，广泛存在于建筑、服装、陶瓷、饰品等中，传递着人们祈福求祥的美好心愿。

庆安会馆的蝙蝠纹饰有294处，主要分布在前后戏台、大殿的龙凤柱、墀头、随梁枋等处。会馆内的蝙蝠纹饰以单只形式出现最多，分布在随梁枋、龙柱等处，多为垂直倒挂式的蝙蝠，造型繁复，寓意"福到"。两只蝙蝠的图案则多分布在前后戏台的护栏上，为对称环抱式的蝙蝠纹饰，寓意"双福捧寿"。此外，三只蝙蝠的图案分布在墀头处，呈中心汇聚式，围绕中间位置的蝙蝠向内集中，形成聚焦，焦点向中心位置的蝙蝠汇集，蝙蝠脖套铜钱，象征"福来财到"。

纹饰上的蝙蝠表情和善，脸像娃娃，圆眼睛，看上去天真可爱，传递着人们祈福纳祥的美好心理需求。清代时，蝙蝠已成为普遍流行的纹饰。作为清代中晚期建筑，庆安会馆形象展现了蝙蝠纹饰的流行与繁盛。

4. 规范要素

"三雕"艺术（砖雕、石雕、朱金木雕）是庆安会馆核心文化基因的规范要素。宁波庆安会馆集中展现了宁波砖雕、石雕、木雕艺术的精粹，对研究宁波乃至浙东雕刻艺术和建筑装饰艺术具有重要价值。庆安会馆的图案根据《大清会典》的规制雕饰，龙凤石柱、宫门门楣的"双龙戏珠"御牌匾匾、14幅人物故事和仿木砖雕斗拱、大殿八字墙头的两块浅浮雕石刻等，都昭示着妈祖的神圣地位和庆安会馆的庄重。庆安会馆建筑雕刻结合宁波习俗形成了独特的艺术特征，主要表现在：雕刻图案种类多样，以象征性手法寄托幸福、和平、富裕、长寿等美好寓意；雕刻图案通用性强，广泛运用于木栏杆、石栏杆、砖瓦花格窗、砖石铺地等；雕刻手法融会贯通，会馆砖雕、木雕、石雕结合平面雕、浅雕、深雕等手法。

庆安会馆雕刻有"三绝"：龙凤石柱、砖雕宫门和戏台木藻井。大殿有一对蟠龙石柱和一对凤凰牡丹石柱，高四米多，采用高浮雕和镂孔雕相结合的雕刻技艺。蟠龙、凤凰形态逼真，蟠龙须眉怒张，利爪奋攫，周身云雾翻滚；凤凰牡丹柱上截是凤，下截是凰，中间为盛开的牡丹，生动活泼，富有灵气，配以精致的柱础，是国内罕见的石雕工艺精品。

庆安会馆前戏台的藻井是鸡笼顶，采用数百花板榫接而成，朱金俯面亮丽炫目。使用 16 条昂拱层叠而成，呈螺旋式盘旋至宝镜揭顶的穹隆式结构，体现了宁波工匠高超的技艺能力和追求完美的个性特质，是江南乃至全国戏台建筑的杰作。藻井四角是四个代表福祉的变形蝙蝠，蝙蝠的头被画成龙状，顶着一枚铜钱，戏台四周木栏上雕有若干个龙吐珠的形象。花板使用浮雕手法，刻画了"三英战吕布"等三国故事；三条挂落则运用透雕手法，雕刻出三组双龙戏珠和凤凰牡丹图案；斗拱则化成了龙头和一只展翅的凤凰；"出将""入相"之处也做成龙状，背部的六座侍女浮雕更是惟妙惟肖。

（二）庆安会馆核心文化基因的提取与评价

庆安会馆又名"甬东天后宫"，是祭祀妈祖的神殿，是研究妈祖文化和我国古代海上交通贸易史的实物例证，是宁波会馆文化、商帮文化、妈祖文化的典型代表和载体。妈祖是市民、商人、船工和渔民群体塑创并且信奉的神灵。在宋代以来 1000 多年的历史进程中，妈祖信俗逐渐形成一种特殊的民间信俗，根植在宁波商人的价值理念中，并不断发扬光大。庆安会馆的核心文化基因主要提取为劝恶从善、济世救困、"立德、行善和大爱"的妈祖精神。

1. 生命力评价

早在南宋时期，宁波地区就出现了天后宫，自南宋到明清，宁波各地天后宫兴建不断。

清道光三年（1823），南号舶商在宁波三江口东岸建造会馆，取名"安澜"，意在"仰赖神佑，安定波澜"。清道光三十年（1850），在众多北号舶商的发起下，安澜会馆南侧兴建起北号会馆，取名"安庆"，寓"海不扬波庆兮安澜"之意，后改为"庆安"。清咸丰、同治后，宁波商埠初开，交通频繁，宁波南、北号舶商达到鼎盛，为维护同行利益，南、北号联合成立了"南北海商公所"。

1997 年，宁波市文化局接管庆安会馆和安澜会馆，并组织对破损严重的庆安会馆和安澜会馆进行修缮。2001 年底，维修工程结束，按照庆安会馆的建筑原貌和天后宫以展示妈祖文化为主的功能定位，开辟为浙东海事民俗博物馆。

2. 凝聚力评价

庆安会馆由九家北号船商花费缗钱十万有奇所建，从每家抽一人为会馆的组织者。会馆的建立旨在联络感情，保持同行团结，制订业务章规，共图事业发展。在资金来源方面，庆安会馆规定行内每只船往返一次，缴纳银圆 60 元作为会馆经费和事业基金。庆安会馆承担起协调内部关系、疏通外部脉络的功能，推动北号商帮航运业顺畅发展。

会馆公推行内德高望重且年长者为号长，并以高薪聘请当地负有盛名的缙绅为总办或"公行先生"，专职联络官府，谋保号商不受欺侮，同时也同各有关方面联络感情，保持良好关系，推动业务扩展。在一定意义上，会馆是一个对内协调、对外一致，为维护同行利益而建立的比较紧密的联合体，在推动船商和谐相处和共同发展上起到促进作用。

南北号会馆闻名遐迩，不仅因其在商业场上的影响，更因会馆"官馆合一"的性质让会员们更加团结，增强了整个行业的凝聚力。

3. 影响力评价

庆安会馆作为中国大运河、海上丝绸之路的重要节点影响广泛。作为妈祖文化的载体，庆安会馆见证着妈祖庇佑民众、教化民众的悠久历史；作为珍贵的文化遗产，庆安会馆激发宁波人民的自豪感和自信心，积蓄着宁波人民开拓创新的精神内涵。更加有效地发挥庆安会馆文化传承的载体功能，有助于推动宁波建设和谐文明城市的进程。

自宋以来，天后故事广泛流传，妈祖信俗影响不断扩大。在妈祖信俗的精神支持和鼓舞下，沿海人民战风斗浪，开辟航线，不断开拓新的生活领域，使妈祖文化的影响传播到东南亚及欧美。

庆安会馆现有《妈祖祭祀场景展示》《天后圣迹图》等八幅壁画，《明州与妈祖》连环半景画以及"妈祖与中国红"等基本陈列，真实而艺术化地展现了妈祖行善的事迹，具有极强的感染力和影响力。

4. 发展力评价

妈祖文化与海商精神内核契合中华民族追求开放、包容、和谐、安定的社

会发展理念，是人类文明的共同精神财富，该传统文化基因得到了较好的转化
及发展。主要体现在以下两方面。

首先，庆安会馆被辟为浙东海事民俗博物馆以来，作为传统文化的代表
性场所，在每年的众多传统节日，例如春节、元宵节、清明节、重阳节等特殊
日子举行特别的活动和仪式，吸引了来自全国各地的游客参与其中，促进文化
传播。

其次，庆安会馆作为宁波首个世界文化遗产点，不仅凝聚着宁波地域文化
的精髓，也是弘扬传统文化的重地，馆内不定期引进绘画、书法、雕刻等艺术
作品，通过多种形式和内容丰富宁波人民的精神生活，传承传统文化，成为市
民游客亲近艺术的殿堂。

（三）庆安会馆核心文化基因的转化利用

1. 数字技术赋能，探索会馆宣传新模式

宁波庆安会馆位于浙东运河沿线，是在水运交通便利、经济繁荣、商业发
达的条件下逐渐发展起来的商业设施。同时，会馆又是祀神的庙宇，供奉航海
保护神妈祖，反映了宁波作为运河文化与海上丝绸之路文化线路连接的重要节
点，不断受到外来习俗的影响。

在"互联网＋"的背景下，宁波市重点推进文化遗产信息化管理云平台建
设和推广，达到"科学化决策、精细化管理、个性化服务"的管理目标，力争
使宁波市文物保护管理所具备宁波第一、浙江领先、全国一流的文物保护管理
数据综合利用水平。目前，该平台项目集合已建成"一网三库两平台"，即宁
波市文化遗产保护网、文物基础信息数据库、文物记录档案数据库、文物保护
项目数据库、文物安全管理平台等，形成综合性云平台，以服务于宁波市文物
保护管理和决策。通过云平台大数据分析，稳步构建数据应用，建设系统、准
确、迅捷的数字化信息管理云平台，全面推进文化遗产保护、利用、管理、研
究，推动信息整合共享。利用多种媒体渠道和多样平台对文化遗产进行广泛宣
传，以平台为基础，积极研发文化遗产App，把会馆信息及将要举办的展览和
活动信息录入软件，对外发布，吸引游客前往参加；将民俗文化知识和遗产信
息录入软件，为游客提供"AR游会馆"等体验项目，建设网络博物馆。

2. 文旅融合发展，强化妈祖文化品牌建设

以"文化+"的发展理念为指引，依托各类物质及非物质文化遗产资源，强化宣传，增强文化遗产的可识别性和认知度。会馆拥有丰富的文化资源，例如会馆的正门（宫门）两侧，蹲守着一对龇牙怒目的石狮子，门楣上方高悬一块砖雕的圣旨状的匾额，双龙戏珠浮雕围绕着"天后宫"三个朱红的大字，匾额的周围镶嵌着许多精美的砖雕，大门的左侧挂着"浙东海事民俗博物馆"的招牌。进入正门，抬眼处便是"宁波海上丝绸之路史迹陈列"的牌子。沿中轴线前行，来到仪门。大红的灯笼、雕龙的石柱，仪门正上方悬挂着"寰海镜清"匾。仪门后面，便是庆安会馆的前戏台。前戏台属于歇山顶建筑，穹隆顶藻井富丽堂皇，巧夺天工，精美绝伦。前戏台正对着的是大殿，大殿为五开间抬梁式重檐仿歇山顶建筑，四翘翼然，高耸雄伟，气势恢宏。大殿的正上方高悬红底金字的"圣迹昭彰"匾额，殿前的丹辟石上雕刻着巨龙守护下的天后宫。殿的后面是后戏台。后戏台在布置上略有不同：两个侧门，一曰"入相"，一曰"出将"，居中的内匾写着"古今瞬息"，其下竖立着一张巨大的京剧脸谱，侧门的旁边还陈列着一排斧钺刀戟。

以此为基础，全面推广会馆内雕刻、牌匾等不可移动文物二维码导览，实现集文物科普、信息查询、监督举报、定位导航于一体的一键式全景导览功能；成立文化遗产保护志愿者服务队，开展庆安会馆遗产云课堂、民俗文化教育等一系列文化活动，依托纸媒、电视台、微信公众号、直播平台等多种渠道，开创文物融媒体宣传的新模式，让市民共享妈祖文化盛宴，了解会馆文化遗产保护理念；推动文化精品创作，拍摄妈祖文化及会馆文化纪录片，聘请画家设计系列图册，邀请广大市民参与体验非遗工艺创作，全面展现妈祖文化内涵与重要价值；提升现有场馆展示的讲解水平，共同打造文化遗产展陈的多维体系。

3. 立足文化资源，打造市民游客的地域文化课堂

通过种类丰富的主题展览及相关中国文物科学研究活动的开展，庆安会馆已成为广大群众学习、了解浙东地区的妈祖信俗、海事民俗、会馆商贸活动及其建筑艺术特色的生动文化课堂。自2001年对外开放以来，庆安会馆以会馆活动、陈列展览、社区联动等形式向市民和游客展示会馆文化、妈祖文化、宁波港口历史，通过组织学生免费参观、开办讲座、陈列版面进学校进社区等形

式多样的活动，持久深入地开展爱国主义教育和宣传。每年的春节、国庆节，会馆均利用馆内戏台举办越剧折子戏演出，传统地域曲目深受前来免费观看演出的市民游客欢迎。端午节包粽子、元宵节煮汤圆、中秋节赏月音乐会等活动的开展，让市民游客在古建筑里深刻体验到中华传统节日的喜庆氛围。民间故事、民间戏曲、民间手工作品、民间文化采风成果展示、生活民俗、美食民俗等主题民俗文化系列活动，与每年的"博物馆日""文化遗产日""中国航海日""海上丝绸之路文化节"等特殊节庆里举办的陈列展览、专题讲座、学术研讨会等紧密结合，让居民与游客近距离感受文化遗产的魅力与精彩。在保护和传承历史文化遗产的同时，庆安会馆持续丰富着社会公众的精神文化生活，已成为市民游客共享文化盛宴的重要场所，为大力弘扬我国民俗文化和海洋文化发挥着积极作用。

历经 160 多年的庆安会馆，正以世界文化遗产的高度和胸怀，迈入属于它的新生命和新发展。

参考文献

1.丁洁雯：《大运河（宁波段）与海上丝绸之路的重要衔接——论庆安会馆的起源、价值与保护对策》，《宁波大学学报（人文科学版）》2016 年第 4 期。

2.黄浙苏：《宁波庆安会馆管理运作模式初探》，《中国文物科学研究》2017 年第 4 期。

3.李晓光：《庆安会馆旅游资源的分析与开发策略》，《科园月刊》2010 年第 4 期。

二、东南佛国

西汉末东汉初，佛教传入我国。自东晋始，宁波的佛教文化蓬勃发展，最负盛名的寺庙阿育王寺、天童寺都建于东晋年间。唐代以来，禅宗的五家七宗（临济宗、云门宗、法眼宗、沩仰宗、曹洞宗以及临济宗分化出的黄龙派、杨歧派）都与宁波有着密切关系。南宋时期，阿育王寺住持大慧宗杲以临济宗杨歧派嫡传法嗣身份创"看话禅"修禅方法，天童寺住持宏智正觉以曹洞宗嫡传法嗣身份创"默照禅"修禅方法，宁波成为禅宗重地。宋宁宗册封天下名寺，分"五山十刹"，明代朱元璋册封天下名山时，赐天童寺为"中华禅宗五山之第二山"，宁波一度成为全国佛教特别是禅宗的圣地。近代以来，较多对近现代佛教有影响的僧人都曾在此担任住持或设坛讲法，如中华佛教总会第一任会长寄禅敬安、中国佛教协会首任会长宏悟圆瑛等。宁波佛教文化资源丰富，在中国以及海外佛教领域具有较大影响力。

（一）东南佛国核心文化基因解析

1. 物质要素

（1）天童寺——五山十刹之第二山

天童寺位于鄞州区东吴镇太白山，西晋永康元年（300）由僧人义兴所建，迄今已有1700多年。传说僧人义兴云游至此，结茅开山、建造精舍，日夜虔诵经书，感动玉帝，遂命太白金星化为童子，为他侍奉供养，待寺建成，童子飘然而归，故得名为"天童寺"，三面环抱古刹的群山被称为"太白山"。

阿育王寺

天童寺（徐丹摄）

天童禅寺现存殿、堂、楼、阁、轩、寮、居、室30余幢。建筑群布局严谨，结构精致，主次分明，疏密得体。殿堂按照我国古代传统建筑形式，重檐叠阁，画栋雕梁，庄严而古朴，成为古刹的"主轴线"。天童寺的建筑布局主要分为主轴线、东次轴线以及西次轴线。主轴线基于"伽蓝七堂"制，由外万工池、七佛塔、内万工池、照壁、天王殿、佛殿、法堂、先觉堂和罗汉堂等由南至北层层抬高构成；东次轴线由新新堂、伽蓝殿以及其他附属殿堂组成，建筑群坐东朝西；西次轴线由清规堂、祖师殿以及其他附属殿堂组成，建筑群坐西朝东。天童寺寺内地面铺装、经幢和佛塔等为石质，长廊支柱与殿堂的屋檐、内部架构则为木质。

（2）阿育王寺——五山十刹之第五山

2000多年前，印度阿育王向世界赠送8万多座装有佛舍利的宝塔，中国获得19座，鄞县（今宁波市鄞州区）便有其中之一。目前，阿育王寺是中国唯一以"阿育王"名号命名的寺院，是全国汉族地区佛教重点寺院。阿育王寺位于鄞州区五乡镇宝幢太白山麓华顶峰下，始建于西晋太康三年（282），至今已有1700多年历史。阿育王寺现存殿、堂、楼、阁600余间，依山坡构筑。大雄宝殿是清康熙年间重建，殿上有乾隆书"觉行俱圆"匾。舍利殿始建于1678年，重檐，黄色琉璃瓦盖顶，有石雕舍利塔一座，内置七宝镶嵌塔亭，塔身青色，五层四角，四面窗孔，每层雕菩萨神像，内顶悬宝磬，舍利珠挂在其中。寺内有浙江省仅存的两座元塔，砖木结构，仿楼阁式，六面七层，每层置腰檐、平座，底层四周有围廊。此外，阿育王寺内较完整地保存有历代碑碣、石刻、匾额以及经藏古籍等文物。如宋代苏轼书的《宸奎阁碑铭》，元、明、清历代碑额及现代碑刻58块，有唐雕四天王石像，殿内有宋高宗的"佛顶光明之塔"、清乾隆御笔"觉行俱圆"等诸多匾额，藏经楼上有清雍正版本《龙藏》《碛砂版大藏经》等珍品，文物丰富。

（3）七塔禅寺——浙东"四大佛教丛林"之一

七塔禅寺位于鄞州区百丈路，是宁波市区内规模最大、保存最完好的寺院，也是浙东"四大佛教丛林"之一。七塔禅寺初建于唐大中十二年（858），称"东津禅院"，后曾改称为"栖心寺""崇寿寺""楼心寺"。寺院殿堂结构典雅，古朴庄严，是典型的禅宗伽蓝七堂建制，主要建筑有：七佛塔、山门牌楼、普门柱、天王殿、圆通宝殿、三圣殿、法堂暨藏经楼、慈荫堂暨玉佛阁、钟楼等。寺内除主要殿堂为古建筑外，还保存有一批珍贵文物。如寺院开山祖师心镜藏奂禅师舍利塔，上刻"唐敕赐心镜禅师真身舍利塔"等字样；宋代大铜钟两口，各重达七八千斤；宋元寿山石雕十八罗汉一堂；清代砖刻五百罗汉造像图等。

2. 精神要素

（1）严守戒律，坚韧向上

佛教在宁波兴起的时代，中国的经济重心还未南移，宁波现存佛教寺院的开山祖师为了开辟佛坛，常独自进入深山结庐修持，如天童寺开山祖师义兴在鄞县南山东谷结庐修持；阿育王寺开山祖师释慧达见到舍利塔后在会稽鄞山乌石岙就地结茅供奉；金峨禅寺开山祖师百丈怀海在金峨山结茅修行，兴建罗汉院等。且在历史上，寺庙曾遭遇各种困难，如南宋宝祐四年（1256），天童寺遭遇大火，所有建筑几乎烧毁；唐武宗灭佛时，阿育王寺遭遇重大打击，舍利宝塔一度丢失；等等。宁波寺院命运多舛，但僧人坚韧、坚持、不退缩，披荆斩棘，执着追求，使这些古刹历经千年依然保存着宋元风采。

（2）融会贯通，开拓创新

宁波地区的佛教采取兼容并包的态度，形成了博大精深的文化。北宋时期，四明知礼为阐释天台宗教法潜心钻研数十年，作《观音玄义记》《金光明玄义拾遗记》《金光明经文句记》等，并发展天台宗理论。大慧宗杲为改变禅宗只重语言文字而忽视"悟"，开创"话头禅"，将禅宗僧人的注意力从解释公案转移到领悟上；宏智正觉发现"话头禅"滞于公案工夫，不利解脱，提出"照默禅"，两者互相争锋，互相促进，共同推动佛教发展。

（3）面向世界，开放包容

宁波地区的佛教在派系上是以禅宗为主，在理论上是以禅学为主，直接影响现代佛教发展的基本走向。并且，宁波在历史上或成为中国僧人海外弘法的出发地，或成为朝鲜半岛、日本或东南亚各地学问僧的落脚点，是中华文化传播的重要枢纽，阿育王寺、天童寺、七塔禅寺等很多寺院，或成为日本、韩国以及一些东南亚国家的佛教派系祖庭，或有法脉流传至世界各地，在弘扬中国佛教文化方面做出了巨大贡献。

3. 语言与符号要素

（1）《太白山图》

《太白山图》是元代王蒙创作的一幅纸本设色画，现藏于辽宁省博物馆。主要描绘的是浙江太白山天童寺一带的景色，画面中，天童寺前面长达十公里的松林苍郁茂密，寺庙楼阁、草堂屋舍，隐约可见。《太白山图》构图繁复，结构严谨，画面所选取的景物繁多，乍一见全幅画面密密麻麻，但密而不塞，实中有虚，有深远的空间感，生动地展现了江南溪山漾漾湿润、松林茂密、杂树青红、沉郁清秀的自然风貌。该图末端所绘为天童寺，古寺坐落于山谷之中，僧人悠游于松林庙宇之间，写实性较强，画面内容仍可与今日实景相对应。

（2）《育王山图》

明成化三年（1467），日本画僧雪舟曾随遣明船访问中国，长时间停驻宁波。他不但在宁波府与当时的文人雅士、官员等结交，还在天童寺得到"天童寺禅班第一座"（禅堂首座）的名誉。雪舟是日本水墨画画家的代表人物，《育王山图》即为他的著名作品。这幅画体现了雪舟画作技艺特点：他从亲身感受的中国景物中受到启迪，以宋元画技法为基础，创造出独特的具有坚实结构性和实景感的山水绘画，呈现出典型的禅境。他由此将日本的水墨画推向顶峰，并使之成为一种独立的艺术门类。1992年，阿育王寺重建东塔时，参照了雪舟当时画的《育王山图》手迹。

4、规范要素

（1）禅茶一味见精神

晚唐天童寺住持咸启法师禅语"且坐吃茶"，又被记为"吃茶去"，是国内早期著名"茶禅公案"，在海内外广为传播，天童寺的茶禅文化传承至今。禅茶一味是指禅意与茶意在精神层面的结合互通。在茶与佛教日益紧密的联系之下，饮茶谈经与佛学哲理、人生观念相互融合，"禅茶一味"之说应运而生。寺院僧人对茶禅文化的认识不断加深，开创了茶文化活动，如写茶诗、吟茶词、作茶画等，既丰富了茶文化内容，也为茶道提供了"梵我一如"的哲学思想及"戒、定、慧"三学的修行理念，深化了茶道的思想内涵，使茶道更有神韵。

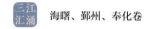

（3）曲径通幽巧布局

天童寺建筑格局极显"曲径通幽"之妙。过小白岭，入万松关，经天童村，寻路而至伏虎亭，行松径，穿三门，经过十公里松径的漫长铺垫，天童寺才渐渐展现于香客的眼前。与其他寺院不同，天童寺共有三座独立的山门，分别为伏虎亭、古山门和景倩亭，从一山门至三山门的距离为1.5公里。这种铺陈的方法既塑造了香客的参禅情绪，也给人"古寺山中藏"的意趣。天童寺内，天王殿、佛殿、法堂三座体量最大的殿宇依中轴线前后排列，其他功能院落簇拥拱护着三大殿。这一布局极其严整有序，基本延续了明代重建时的格局。

（二）东南佛国核心文化基因的提取与评价

宁波东南佛国文化基因在历史发展过程中书写了佛教典籍、创造了艺术风格，有着丰富多彩的内容、源远流长的历史、跨越国界的影响、历久不衰的价值。其贡献集中体现在"保存""弘扬""丰富"上，使宁波被日本等国称为"圣地宁波"。

1. 生命力评价

自魏晋南北朝起，宁波佛教文化延续至今已有千年；唐朝禅宗的出现为宁波佛教文化注入新的生命力，历代禅宗大师辈出。虽然历经劫难，但宁波佛教文化仍留存至今并较为完好地保留了珍贵的物质载体及精神内涵，如寺庙古代建筑（保国寺）、阿育王寺佛骨舍利以及佛教的历史、文化、思想价值。宁波对寺庙的保存，是对珍贵佛教文化遗产的保护，众多历史悠久的名寺古刹承载了流传千年并仍然熠熠生辉的佛教文化。

2. 凝聚力评价

作为东南佛国，宁波在历史上寺庙林立、香火旺盛，并且有众多高僧开坛讲法、著书立说，佛教在宁波具有深厚的群众基础。宁波以天童寺为代表的禅宗流派不仅对内融合佛教的各个部分和各个门类，而且对外进一步融合儒家、道家思想，使禅宗在成为中华文化重要组成部分的道路上不断行进。

3. 影响力评价

宁波拥有天童寺、阿育王寺两大禅宗重要古刹，在历史上曾是禅宗圣地，诸多高僧在宁波开坛讲法，"看话禅"和"照默禅"便发源于宁波。此外，宁波是中国佛教对外传播的桥梁，鉴真和尚、无学祖元禅师从宁波出发东渡日本；同时，宁波是日本僧人来华学习佛法的重要目的地，诸如日本曹洞宗、临济宗的祖庭便是宁波，宁波佛教文化具有全国性乃至世界性的影响力。

4. 发展力评价

作为东南佛国，宁波地区的佛教文化在思想上、哲学上具有深远影响，在历史上具有深厚积淀。进入现代社会，宁波佛教文化能够为对内建设和谐社会、对外建设和谐世界提供可资借鉴、利用和转化的传统文化资源，能够为今天中国文化走向世界发挥特殊积极作用。

（三）东南佛国核心文化基因的转化利用

一方面，以专业场馆来展现宁波悠久的佛教文化历史，陈列东南佛国代表性文物，为人们了解宁波的佛教历史提供便利。宁波佛教文化中有大量有趣味、有禅意、有深度的典故，可以结合佛教文化内涵，研发具有佛教元素的文创产品。

另一方面，宁波天童寺等寺院地处风景名胜区，自然景观优美。可以充分利用寺院的优越地理位置，将寺院作为景区的组成部分，进一步整合、综合发展。制定统一规划，在保护文物的前提下进行合理改造，完善旅游服务基础设施。加大培训讲解员和导游员力度，培养专业人才，由掌握专业知识的讲解员和导游人员介绍佛教知识。宁波佛教界还可与日本、韩国、美国、新加坡等地的佛教界开展文化交流活动，为当代文明的交流互鉴做出贡献。

参考文献

1.陈明良：《东南佛国地 虔诚众生心 宁波本地寺庙纪年佛具探析》，《收藏家》2017年第12期。

2.戴松岳：《东南佛国显灵光——宁波佛教文化探寻》，《宁波通讯》2007年第11期。

3.李晓光、李阳：《宁波佛教文化旅游发展对策研究》，《宁波经济（三江论坛）》2020年第1期。

4.周冠明：《东南佛国天童寺》，《宁波通讯》2002年第4期。

东钱湖全景（徐丹摄）

东钱湖院士中心（徐丹摄）

三、东钱湖

东钱湖也称钱湖、万金湖，是浙江省著名风景名胜区，距宁波城东15千米。东钱湖是远古时期地质运动形成的天然潟湖，东南西三面受瞻岐、福泉、韩岭诸山环绕。湖由谷子湖、梅湖和外湖三部分组成，南北长8.5千米，东西宽6.5千米，环湖周长45千米，面积22平方千米，为杭州西湖的3倍，是浙江省最大的（天然）淡水湖，平均水深2.2米，总蓄水量3390万立方米。

东钱湖开凿至今已有1200多年历史，经历代开浚更具风采。据记载，唐以来历代先贤在开拓、整治东钱湖时留下了许多水利设施。唐天宝年间，鄞县县令陆南金率众修筑堤坝，后王安石、李夷庚、吕献之等历代地方官除葑清界、增筑设施，使之成为可被综合利用的水域，至今水利设施大都保存完好。

东钱湖紫气东来，人文荟萃，文物古迹随处可见。据传陶公山山麓是春秋越国大夫范蠡退隐后偕同西施栖居之地。宋元以来，东钱湖是官宦文人耕学叹咏的胜地，书院遍布，寺庙林立，亭台众多，楼树掩映。南宋权臣史浩家族名动古今；到近现代，生物学家童第周、书坛泰斗沙孟海和画家沙耆更为东钱湖增添了亮丽的色彩。

（一）东钱湖核心文化基因解析

1.物质要素

（1）浚湖筑堰的水利工程

①东钱湖主体工程

东钱湖是由天然水源供应、由人工设计建造而成，作为宁波史上重要的水利工程，是历代地方主政官员致力民生、兴修水利的体现。

陆南金被称为"浚湖第一人"。唐天宝年间，陆南金出任鄞县县令，率众浚治东钱湖，并筑塘连接防潮周边的八个缺口。

东钱湖的水利工程基础全面奠定于宋代。北宋庆历七年（1047），王安石到鄞县担任地方官员，走访了鄞县各地，进行了详细考察，倾听乡贤建议，实践出浚湖之法。王安石提出利用农闲时节发动百姓浚湖蓄水的策略，组织"重清东钱湖界"，提升了东钱湖的蓄水和灌溉能力。后来，王安石推行的新法之一"农田水利法"，便缘于其以浚治东钱湖为主的水利建设实践。

②梅湖"双虹落桥"工程

梅湖是东钱湖的组成部分，平均水深 1.5 米，湖内葑草丛生，有"宁波白洋淀"的美称。

古时，东钱湖年久失浚，淤泥堆积，湖床日浅，梅湖是"重灾区"，在废湖之议中，矛头多次指向梅湖。明朝末年，大将武宁侯王之仁欲废东钱湖屯垦，遭知县袁州佐严词拒绝，户部主事董守瑜一同抗争，梅湖之废得以幸免。清代，民众利用浚湖后的淤泥，在梅湖邵家山至杨家山之间修筑起一条长堤，名曰"五里塘"，并在塘的首尾各建一座弓形石桥，东为"下虹桥"，西为"上虹桥"。

21 世纪初，东钱湖按照"城市之湖、生态之湖、文化之湖、休闲之湖"的目标定位，对区域内的旅游资源进行综合开发，使其生态环境得到明显改善。

（2）名人文化景区

①陶公钓矶

相传春秋时期，越国大夫范蠡不慕荣利、功成身退，偕西施隐居于伏牛山中，改名陶朱公。后人追念其兴越之功，将伏牛山改称陶公山，其临渊垂钓处则称"陶公钓矶"。

陶公山的地理位置奇特，山形如孤龙突出于湖中，沿山居民数千家，村落形状颇像殷家湾，呈鱼骨状展开。与通常被山体环抱的村落有所不同，陶公山村镶嵌于山与湖之间，抱山而环湖，形成了"湖中有山，山下有村"的格局。

陶朱公在我国历史上创下许多第一：中国历史上第一个全国首富、中国道商儒商义商第一人、中华慈善事业第一人、中国航海第一人、中国列国旅游第一人等，是宁波历史上最早出现、社会影响最深广、人民群众最喜爱的"全福之人"。陶公岛景区的主要景观围绕陶朱公蕴含的多元文化来打造。陶公岛历来是民间拜财神、请财神、供财神的福地，香火极其鼎盛。

②余相书楼

自宋朝以来，东钱湖一带成为官宦仁子躬耕苦读之地，诗词歌赋吟咏不休，形成了以书楼命名的钱湖十景之一"余相书楼"。"余相书楼"原名"五柳山庄"，为明朝宰相东钱湖人士余有丁所建，被誉为"江南大观园"。

余有丁出生于明嘉靖六年（1527），嘉靖四十年（1561）在顺天中举，次年中进士，名列探花，为官正直，不贪钱财，待人宽厚，朝政为之一新。余有丁怀有高世之志，酷爱山水。万历元年（1573），余有丁趁皇帝委任南翰林回家之际，买下东钱湖边月波寺旧址，建造读书楼，历经数年营造成一座山庄。明神宗御书"名山洞府"赠予山庄。余相书楼后毁于战乱兵火，现该地为海军疗养院。余有丁 58 岁过世，葬于东钱湖畔，其墓道文臣、武将、立马、蹲虎、跪羊等一应俱全，现该墓被列为全国重点文物保护单位。

③芦汀宿雁

岳庙前约百米处，隐伏一片沙洲，旧有芦苇一片，深秋北雁南飞时，逢月明星稀、湖山沉寂，风动芦枝、惊动宿雁，尺鸿哀鸣飞扑，缘岳庙盘桓，声声泣诉，犹如为岳将军不平。"芦汀宿雁"遂成钱湖一景。

东钱湖人民为追念尽忠报国的民族英雄岳飞，于端平元年（1234）修建岳公祠。道光十三年（1833）改建为岳鄂王庙。岳庙屡塌屡修，于乾隆十三年（1748）时重建，经五次重修后又于民国十年（1921）再修。1990 年，由东钱湖风景旅游区募集资金 196000 元，技工 5200 余人，历时 170 天重修岳王庙。

岳庙规模宏大，坐北朝南，背山面湖，由门楼、大殿、后殿及东西厢楼组成，前后殿屋脊中间有 70 厘米直径的玻璃大球。门楼和大殿内外檐廊均为卷蓬结构，梁柱中腿雕有宁波朱金木雕工艺特色人物、翎毛、虫草图案。门楼外墙以深雕须弥座辅以细致浮雕作下脚，墙上镶嵌有雕刻的人物图案。墙头三角部嵌雕三卷如意头，屋檐用大型云纹瓦当和枫叶滴水，以大覆盆形式，有厚重感，殿内装饰华丽，悬挂匾额楹联。

（3）宗教文化景区

①五代古刹大慈禅寺

大慈禅寺坐落于福泉山，始建于五代后晋天福三年（938），至今已有1000多年历史。据记载，大慈山为宋丞相史弥远葬母之地，宋宁宗特赐"教忠报国寺"匾额。由于史弥远在朝掌政26年，权倾朝野，故南宋时期的大慈禅寺规模宏大，殿宇伟丽，建筑面积大约为11000平方米，有禅房500余间，故有"千僧过堂"之说。寺前建有放生池，占地面积约2600平方米，被称作"万工池"。明洪武四年（1371）被毁，洪武十五年（1382）重建，定名"大慈"。明清期间几度被毁，后都得以重建。

大慈寺在南宋史氏三代人掌管朝政时无比繁盛，在史氏三代中，明确记载在册的进士有60余人。嘉定十六年（1223），日本高僧道元法师到鄞县天童禅寺、大慈寺切磋佛学妙谛，回国后创建了日本曹洞宗。南宋时，先后有五位日本高僧来大慈寺研究禅学，回国传法，在日本建了两座大慈寺，尊东钱湖大慈禅寺为祖庭。如今，大慈寺依旧是中日佛教文化重要交流地之一。

②东钱湖上"水月观音"

"水月观音"由东钱湖中真实的水、岛屿以及与水体紧密相连的山体天然结合而成，坐落在北湖、南湖的交界处和小普陀南面的山水间，当地人称为"下风岸"，平时难见其踪。

传说中的"水月观音"由水、月、观音坐像和莲花坐台4部分组成。如横向看去，是一尊观音的卧像，观音安详地侧卧在山水间，半身在水下，半身在水上。如纵向看去，只见观音大士头戴风帽，隐约可见发髻高束，身披大士法衣，低首俯视，面容丰满仁慈，鼻梁高耸，双手合十，头顶一轮水中月，结跏趺坐于莲花台上。"水月观音"是一处十分珍贵的景观资源和旅游资源，显示出东钱湖作为佛教圣地的精妙。

③慈云岭下慈云寺

慈云寺在慈云岭之东，向北约1千米为南宋石刻公园，历经800多年沧桑。据《东钱湖志》载：包浩，字民化，号东园，明正德四年（1509）官封定海卫指挥金事，授明威将军，墓在上水横街慈云岭。

慈云寺历经战火与自然灾害，几经毁坏与荒落，但几代僧尼为弘扬佛学，数次修复与重建，矢志不移。在20世纪70年代，寺内办横街村五金厂，佛像被毁，经典被焚烧，石碑被用作筑房基石以及铺路造桥，珍贵文物消失无存。虽几经天灾人祸，但慈云寺勉强保全，如今依旧坐落在东钱湖畔，寺内的大雄宝殿、天王殿、地藏殿依然辉煌，是清修的好去处。

④霞屿锁岚

补陀洞天与霞屿寺位于东钱湖霞屿山，相传南宋宰相史浩之母叶氏笃信佛教，礼奉观音，怀有前往南海普陀山朝山进香的愿望，因年老失明，跨洋过海不便。故史浩召集地方名匠在此凿山为洞，名曰"补陀洞天"，又在洞旁建寺，名霞屿寺，并割田以赡。因洞在霞屿岛上，进香者需以舟渡湖，又洞仿普陀观音道场，供奉观世音，故有"小普陀"之称。至清代寺废，补陀洞天渐被湮没。1976年，为整治东钱湖而建湖心塘时，补陀洞天重新被发掘，其后进香者纷至沓来。

东钱湖湖心有不少孤悬的绿洲，其中霞屿与烟屿遥相照应，成为湖中双璧。霞屿东面靠着幽深的福泉山，山雾终年郁积，湖面水汽又时常弥漫，有岛锁岚雾、景凝云霭之感，故称"霞屿锁岚"，是为"钱湖十景"之一。

⑤二灵夕照

二灵寺位于二灵山，上方是二灵塔。二灵塔塔身每层每面皆有壸门，佛龛刻有浮雕佛像，两旁还伴有金刚立像，每当夕阳似金，斜照塔身，青山共湖水一色，二灵塔与夕阳交相辉映，"二灵夕照"的胜景也因此得名。古人把二灵寺、二灵塔、二灵山房称为"二灵三绝"。

二灵寺旁曾建二灵山房，宋代大官陈禾曾在二灵山房读书隐居。陈禾于元符三年（1100）中进士，因为民昭冤而被升迁为左正，受朝廷重用。当时童贯权倾朝野，迫害贤良。陈禾刚正不阿、不媚权贵，斗不过童贯的权势而被诬为狂妄，贬监信州酒税，后与同里陈瑾还归鄞县，在二灵山房读书隐居。陈禾死后，其子陈曦遵其遗愿，将其葬在二灵山上。

⑥上林晓钟

福泉山西流诸水，其南面有上水溪。缘溪行，桃林夹岸，水曲山盘，中有小村横街，僻静娴雅。宋乾德年间在此建成"寿宁禅院"。清康熙年间，僧超济重构佛殿，改为"上林寺"。每当寺僧早课，击钹撞钟，山鸣谷应，其声可闻数里，故有"上林晓钟"之称。现今，上林晓钟仅存其名。

（4）"殷湾渔火"古村落

东钱湖古村落众多，如韩岭村、陶公村、下水村、利民村等。钱湖十景中"殷湾渔火"一景在殷湾古村。据传宋、金开战，宋军兵残马疲，歇息在殷湾附近的芦苇丛中，金兵看到殷湾渔火闪烁，以为宋军援兵已到，便赶紧撤回。可见当时殷湾渔火之壮观。

旧时，倚水而居的殷湾百姓世代以打鱼为生，有的在外海作业，有的在湖内捕捞。渔民吃住在船上，晚上在船头挂一盏玻璃罩的煤油灯，几百盏灯齐亮，湖水闪烁，成为当地独特一景。

殷家湾人出海捕鱼历史悠久，在唐宋时已经有人从事海上捕捞。据《鄞县志》记载，其外海捕鱼用的"大对船"始于明朝洪武年间。据1935年的一项统计，殷家湾村拥有"大对船"350余对，可见渔业之发达。每年中秋祭神鸣炮出船，次年三月归来，大对船停靠在家门口，夜间在船头高挂桅灯一盏，灯火星星点点连成一片，景色迷人。但"殷湾渔火"从另一方面也折射出殷湾渔民生活的艰辛和无奈，如今渔民大多洗脚上田，渔火日渐稀少。

2. 精神要素

在东钱湖的背后，有许多人在其渐趋湮塞时挺身而出，殚精竭虑的感人事迹应为后人牢记传承。

张祖衔，晚清鄞县生员。清光绪十七年（1891），面对渐渐淤塞的东钱湖，张祖衔忧心忡忡，商同鄞县、镇海、奉化的部分乡绅，呼吁疏浚湖水，恢复东钱湖的往日生机。然而事未成功，他竟因积劳成疾而离世。

陈励，鄞县人，晚年得悉东钱湖淤塞严重，遂与乡绅张善仿道，为疏浚东钱湖上书力言，自愿筹款先填，提出了建设性的开浚方略，并确定了详尽的筹款计划。遗憾的是陈励与张祖衔一样，都为浚湖一事忧思过度，事未竟而身先卒。

在东钱湖疏浚的功绩簿上，还有不少乡贤的名字，他们舍己为民的精神值得永传，为后世所知。

3. 语言与符号要素

（1）寺庙

唐玄宗李隆基在位期间，陆南金出任鄞县县令，于天宝三年（744）将东钱湖西北部几个山间缺口筑堤连接，形成人工湖泊。东钱湖成为极具江南风情的游览和居住胜地，吸引了诸多文人墨客与得道高僧前来隐居；自唐中叶至明清，东钱湖畔建造大小寺庵众多，高僧辈出。

据有关资料记载，现有可考证名字以及地点的寺庵达 91 处之多，正是历代兴建的众多大小寺庵，使佛教文化得以在东钱湖畔兴起、繁盛。

东钱湖佛教寺院众多，绝大部分都隐藏在湖畔的崇山峻岭中，规模宏伟，废圮不少。从大量的史料记载中可知，东钱湖曾有 28 寺、42 庵、3 观、32 庙、7 祠、1 社。上至官宦下至黎民，问禅拜佛，以解平生之惑。现存最早的寺院为 71 省道东侧的隐学山下的隐学禅寺，建于唐建中二年（781），至今有 1000 多年历史，早于宁波七塔寺。从现存遗迹和历史记载看，最宏伟的寺宇是福泉山景区中的大慈禅寺。

东钱湖还有纪念治湖名贤的祠庙，如陶公山古村的胡公祠，纪念胡榘；下水村的忠应庙，纪念王安石；等等。

（2）石刻

南宋墓道石刻群和庙沟后石牌坊为全国重点文保单位，已发现历代名臣学士墓葬约 50 多座，墓道石刻遍布，堪称石刻艺术大遗址。其中融古代哲学、美学、生态学等于一体的石刻艺术精品，当推南宋时期"一门三相"的史氏望族墓道石刻群，包括宋冀国夫人叶氏太君墓道、宋太师越国公史诏墓道、宋太师齐国公史渐墓道、宋卫国忠献王史弥远墓道等。墓道长 50 米至数百米不等，保存较为完整；选址结合堪舆学原理，依山临水，两旁按王公礼制，从下而上有神道坊，依次相对而立的石笋、石鼓、石羊（石虎）、石马、武将、文相。石刻造型比例适度，线条流畅，精美传神；武将戴盔穿甲，双手握剑，威武肃穆；文相戴冠穿袍，双手执笏，沉静含蓄；石马披鞍系缰，昂首挺立；石虎蹲伏昂首，竖耳睁目。马鞍等处还饰有缠枝牡丹、海兽波涛等图案，表达美好意象，使石刻作品达到了写实风格和浪漫主义的完美统一。

石刻墓道群为考证史氏显赫家世和南宋历史提供了宝贵的实物资料。庙沟后石牌坊的具体年代难以确定，浙江省考古学会第三届年会得出的结论为南宋—元朝时期。神道坊是二柱一间一楼仿木结构石坊，为单檐歇山式，用料为梅园石，所有构件以榫卯结构严丝合缝，石质色彩与陵墓山体气氛浑然一体，雕刻手法显示了南方细腻写实的风格。石刻墓道群的发现为研究我国古代石牌坊文化提供了珍贵的实例，具有很高的历史和艺术价值。

（二）东钱湖核心文化基因的提取与评价

东钱湖是宁波的文化发源地之一，也是宁波最具有生命力的文化地标之一，拥有与"西湖十景"比肩的"钱湖十景"："陶公钓矶""余相书楼""百步耸翠""霞屿锁岚""双虹落彩""二灵夕照""上林晓钟""芦汀宿雁""殷湾渔火""白石仙枰"，以及众多名人古迹。

近年来，在宁波城市规划建设中，以"城市之湖、生态之湖、文化之湖、休闲之湖"的目标定位，将东钱湖区域内的湖泊山岳、山林田地、建筑古迹、历史文化等各种旅游资源进行综合开发，并组织了大规模的疏浚和治理。如今，东钱湖畔筑起了一座标志性建筑——宁波院士中心，既传承了古代名人志士的精神，又展现了中国文化的现代化进程。

1. 生命力评价

在中国无数大好河山中，东钱湖似乎一直默默无闻，但它确有独一无二的妙处。东钱湖之妙，妙在位于江海之间，既婉约又阔达，既内敛又外放。文化关乎地理，人们因地制宜创造了不同的文化，属于一个地方的特色文化愈加珍贵。

千年之前，东钱湖名震东亚，除耕织之颐、渔樵之乐外，还因其是当时人类先进思想的策源地、传播地之一。进入 21 世纪之后，东钱湖容光焕发，用 15 年的时间，一跃入选首批国家级旅游度假区。下一阶段的东钱湖，将利用改革开放前沿阵地的优势，投身江—湖—海的大格局，促进城—镇—村的大融合，做好继承和创新"两篇文章"，实现物质和精神"两个富有"。

2. 凝聚力评价

东钱湖素有凝聚区域群体力量的作用：人们逐水而居，水陆交通重要枢纽都是百姓聚集的主要区域；捕鱼作业、兴修水利、集市物资交换等活动无一不需要聚众进行。人们进行文化和情感交流，社会聚集发展为情感聚集。

东钱湖一带聚集着众多居民，汇集成大大小小多个古村落。现在，东钱湖作为水陆交通重要枢纽的地位虽被削弱，但其凝聚力不减。除了钱湖老十景，东钱湖管委会 2002 年曾评选出湖心十景、湖畔十景、福泉九景、韩岭十景等。东钱湖旅游业的发展，吸引了众多游客。东钱湖是集合民俗文化、佛教文化、商文化、官文化等的文化综合体。

3. 影响力评价

东钱湖开凿至今已有 1200 多年历史，历史十分悠久。同时，东钱湖是宁波重要的水利工程，宁波有俗语："田要东乡，儿要亲生。"东乡的田，年年高产，靠的是东钱湖水，而且宁波市区大部分饮用水也赖此湖供给，可见东钱湖的重要性。

东钱湖紫气东来，人文荟萃。春秋时越国大夫范蠡隐退后携西施避居湖畔伏牛山下，北宋王安石曾在此担任县令，南宋权臣史浩家族更名动古今。近现代，生物学家童第周、书坛泰斗沙孟海和画家沙耆更为东钱湖增添亮丽色彩，郭沫若先生赞其"西湖风光，太湖气魄"。

鄞州区内的天童寺为佛教禅宗五山之一，至今已有 1600 年历史，在日本和东南亚各国影响广泛；阿育王寺是中国佛教"中华五山"之一，已有 1700多年历史，因寺内珍藏佛国珍宝"释迦牟尼真身舍利"而闻名中外；南宋时期福泉山麓大慈禅寺名震浙东，有"千僧过堂"之说，是千年甲刹，在中日佛教文化交流史中具有不可替代的地位。

4. 发展力评价

自宋代以来，南方经济、文化快速发展，官宦学士、名人高僧常栖居东钱湖畔，留下钱湖十处胜景。

"陶公钓矶"景点尚在，但景观有所不同，现景区内塑范蠡半身像，并于小山坡高处又新立一尊鎏金全身立像；"百步耸翠"远望如金字塔者，人称"百步尖"，如今山脚下兴建高尔夫球场，还有正在建造的别墅群；"霞屿锁岚"经过东钱湖开发建设，管委会出资拓建了湖心堤，尽头辟为小普陀景区；"二灵夕照"是"钱湖十景"中目前保存最为完整的；"殷湾渔火"景点，驾船打鱼曾为当地群众的谋生之道，现今久居于此的渔民们大多洗脚上田，渔火日渐稀少；"白石仙枰"是东钱湖的北高峰，现今人工修建了登山的路，便于附近群众登山健身；"余相书楼"的现状是"楼已不存，庄也不留"；"双虹落彩"如今不见拱桥，偶现彩虹；"上林晓钟"的寺庙已全然无存；"芦汀宿雁"不是某个景点，而是东钱湖全湖的一个景观。

宁波旅游产业的发展离不开东钱湖，东钱湖的发展则离不开对景区遗址的保护。经过十多年的大力开发和建设，目前东钱湖旅游度假区基础设施已日臻完善，新的景观也时有兴建。现建有宁波国际会议中心、宁波院士中心等，向着打造国内一流生态文化旅游度假区、国际知名湖泊休闲新城方向发展，从"宁波后花园"转变为"宁波城市客厅"。

（三）东钱湖核心文化基因的转化利用

1. 挖掘丰富文化资源，打造特色主题项目

东钱湖不仅是生态之湖，更是文化之湖，挖掘东钱湖丰富的历史文化资源，在展示和传承宁波传统人文精神、提升湖泊建设品位等方面有着不可替代的作用。

东钱湖拥有深厚的文化底蕴和丰富的文化资源，如悠久而实用的水利文化、辉煌而漫长的渔业文化、独特而普及的龙舟文化、壮观而惊艳的石刻文化、丰富而著名的陶瓷文化以及宗教文化、茶文化、财智文化等。尤其是宋朝，东钱湖文化发展达到鼎盛。东钱湖文化主脉是南宋文化，诸如南宋石刻、佛教名刹等历史遗存，是研究南宋时期美术史、文物考古史的珍贵资源。充分利用这些极具历史韵味和地域特色的文化瑰宝，围绕南宋石刻、佛教名刹等历史景点，打造东钱湖主题公园，重点建设智能化游览项目，打造石刻群、佛教禅寺等一体化有声导览旅游线路，结合游览路线打造游客的沉浸式体验，拓展景区的服务功能，提升服务能力和接待水平，融合东钱湖文化及其历史文化渊源，打造独具风格的东钱湖主题项目。

古村老镇亦承载着历史文化，进一步对古村进行保护性开发、梳理式改造，以全域景观、大地艺术的要求提升古村整体风貌，打造具有浙东民俗风情的风景线。例如，开通陶公岛、韩岭村的公交专车路线，使景区内成点、线、面交通联网布局；创新改革韩岭集市，引入现代民间品牌，重现浙东重要滨湖集市风貌，打造老街和水街共存的浙东名村，使东钱湖丰厚的文化软实力转化为打造国际名湖的发展硬实力。

2. 拓展多元文旅业态，打造景区鲜明形象

东钱湖得天独厚的资源具有文化传承与弘扬的先发优势，要让其在现代市场中焕发出新的生机与活力，还需做足特色，放大优势，融合东钱湖文化及其历史文化渊源，打造文化旅游产业，开发多元化市场，塑造东钱湖作为国际文化旅游景区的鲜明形象。

首先，做大人文山水旅游业。做大基础性的人气型文化旅游市场，在现

有的水上乐园、启新高尔夫俱乐部、雅戈尔动物园的建设基础上，深化和扩展"游"的内容，大力开发参与性强的项目：一是下湖，以东钱湖水体为依托，开发系列休闲度假产品，如游船、游艇、水上滑板、水上演出、赛龙舟、水上高尔夫等；二是上山，东钱湖山地资源丰富，如东南部有福泉山等，山上有茶园，可开发农事体验旅游项目，也可开发登山、蹦极、滑草、溯溪、滑翔、定向越野等山地项目。

其次，做优人文历史旅游业。发展历史文化研习体验旅游，除了东钱湖内石刻群等"宋文化"主题项目的重点推进，也可大力发展韩岭花桐殿庙会、陶公山画船殿鲍盖庙会、"稻草节"、殷湾渔灯节等历史文化民俗体验活动。此外，还可以加强与天童寺、阿育王寺等旅游景区的串线联动。除了项目开发，也要做好线上线下的宣传工作，灵活利用东钱湖相关IP，充分发挥官方媒体以及自媒体的作用，以东钱湖优质的文旅体验与服务塑造鲜明的景区形象。

最后，做强古村休闲旅游业。古村落开发不能千篇一律，尤其不能盲目地引入商业资源，要富有地域特色，富有独特性。以东钱湖畔自古出名人志士为文化亮点，推出历史东钱湖古村落系列特色文化创意产品，如以范蠡与西施、沙耆名画为特色的东钱湖明信片等，也可开设东钱湖畔主题绘画馆，让游客自行绘画创作。

3. 开展文体节庆活动，培育体育赛事品牌

东钱湖的文旅发展还要突出"体育+旅游"的特色。一方面，通过全民健身等大众休闲运动，扩大民间影响力。以环湖骑行和游湖舟行为重点，积极推出大众化、生活化的运动，提升环湖自行车专用道、游步道品质，推进帐篷露营基地的规划建设。同时，开展东钱湖品牌代言人升级工程，寻找具有广泛影响力且形象气质与东钱湖新的品牌形象相契合的体育文化领域的知名人士以及网络达人等作为东钱湖的形象大使，也可进一步引进建设户外拓展运动休闲公园，继续推进高尔夫等运动休闲度假产业发展。

另一方面，继续加大力度，通过重大赛事策划和品牌赛事培育，提升东钱湖文体节庆赛事的规模和档次，将其打造成东钱湖最具影响力的综合性品牌节庆，不断提高东钱湖美誉度和国际知名度。继续办好创意摄影展、户外音乐节、中国湖泊休闲节、美食节、骑游大会、国际雕塑设计大展等系列精品赛

事；结合体育赛事，发挥优越的自然生态优势，创造条件，进一步完善运动培训基地设施建设，积极承办专业性强且具有重大影响力的国际性体育赛事，如东钱湖国际公路自行车赛、国际龙舟赛、国际铁人三项赛、国际帆船赛、国际马拉松赛等。

参考文献

1.宁波市鄞州区档案局编：《鄞州寻踪》，宁波出版社 2012 年版。

2.伍鹏：《宁波旅游文化》，海洋出版社 2010 年版。

3.徐春红：《宁波地区湖泊休闲度假旅游发展研究——以东钱湖旅游度假区开发为例》，《中南林业科技大学学报（社会科学版）》2012 年第 2 期。

4.杨郁：《宁波东钱湖旅游度假区发展策略研究》，同济大学 2008 年硕士论文。

5.周静书：《鄞县名胜古迹》，黄山书社 1998 年版。

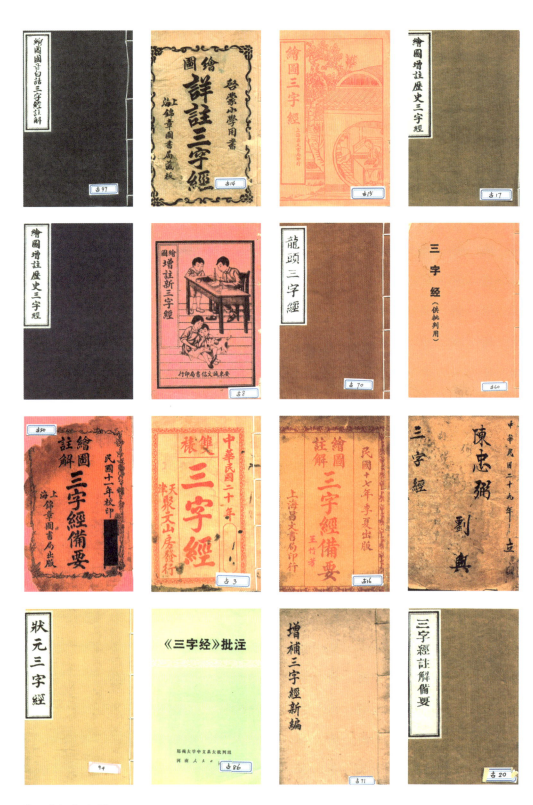

《三字经》书影

王应麟画像（鄞州区文化和广电旅游体育局供图）

四、王应麟蒙学文化

王应麟（1223—1296），字伯厚，号深宁居士，又号厚斋，祖居河南浚仪（今河南开封）。北宋覆灭后，王应麟曾祖王安道随宋室南渡，并于南宋乾道年间迁居庆元府鄞县。王应麟一生撰写蒙书五种，分别是《蒙训》《小学绀珠》《小学咏讽》《姓氏急就篇》《三字经》，除《蒙训》《小学咏讽》已佚失外，其余都在蒙学领域具有独特地位。

《三字经》《百家姓》《千字文》是齐名的三大国学启蒙读物，《三字经》在古代蒙学教材中最具代表性，流传时间长、范围广、影响大。全篇结构严谨、文字简练，三字成句、朗朗上口，通俗易懂、便于诵读。虽仅有千余字，却涵盖读书学习方法、道德规范、名物常识、百家经史、朝代更迭及榜样范例等对孩童具有启示作用的内容，至今仍有较高价值。《三字经》成书后，经后人修改、删减与补充，产生多种版本，其中流传较广的版本有宋末元初的1068字本、明代的1092字本、明末的1122字本、清初的1140字本及1170字本等。今通用的《三字经》为清末民初著名学者章太炎作的《重订三字经》。

除蒙书编撰外，王应麟还注疏与考订先辈学者的蒙学著作，补注《急就篇》，考证《兔园册府》，充分体现其对蒙学文化的重视、传承和发扬。

1990年，联合国教科文组织将《三字经》选入"世界儿童道德丛书"，成为全人类共同的文化遗产。2007年，《三字经》被列入浙江省非物质文化遗产名录，推动了《三字经》及王应麟蒙学文化的保护与传承工作。

（一）王应麟蒙学文化核心文化基因解析

1. 物质要素

（1）王应麟墓道——深宁老人，魂归故里

王应麟墓道位于鄞州区五乡镇宝同村，由于复杂的历史因素以及发现的时间较晚，墓道受破坏严重，原貌无法还原。目前仅存两个小土包以及墓前石刻构件十件。十件石刻由南往北分别是：石笋一件、石龟一件、石羊两件、石虎两件、石马两件、文相一件、武将一件，原本均为东西相对。十件石刻毁坏严重，如武将头部缺失、左虎头部风化残损、右虎前双足残失等。墓前石刻的规模和体量与王应麟生前的官职相符，侧面反映出封建等级制度的规约影响。

2005 年，鄞州区将王应麟墓道列入区级文物保护单位名单，并立碑予以保护。

（2）铁佛寺——族亲与门生的守望

铁佛寺位于鄞州区宝同村童岙东岙 12 号，距王应麟墓道约 1 千米。王应麟墓在东岙内小山坳，坐西朝东；铁佛寺则在两岙的山脊线正脉之麓，坐北朝南。墓、寺分别建在阴、阳之地，是区分灵魂归宿的阴宅和超度灵魂的阳宅的佳地。

据光绪《鄞县志》载："铁佛寺，县东四十里，元至正间王氏舍基建（僧本真建）。康熙间重建，乾隆四十三年，僧道宏重建殿宇。"可见，铁佛寺是王应麟后裔为纪念王应麟而舍基建造，属于王应麟功德寺。

近年来，铁佛寺在各方的配合努力和政府的支持下，特地新设"王应麟纪念堂"，更好地展现王应麟的一生。文史专家王介堂根据《三字经》中的"玉不琢，不成器"一句，取名为"琢玉堂"。纪念堂正中摆王应麟像，墙壁挂甬城书法家对联，其中"誉满全球王伯厚，功留万代三字经"悬于王应麟像两侧，形象表现了王应麟的主要贡献。

（3）三字经文化广场——牌楼古朴，文韵丰富

三字经文化广场位于鄞州区东钱湖上水下庄黄梅山麓，是目前宁波市纪念王应麟的最大的场所。在广场入口处立有"钟灵毓秀"牌坊，蕴含着凝聚天地灵气、孕育优秀人物的美好愿望。三字经文化广场向内为六角形宋式场厅，地蕴八卦图案，围墙形成了小回音壁；广场外围则雕刻有王应麟的生平介绍及其

代表性蒙学著作《三字经》，置有孩童听说读写《三字经》的雕像，意指孩童自幼从《三字经》中学习、感悟蒙学文化；三字经文化广场的四周环绕着宋元明清的石柱群，为《三字经》塔林，雕刻精美，下方刻有南宋版《三字经》。

三字经文化广场围绕王应麟及其代表作《三字经》进行布局设计，富有特色，广场充满浓郁的蒙学文化气息，是一处适合组织开展幼童蒙学教育的公共场所。

2. 精神要素

（1）教育思想——循序渐进

在《三字经》中，王应麟列举童蒙经典书目，讲述读经的重要性及必要性，主张启蒙的第一步须读经并强调要循序渐进——先读《小学》，再读经书、子书，最后读史书，将子书和史书作为经书的辅助，充分体现了儒家的传统经学思想。

此外，循序渐进的教育思想还体现在人生轨迹的要求上。王应麟指出"入而事亲从兄，出而诵诗读书，小而洒扫应对，大而明德新民"，即小时候在家要明孝悌，在学堂要诵读经典、学习文化知识及礼节，学成要格物致知，造福国家社会。

（2）学习方法——博观约取

博观约取是王应麟多年考证典籍、著书立传的学习心得。"博观"即强调览故考新，根六艺，囊括百家，王应麟提倡要广泛阅读以增加学识；"约取"即摒弃无用的信息，扼要选出所需知识，编入构建的知识框架中，王应麟在日常积累中形成了一套收集及编排资料的有效方法。

"博观"与"约取"的有效结合，使知识既不会东零西落，又不会浮于浅表，是王应麟提倡的学习方法与知识储备状态。

（3）求学精神——励志上进

《三字经》充满浓厚的求学精神，王应麟先以"人不学，不知义"，来强调学习的重要性，后仔细讲解学习内容，通过列举古代才学之士刻苦读书有所成的故事来勉励蒙童，最后再详细列举学习的目的。

一个人要适应社会不断向前发展，就必须不断努力学习。对于蒙童更是如此，王应麟认为蒙童从小树立起向学之心，对日后的求学之路有莫大的益处。同时，由于时代原因，《三字经》不可避免地含有一些官场逐利等消极内容，但其推崇、主张的求学精神在现代社会仍具有实际价值，值得转化利用，发扬光大。

（4）学术理念——经世致用

王应麟蒙学文化鼓励人们将才学作为工具和跳板，以此来踏上"经世"之路，其蒙学研究不只限于宋时童蒙较为普遍的识字、育德以及通读经史典籍等内容，还囊括了诸多历代政治制度、风俗地理知识等，为"经世"积累丰富的知识基础。

王应麟的蒙学文化研究，内藏着"经世致用"的学术理念。蒙学是一切的起点，究其根本是为了将勤学善思的蒙童培养成才德兼备的"通儒"，再用"通儒"的满腹才学来教化民众、回报社会、报效国家，实现兼济天下的理想目标。

（5）德育规范——瑕瑜互见

宋代，理学吸纳了孟子性善论的观点，强调后天环境和教育对人的重要作用。基于此观点，王应麟在《三字经》提出了"养不教，父之过；教不严，师之惰"的观点。同时，王应麟也提出了用思想与行为引导孩童的方法，指出要先约束道德，再谈文化知识的学习，可见其对德育的高度重视。

但《三字经》作为封建社会时期的产物，有些内容不可避免地充满封建伦理道德色彩，具有消极作用，因此需要理性辩证看待，合理转化利用。如"三纲者，君臣义，父子亲，夫妇顺"，其中敬养父母以及维护国家利益部分有可取之处，但绝对服从父母、极端忠君观念以及泯灭妇女独立人格部分需要加以摒弃。"仁义礼智信"观点需要随着现代社会的价值观不断地革新发展，做出更适合当代意义的阐释。

3. 语言与符号要素

王应麟蒙学文化核心文化基因的语言与符号要素主要体现为三字韵文和宁波话中的"三字谣"。宁波话具有很强的表现力，绘声绘色、生动活泼，而这主要归因于宁波老话中有许多言简意赅、朗朗上口的谚语、俗语和歌谣，简单精练的三字句正是其中之一。如遇到难以预料结果的事，老宁波人常会说："好做酒，坏做醋！"在老宁波话中，虽短小但"直击灵魂"的"三字谣"不胜枚举。

王应麟的蒙学代表作《三字经》具有"三字谣"的特点及传播优势。《三字经》之所以能够从众多的蒙学教材中脱颖而出，除了广博的知识内容和深刻的教育意义外，三字一句的表现形式也推动了其流传。《三字经》的朗朗上口使孩童便于诵读与记忆，也使其因脍炙人口走进千万家，成为家喻户晓的"蒙学之冠"。

在宋代以前，蒙学读物多以四言为主，如《百家姓》的"赵钱孙李，周吴郑王"与《千字文》的"天地玄黄，宇宙洪荒"等。王应麟的《三字经》突破了四言形式，他曾为西汉史游编撰的三言童蒙课本《急就章》作过补注与考证，在另一部蒙学著作《姓氏急就篇》中也应用三字韵文，且用了整整98句294字的三字句开篇。

三字韵文和宁波话中的"三字谣"使得王应麟蒙学著作在民间广泛流传，蒙学文化思想不断传播。

4. 规范要素

（1）编撰蒙书

《三字经》全篇为三字韵文，借儿歌形式使传达的内容通俗易懂，便于儿童理解、接受，也易于传播与吸收，比抽象的正统说教更有潜在的渗透力和影响力。同时，文中的道德认识和道德规范能够激起人们的道德追求，培养道德操守，具有道德教化作用。

《小学绀珠》是王应麟晚年为孩童学习常识、世间百物及国家制度等知识而编撰的一本蒙学书，几乎辑录了古代学子应具备的一切基础知识，内容涵盖范围广，堪称古代蒙学小百科。对书中知识条目，王应麟认真考订，解释完备详尽。因此，《小学绀珠》一书虽为孩童而作，但适用群体远超孩童，成为文人检索资料的工具书。同时，《小学绀珠》也为后来蒙学类书的编撰提供了蓝本，影响深远。

《姓氏急就篇》是王应麟晚年所作蒙书，全书分上下两卷，采用韵文写作。《姓氏急就篇》采用杂言体，兼具三言、四言、五言、六言、七言句式，以七言为主，三言次之。王应麟选取姓氏，在书中先论姓氏的重要意义，后述历史及儒典，再谈历代先贤，又讲名物常识，最后写地名并以姓氏组句。全书知识丰富，具备劝导幼童的作用，做到趣味性与知识性兼备。

（2）考订蒙书

王应麟对前代学者所著蒙学读物极其重视，孜孜不倦地考证、注释前代蒙书。据考证，经王应麟考订的蒙学读物主要有以下两种。

《急就篇》是汉元帝时黄门令史游所著，是汉魏以后重要的儿童读物之一。该书在流传过程中，因"时代迁革，亟经丧乱，传写湮讹，避讳改易"而"渐就芜舛，莫能厘正"。王应麟在颜师古注本基础上进行"补注"，因此《急就篇补注》不仅有对《急就篇》的注解，也有对颜师古注文的考证与增补。

《兔园册府》是一本自唐初至五代流行于民间的蒙书，但用词古奥艰涩，孩童阅读困难，一度佚失不传。王应麟对《兔园册府》的考证仅有一条，记录在著作《困学纪闻》。此条考证虽短小却鞭辟入里，对《兔园册府》的作者及体例的考证在敦煌出土的《兔园册府》残卷中得到证实，印证了王应麟蒙学考证的科学性和严谨性。

（二）王应麟蒙学文化核心文化基因的提取与评价

王应麟蒙学文化历经数百年沉淀，是宁波宝贵的精神财富。作为南宋大儒，王应麟一生致力于编撰与考证蒙学教材，投身蒙学教育，在童蒙方面成就颇丰。王应麟蒙学文化的教育思想、学习方法、求学精神、学术理念以及德育规范在新时代的基础教育和家庭教育实践中具有重要意义和实用价值；蒙学代表作《三字经》更是举世皆知的启蒙读物，是人类精神文明的瑰宝。

1. 生命力评价

从存续时间看，王应麟蒙学文化自南宋兴起，至今已逾700年，未曾中断。数百年来，世人对王应麟及其蒙学文化的研究始终未止，其代表作《三字经》更是家喻户晓的童蒙读物，影响了一代又一代孩童的成长，生命力十分强大，影响深远。

在"书藏古今"的宁波，王应麟蒙学文化有着较好的传承与发展。宁波市定期举办"王应麟读书节"，以不同的读书主题交流活动吸引公众参与，引发大众思考，以文化盛宴倡导阅读理念，弘扬阅读文化，彰显城市内涵。同时，组建专业研究团队，形成研究体系。一是成立宁波三字经文化研究会，深层次、高质量聚焦《三字经》，探讨思想理念，推进国学经典传承；二是鄞州区与清华大学古典文献研究中心合作成立"王应麟学术研究基地"，倡导与浙东学派研究相结合，多方面探讨王应麟学术成就。

在新时代的宁波，王应麟蒙学文化有着更旺盛的生命力，充分融入蒙学教

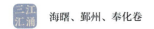

育，将为幼童成长提供思想上的帮助及心灵上的洗礼。

2. 凝聚力评价

《三字经》采用的"三言"风格深受宁波地区"三字谣"影响，同时《三字经》的成书又推动了"三字谣"的传播，两者相辅相成，在宁波地区形成独特的三言文化，为推动睦邻友好、缓和社会矛盾，凝聚集体力量提供了文化共识。此外，《三字经》能够很好地保存下来，离不开一代代宁波人的口口相传，将《三字经》作为优秀蒙学读物传承发扬，离不开宁波人的团结一心。

同时，王应麟蒙学文化在推动社会文化发展方面具有重要作用。中国传统蒙学正是借助如《三字经》般通俗易懂、言简意赅的文字，来普及儒家的思想主张和社会伦理道德规范，对维系社会稳定、开展蒙学教育、凝聚社会力量、推动社会发展发挥着重要作用。

3. 影响力评价

明代思想家吕坤将王应麟的《三字经》和《百家姓》、《千字文》列为启蒙必读书目，至今三者仍被合称为"三百千"，是中国传统的优秀启蒙教材。在当代，《三字经》被列入联合国教科文组织推荐的"世界儿童道德丛书"以及浙江省非物质文化遗产，驰名海内外，影响深远。

《三字经》的编写顾及蒙学教育宽严有节的要求，掌握儿童爱听故事、长于记忆而短于理解等心理特点，为后世蒙学教材的编写留下宝贵经验，是蒙学教育史上的里程碑之作。

此外，《三字经》通俗实用、押韵上口的"三言"文体成为人人熟知的传播形式并广泛应用于其他领域。如今，"医学三字经""老年保健三字经""佛教三字经"等"三言"文体广泛出现，可见该传播形式的影响力。

4. 发展力评价

王应麟蒙学文化在当代得到发展利用，其文化内涵充分融入传统教育。鄞州区钟公庙第二初级中学取名为"应麟书院"，既是对王应麟教育理念的继承，同时也对"应麟"作了全新阐释，注入时代内涵。"应"与"鄞"谐音，突显"鄞州品质教育"元素，又与"引"谐音，传达育人的方式与决心；"麟"与"领"谐音，是对王应麟思想文化传承与发展的象征。"应麟"二字不仅蕴含了鄞州成为人才培养沃土的美好祈愿，也寄寓了鄞州传承与发展王应麟蒙学文化的时代使命。

同时，结合时代发展潮流，融入现代科技，以视觉化及互动体验，焕发王应麟蒙学文化新活力。如三维动画《三字经里的故事》登上央视少儿频道"六一"黄金档，片中汇集"孟母三迁""孔融让梨""黄香温席""五子登科"等52个生动有趣的经典小故事，既保留《三字经》原有的思想理念，又融入了现代动漫，寓教于乐，做到集趣味性、故事性和知识性于一体。作为宁波建城1200年献礼的《三字经传奇》，讲述100年后发生在高智能宁波城的故事，片中融入尚书街、东鼓道、东部新城、奉化江底4个宁波场景元素，展望未来，以"寻找母体"为主题，传达"人之初，性本善"的文化精神。

（三）王应麟蒙学文化核心文化基因的转化利用

王应麟蒙学文化既具有悠久的历史底蕴，又具有极好的民众基础，在文化基因的转化过程中要格外注重发扬与传承。王应麟蒙学文化转化利用思路包括：基于对王应麟蒙学文化的研究，融入时代精神，注入新鲜活力，打造"励志上进，经世致用"的三字经文化IP；并将此文化IP及其所蕴含的王应麟蒙学文化核心基因，转化应用于影视作品、文化产业、教育行业、文化活动。主要方向如下：一是开展动画影视产业制作，形象化多元展现王应麟蒙学文化；二是充分挖掘王应麟蒙学文化内核，以其文化价值融入中小学教育事业，助力宁波高水平建设"教育共富"；三是举办王应麟蒙学文化系列主题文化活动，不断扩大王应麟蒙学文化在家长、教师、学生中的影响力，让蒙学文化濡染每一位幼童。

1. 开展动画影视产业制作，多元展现王应麟蒙学文化

王应麟蒙学文化历史悠久，具有丰富的文化价值和教育意义，具有很强的故事性，具备开展动画影视化制作的条件。目前，关于王应麟蒙学文化的影视创作开发转化主要有：三维动画《三字经里的故事》（2011）、三维原创系列动画片《少年王应麟》（2018年筹）、多媒体科幻儿童剧《三字经传奇》（2021）。其中三维动画《三字经里的故事》和多媒体科幻儿童剧《三字经传奇》主要都围绕《三字经》，讲述其中蕴含的文化价值，如《三字经里的故事》既保留了《三字经》的原汁原味，又融入现代动漫元素，对弘扬中华优秀传统文化极具教育意义。而三维原创系列动画片《少年王应麟》（2018年筹）至今仍未制作完成，因此要加快制作，尽早上映，更好地展现王应麟。同时王应麟

蒙学文化的体现不单在《三字经》,《小学绀珠》等也是其蒙学文化精神的代表,富有价值,可以精挑细挖,开发转化利用。

因此,在将王应麟蒙学文化精神通过影视动画制作表现出来时,应当在聚焦其代表作《三字经》的基础上,融合打通王应麟其余蒙学著作,以宁波的城市精神和历史传统、文化特色为切入点,溯源人与城的关系,深入挖掘和融入具有宁波地域特色的传统节日、地方习俗等,完整、全面、多角度地呈现王应麟蒙学文化,更好地展现、传承其蒙学文化的核心价值。

2. 挖掘王应麟蒙学文化内核,助力宁波"教育共富"建设

宁波拥有悠久的王应麟蒙学文化历史,可以深入挖掘其文化内核,助力新时代宁波"教育共富"建设,推动宁波教育事业发展。王应麟蒙学文化作为传统蒙学教育的重要组成部分,对知识传授的重视、循序渐进的教育思想、博观约取的学习方法、追求励志上进的求学精神等都具有时代价值,可以大力挖掘,取其精华,融入传统学校教育,助力新时代宁波基础教育发展,培养德智体美劳全面发展的社会主义建设者和接班人,高水平建设"教育共富"。如鄞州区钟公庙第二初级中学基于其学校办学理念,结合王应麟蒙学文化的教育精神,取名"应麟书院",给王应麟蒙学文化注入新的时代内涵,自觉地传承、运用蒙学文化精髓来培育为祖国事业奋斗的青年学子,培养知行合一的实干人才。

同时,新时代新使命,新时代新要求,新时代新学子。《家庭教育促进法》的出台,集中体现了家庭教育的重要性。王应麟蒙学文化高度重视家庭教育,可以通过举办"传统非物质文化亲子体验"活动,吸引更多家庭参与,将家庭教育丰富的价值内涵通过游戏互动的方式表现出来,寓教于乐,让家庭深度体验非物质文化遗产的魅力,做到在继承中发展,在发展中继承,赋予王应麟蒙学文化家庭教育时代内涵,使其在践行中焕发新活力,推动建设新型家庭教育。

此外,宁波三字经文化研究会的成立,有效改变了《三字经》研究缺乏系统性的局面,但仍需进一步收集、整理相关的文史资料,深入地挖掘提取《三字经》的道德教育功能以及在新时代的转化运用,定期组织开展《三字经》学术交流、研讨,邀请专家学者深入参与,形成新的研究成果,充分发挥王应麟蒙学文化的价值。

3. 举办王应麟蒙学系列主题文化活动，扩大社会影响力

举办主题活动，推动王应麟蒙学文化传播，扩大影响力。一是举行"王应麟读书节"，引导市民在阅读中发现乐趣，可以将读书节活动会场设在王应麟墓道、铁佛寺和三字经文化广场，使参与者在实地、在浓厚的蒙学氛围中感悟蒙学文化的内涵，亲身体验文化魅力，担当传承王应麟蒙学文化的使命。二是可以与市、区教育局开展合作，举行"我与王应麟蒙学文化"征文比赛等，倡议中小学生广泛参与征文比赛，围绕王应麟蒙学文化，在征文中了解蒙学文化历史，解读蒙学文化要素，传承蒙学文化精神，创新蒙学文化转化，弘扬优秀传统文化。三是蒙学文化进高校，加强与在甬高校专业机构、专家学者及艺术团合作，以王应麟蒙学文化为主体，借助专业力量，深入挖掘王应麟蒙学文化的价值意义；艺术团可以结合王应麟在考据学、文献学等方面的贡献，编排设计舞台剧、拍摄微电影，以新形式推广蒙学文化影响力。

多渠道、多方式转化利用推广鄞州区历史文化名人"王应麟"文化品牌，促进市民尤其是幼童、青少年加强对《三字经》背后的中华优秀传统文化的理解，最大限度发挥王应麟蒙学文化的价值，助力书香之城建设。

参考文献

1. 顾涛：《守宋韵文脉 蕴城市书香——以"王应麟读书节"打造鄞州全民阅读盛会》，《文化月刊》2022 年第 2 期。

2. 韩杰会：《〈小学绀珠〉与王应麟童蒙教育思想研究》，西北民族大学 2017 年硕士学位论文。

3. 史斌：《进一步推进王应麟及〈三字经〉蒙学文化发展的若干思考》，《宁波通讯》2021 年第 19 期。

4. 吴清：《王应麟蒙学研究》，兰州大学 2011 年硕士学位论文。

沙孟海《碧血丹心》，1979 年

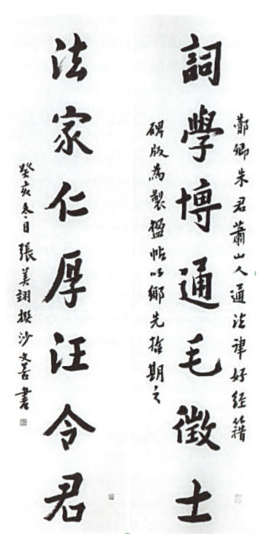

沙孟海《词学法家联》，1923 年　　　　　沙孟海

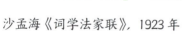

五、沙孟海书法

　　沙孟海（1900—1992），原名文若，字孟海，号石荒、沙村、决明，鄞县沙村人。沙孟海是中国现代书法教育的先驱者之一，曾任中国书法家协会副主席、浙江省书法家协会主席、浙江省文物管理委员会常务委员、西泠印社社长、西泠书画院院长、浙江考古学会名誉会长、浙江省博物馆名誉馆长等职，为现代书法教育事业做出巨大贡献。

　　沙孟海书法远宗汉魏，近取宋明，于钟繇、王羲之、颜真卿、欧阳询、苏轼、黄庭坚诸家用力最勤，且能化古融今，形成独特的书风。此外，沙孟海书法还受到康有为、吴昌硕影响，代表了北碑雄强一路而开一代风气，无论篆隶楷草，均在书法史上占有重要地位，尤以行草书最佳。沙孟海先生一生尤善擘窠榜书，海内无匹，被赞誉为"真力弥满，吐气如虹，海内榜书，沙翁第一"。其作气势宏大，点画精到，富有现代感，以气胜，且字越大越壮观，非胸有浩然之气不能致，是当代书风典范。

（一）沙孟海书法核心文化基因解析

1. 物质要素

（1）沙氏故居

　　沙氏故居位于鄞州区塘溪镇沙村，建于清光绪二十五年（1899），是一座砖木结构的两进四间房屋，东西宽 14.80 米，南北长 38.80 米，占地面积约574 平方米。主楼坐北向南，平面布局高度由南向北递增。沙氏故居位于梅岭北麓，背靠青山，面朝小溪，环境优美。沙氏故居是沙孟海、沙文求（二弟）、沙文汉（三弟）、沙文威（四弟）、沙季同（五弟）出生、生活、工作的地方，舒适的环境为他早年学习创作书法提供了良好的条件。

　1983年，沙孟海与四弟等人一起商定将沙氏故居捐赠给县政府。1984年，沙氏故居被鄞县人民政府列为县级文物保护单位；1996年，被鄞县列为爱国主义教育基地；2005年3月，被列为省级文物保护单位。

　沙孟海自真、行书后，书风一变，进入新境界，注重广撷博取，注重对"北碑"的学习，并参悟前人用笔，融碑、帖于一体，为日后的书法创作奠定风格基调。沙家故居屋后围墙上，至今仍保留着沙孟海早年学习北碑书法时亲手所刻的"养云"砖刻。

　（2）回风堂

　海曙区宝兴巷是一条长不到200米、宽约2米的小巷子，巷内仍保留着清朝建筑样式，高耸的马头墙间夹杂着几面凹凸不平的砖瓦墙。巷子的11号，是培育了一代英才的冯君木的故居，也是沙孟海求学期间经常拜访和寄宿的地方——回风堂。自民国四年（1915）始，沙孟海便师从冯君木，从相识到情同父子，其间岁月十几载，奠定了沙孟海学术人生中的基础，并使其逐渐走向书法艺术顶峰。沙孟海"不忍弃诗书之夜，远君子之居"，民国九年（1920）辞去小学教师一职，寄宿于先生家中，继续追随冯君木研习经史文章，回风堂也被沙孟海称为"西偏小轩"。回风堂良好的治学环境以及冯君木德行兼备的人格，对沙孟海的书学以及品行修养，乃至后期浙江大学和中国美术学院的书法教育都产生了很大影响。

　（3）沙孟海书学院

　沙孟海书学院位于东钱湖畔，掩映于湖光山色之间，是具有民族特色的建筑。院内有山有水、绿树成荫，尤以垂柳为主要造景植物，总称"万柳园"。书学院的主体建筑是一幢3层综合楼，除办公、学术活动外，主要用于陈列展览。书学院二楼的陈列室，分三大部分介绍沙孟海先生的书学生涯。第一部分展出沙氏家世简表和书学师承交游表、师友墨迹；第二部分交代沙孟海先生书法艺术的发展过程，参加的各种学术活动，出版的著作以及重要著作手稿，其中还有沙孟海先生挥写巨幅"龙"字的如椽大笔；第三部分陈列了沙孟海先生题署的书刊，参加国际学术交流活动时获得的和社会各界赠送的部分礼品、纪念品以及沙老作品在全国的分布举要。

主楼后面是沙孟海书学院的二期工程（包括多功能厅、附属展览室、会议室等），陈列了660余件沙孟海作品及藏品。近300平方米面积的展厅和可容纳200多人的多功能厅，为学院进行学术研究和作品交流提供了绝佳场所。"墨宝"展厅展出了沙老捐赠给书学院的90多幅代表作。其中，长、宽各175厘米的擘窠大榜书"龙"字和"百年树人"横批、"大风表东海"横幅等作品给人们留下深刻印象。

沙孟海书学院是沙老生前鄞县县委意欲为沙老修建作品收藏馆所，沙老也提出了建设性意见的建筑。建成后，沙孟海先生捐赠了大量奖金以及墨宝，沙孟海书学院也成为沙老爱乡情切、帮扶桑梓的最好印证。

（4）砚镜台

沙孟海先生在晚年与家人交谈时，传达了百年后归根的意愿。1992年10月10日，沙老在杭州逝世。当时，沙孟海书学院已经建成并启用。按照沙孟海先生的心愿，在书学院西侧的山上建了一座名为砚镜台的陵园。

通往陵园的93级台阶，象征着沙孟海的年寿。山的南端有一座六角石亭，名为翰墨亭。从南到北，通过夸张翻卷的石刻书本、大型砚台墨池，即是安放先生骨灰盒的红色大理石基座，基座后用93块大小不等的石块有机结合，围成一道屏风围墙，围墙上镶嵌三方印章，分别是"於越濒海之民""赤堇沙氏""臣书刷字"。前两方印章明显带有沙老故乡的地理标记，濒海指的是宁波的地理环境，赤堇指沙老故乡沙村所在的堇山。这两方印章刻于20世纪60年代初，沙孟海已经步入花甲之年，出于工作原因只能客居他乡，其曾说过："我爱祖国各地各乡，更多爱所生长的故乡。"深情传达游子思乡之情。

2. 精神要素

（1）勤勉自励、孜孜不倦的求学精神

沙孟海和书法的缘分始于幼年时期的家庭书画教育启蒙。13岁时，沙孟海便开始临摹学习《集王圣教序》，后又师从梅调鼎、冯君木两位先生，因感笔力软弱，转师《郑文公碑》及篆书《会稽刻山》等。在此期间，沙孟海从帖学至北碑，再回师帖学，最后再师北碑。正是早年在中国书法两大派系间孜孜不倦地探索，为沙老书法之路的成功奠定了坚实基础。民国十一年（1922）末，沙孟海先生开始游学上海，虚心好学、穷源竟流，对钟繇、王羲之、颜真卿、欧阳询、苏轼、黄庭坚等多位大家的书法均有所研习，碑帖兼容书法艺术创作思想初具雏形，是其雄浑磅礴又古雅俊逸的风格逐渐形成的重要时期。在上海浓重文化氛围的影响下，受益于良师益友以及自身刻苦学习，严于律己，广取博引，集各家之所长，最终达到新境界。后因社会动荡，沙孟海先生过着颠沛流离的生活，但他并没有为外物所累，而是根据所处不同环境，调整研究方向，始终勤勉自励，孜孜求学，在诸多领域都有不菲成就。晚年时期，沙孟海先生仍伏案治学，耄耋之年临池不辍，留有诸葛亮传文小幅、欧书条幅等作品。

沙孟海先生在生前经常强调"学问是终身之事"，并用自己的一生实践。

（2）穷源竟流、敢于创新的创作精神

在上海求学期间，沙孟海曾受沈曾植作字的启发，逐渐摸索出自己的书学思想——穷源竟流，即追究事物的根源并探寻其发展过程，做到不但要明白、认知事物的根源性所在，而且还要清楚形成事物根源的过程、因果关系。沙孟海将"竟流"与"穷源"分开阐释，"竟流"注重研习书家对传统范本、碑帖传承的"线性"伸展方向，如坐标轴线的上下延伸方向、过程、起始、运动态势、终点位置；"穷源"不仅注重"线性"方向的伸展，同时更重点研究探讨事物形成的根源性，如坐标轴上下、左右纵横交错、构成关系。严谨客观的治学态度，也使沙孟海在考古学、金石学、教育学等方面均有所造诣。

随着对传统书法的不断学习与融合，沙孟海逐渐形成了气势磅礴、雄浑朴拙的艺术风格。从最初学习先人讲究严谨与技巧的正统性，转变为不拘泥于传统的技巧程式，在探究传统的同时不断完善自我的不足。当对书法艺术的精神内核有了深层的领悟后，沙孟海先生便不再以娴熟的技巧和完美的形式作为创作宗旨，而是用对艺术创作的追求和思想去构建属于自己艺术风格的殿堂，展现形式以外的意境和精神风貌，这也象征着一代书法泰斗的成熟。

（3）以德为重、德在艺先的为人品格

沙孟海先生的一生几乎都花在艺术探索和实践中，但他始终把学问修养、道德思想放在第一位，这与他从小受父亲的家教和老师冯良木、吴昌硕的言传身教有关。生活中节俭自律，老式楼房中的一间通室、一堆书稿、一只煤炉便构成了他几十年的居住环境。晚年时，沙孟海的作品一度高价，但除了馈赠外，他都将作品用于书法发展及捐款灾区。即使卧病在床，也坚持为约稿者撰文，为求教者修文。沙孟海先生胸怀坦荡、为人刚直，待人挚厚，凡与其交往者都无不敬仰。

3. 语言与符号要素

榜书是沙孟海书法核心文化基因的语言与符号要素。榜书古称署书，又称擘窠大字，因西汉丞相萧何以榜书题"苍龙""白虎"二阙而闻名，2000余年盛行不衰。当代书法泰斗沙孟海被誉为"海内榜书，沙翁第一"，其所书的榜书遍布海内外。沙孟海先生晚年榜书代表中的"龙"字，被书法界誉为极品，单字尺寸有175厘米×175厘米之大。字体、字形、审美风格都开创了从古代到沙孟海时代擘窠大榜书的新境界：碑帖结合，法度严谨，雅致朴拙；笔墨酣畅，老笔纵横，气势恢宏。"点如高峰坠石，横似千里阵云。"可谓是笔墨、气韵、境界兼备，淋漓尽致地展现了沙老晚年坚韧和大气的风度，也体现了其壮美阳刚的独特审美。陈振濂教授在《沙孟海书法篆刻论》一文分析沙孟海晚期书风特征时写道："有意为之强调气势和刻意求全地强调技巧，逐渐地为炉火纯青的信手拈来所代替。一切犹豫、彷徨和偶有小获的喜悦，被一种更为大气的风度所淹没。"

从沙孟海先生早期所作的砖刻书迹"养云"到晚年所书《童第周故居》《灵山化境》《万罗山》《沉香阁》，都体现了其中锋刚健、振势苍茫、雄浑壮阔的风格，也印证了沙老"此后写大字参用魏碑体势，便觉展得开，站得住"的观点，这为后世书法家研习北碑书法提供了极为重要的指导，帮助后世书法家更好地传承书法艺术，弘扬中国书法文化。

4. 规范要素

（1）早期沙体：古雅沉雄

沙孟海先生自幼在父亲的指导下学习《集王圣教序》和篆书，后又受到宁波先辈梅赧翁先生、梁启超先生方笔的影响，在技术法则和审美风格上有重大突破。其行书、楷书作品为左低右高斜势字构图像，有中锋为主、中侧互换的笔法笔势；横线由左向右倾斜的线势方向，线条方圆、奇险线形状意识突出，方圆兼备，刚柔并济，骨力洞达；疏朗、宽博的行间距等技术法则，体现了其古雅、俊逸的早期审美风格。

（2）中期沙体：刚健朴茂

中期的沙孟海先生心仪黄道周楷书，转益追其而习钟繇、索靖，并向任董叔请教，笔法意识逐渐增强。1949年所书的《叶君墓志并篆额》楷书在早期的基础上，更增了点画长线的飞动之势，横、撇、捺等跌宕振翅，而又姿态安详，内敛含蓄，可见钟繇楷书古雅俊逸又质朴的意境。单字字构造势方整中趋纵势，长枪大戟之横线，纵横开阖的撇、捺和偶有的长竖线条，起笔收笔的尖笔之势，种种笔势、线势、字势姿态、方向锋颖外露。

（3）晚期沙体：雄浑磅礴

晚期是沙孟海书法创作的集大成时期，主要可以分为两阶段。前段书法作品，技法原则上呈方折斩截、侧折圆转之势，中侧、提按、顿挫、绞转，种种笔法、笔势运用及其所造之势，平画宽博与斜画紧紧相向而生。中锋为主、侧锋相辅的笔法娴熟，用笔转折之方势样态圆意显见，浓笔重墨，上下映带、左右跌宕，挥运舒意，见其怀抱。后段作品用笔用墨自由洒脱，笔感墨韵，线条古朴，心手双畅，凝重苍茫，偶尔枯笔墨意，增加了线质的苍茫郁勃之气，可谓密实凝重。字构图像内空间造势、外空间造势舒放有度，将字"势"之"气"团团收拢，与古厚的笔势、浓重的墨韵和古朴的线质相互映衬，赋予视觉图像缜密而空灵、萧散而凝重、笔墨形意无踪之高境。正所谓心手双畅，走向顺天时、得地利、致人和之化境。

（二）沙孟海书法核心文化基因的提取与评价

沙孟海先生的书法广涉诸家，远宗汉魏近取宋明，博采众长，卓然成家，拥有古拙朴茂、气象磅礴的风貌，主张穷源竟流，并在此基础上勇于创新，在当今中国书法界有着举足轻重的地位。此外，沙孟海先生高尚的品德更令后人敬仰。基于对沙孟海先生生平及其书法作品等有关资料的全面、深入分析，将沙孟海书法核心文化基因提取为穷源竟流的学术精神和德艺双馨的高尚品格。

1. 生命力评价

中国书法艺术是一门古老的汉字书写艺术，从甲骨文、金文到大篆、小篆、隶书，再到东汉魏晋草书、楷书、行书，书法始终散发着独特的艺术魅力。

沙孟海先生幼年便开始接受书法文化熏陶，成年后前往上海转益多师，博学交友，受到了诸多书法大家的影响，之后在动荡生活中仍钟情翰墨，不断取得新成就。中老年时期，沙孟海先生的书学理论已经到了集大成的阶段，汲取继承了钟、索、欧、柳、虞等诸家和魏碑风貌，广博多采，并形成雄浑磅礴、具有阳刚之美的独特风格。

沙孟海先生是中国书法艺术继往开来的传承者，其书法艺术具有永恒的生命力，为当代中国留下了令人叹为观止的文化瑰宝。

2. 凝聚力评价

沙孟海先生具有强烈的爱国主义情感，在他看来，学习外国的文艺理论不能生搬硬套整套艺术理论和表现手法，中国的文学、中国的书法篆刻、中国的绘画，首先是中国的，反映了民族特色，要传承发扬。因此，他强调爱国主义，弘扬爱国主义，在众多的书法爱好者中具有强大的凝聚力。

沙孟海先生还致力于海峡两岸的和平统一大业。何晓英在《谈谈沙孟海先生的人品》一文中写道："凡有关的外交活动需要他书写的，他总尽心创作。凡有利于两岸统一的工作，他总是主动参加。无论工作多忙，身体常有不适，但他从不推辞。他总是说：'这是攸关国家声望的大事，理应办好。'"为促进海峡两岸统一，1996 年沙孟海书法展览赴台湾展出，先生通过自己擅长的领域，用自己的方式，增进海峡两岸同胞的凝聚力与向心力。

3. 影响力评价

沙孟海先生作为中国当代书坛巨擘、现代高等书法教育的先驱之一，具有全国性乃至辐射周边国家的强大影响力。2011 年，由文物出版社出版发行的《中国当代书法史》中，沙孟海先生被列为当代最具权威性、最具特色性、最具代表性、最具实力的 43 位书法大家之一，可见其在中国的强大影响力。此外，其书法艺术还具有海外影响力。1988 年，沙孟海先生亲书"西泠印社展"展标，该展分别在日本东京、大阪、岐阜三地巡回展出，精品之多、艺术性之高、备受各界欢迎，引起了日本文化界的强烈反响。

4. 发展力评价

沙孟海书法有着较好的发展空间，其原因不仅在于沙老高超的书学成就为后辈叹为观止，而且其高风亮节也值得后人终身学习。2021 年，塘溪镇围绕董山湖，将沙村等 5 个村连成一线，将文化、生态、产业、旅游等要素融于一体，连点成线、以线带面，全力打造"人文塘溪"。沙村的发展得到了政府层面的支持，"人文塘溪"的文旅路线将成为鄞州区文化旅游的一张响亮名片。

（三）沙孟海书法核心文化基因的转化利用

1. 加大政策支持，建设中国书法之乡

沙孟海先生在书法界的影响力不言而喻，其生前留下的墨宝更是书法界的珍宝。应当成立沙孟海纪念馆建设委员会，抽调文化精英人才，深入民间，网罗收集民间散落的沙老书法作品、沙老生平故事以及沙老生平物件等相关事物，在现有的沙孟海书学院的基础上或可另行建造沙孟海纪念展馆。加强与当地中小学的合作，推动书法艺术进学校，将沙孟海书法作为每周特色课程融入学生培养计划中，从小培养学生"写好字，好写字"的习惯，改正互联网时代学生忽视手写字重要性的不良倾向，营造崇尚书法学习的校园氛围。与宁波当地高校开展合作，成立沙孟海书法艺术学院，培养书法人才，聘请沙老传人任教，传承发扬沙老高超的书法艺术。此外，应在现有的沙孟海书学院的基础上，与宁波当地中小学合作，建立全市中小学校外思想品德教育基地，沙孟海先生留给后代的财富，不仅仅是停留在令人叹为观止的书法作品上，同时还有沙老令人高山仰止的高尚品格，无论是爱国爱乡的拳拳之心，还是孜孜不倦的努力求学精神，都契合社会主义核心价值观，可以让学生在高超的书法艺术熏陶中接受思想品德教育，系好人生的扣子。

在以上相关工作的基础上，应成立中国书法之乡申报委员会，设置专项基金，整合现有文化资源，积极修缮沙老生前住所，在宁波博物院等公共场所增设介绍沙老的展览，营造良好的社会氛围，努力申报"中国书法之乡"称号。

2. 加强统筹规划，打造当地特色文旅路线

应加强旅游开发，统筹规划，开发文化研学路线。2021年3月，塘溪镇将沙村等5个村连成一线，将文化、生态、产业、旅游等要素融于一体，连点成线、以线带面，全力打造"人文塘溪"，有效串联了该地最具文旅发展潜力的村落，创建了一条塘溪文旅路线，游客可以通过这条线路，领略当地文化，对当地文化有一个总体上的了解。此外，还可以设立"宁波艺术文化旅游专线"，将宁波市内诸如沙孟海、潘天寿等一批在各自艺术领域内拥有极高影响力的艺术家生前故居纳入，统一规划，主要面向宁波市内高校学生以及市外艺术界人士开放，让游客在参观的同时，领略宁波深厚的文化底蕴，还可以推动其他文旅路线的开发与完善，如打造天童寺至金峨寺的"鄞州山居图""东钱

湖环湖风景线"等囊括沙孟海书法相关文化遗存的文旅路线。

同时，还应加强政策支持，制定相关政策法案，支持本地文旅产业发展，给予相关部门或社会企业财政补贴，鼓励社会资本和高校等第三方力量，参与沙孟海书法文化推广工作；完善文旅线路沿线基础设施建设，公交部门在现有路线基础上修改、增设文旅路线公共交通，方便群众往返；统筹规划沿线村落文旅产业，使各村落、各景点各具特色，结合各自的定位发展餐饮、民宿等第三产业；各村落景点可以积极开发可利用的文化资源，加大村落环境保护力度，打造干净整洁的村落形象，并在合适处增设景区地图等引导标志，方便游客参观游览。

3. 加速招商引资，开发名人相关产品

近些年来，东钱湖景区开启赴国内外大都市开展招商引资活动，意欲通过招商形式带动整个景区的发展。沙孟海书学院位于东钱湖畔，也应加快招商引资，开发名人相关文创产品。

应充分利用沙孟海文化IP，招商引资，组建文化创意产品团队，设计沙孟海书法文化符号，将其融入书法用品中，面向国内书法爱好者销售；将其融入文具用品中，面向中小学学生群体销售；将其融入折扇、茶具等旅游纪念品中，面向来甬旅游的游客销售。通过一系列行动，在积极传播沙孟海书法艺术文化的同时，也能为当地带来可观的经济效益。

应充分利用沙孟海书法艺术影响力，组织省级、国家级书法界会议、比赛。沙孟海先生的书法造诣在书法界获得高度认可，沙老虽然已经辞世，但其文化影响力仍不可小觑，应成立沙孟海书法艺术推广委员会，设立专项资金，邀请国内书法名家，定期举办"沙孟海书法艺术研讨会"，研讨沙孟海先生书法篆刻艺术、书学、教育、印学、生平、考古等领域成就；举办甬城"沙孟海杯"书法大赛，邀请书法界泰斗级人物担任评委，面向全国设置丰厚奖金，吸引广大书法爱好者参与，评选奖项，在宁波市博物馆或沙孟海书学院进行专题展览；定期举办"沙孟海作品展览"，积极与各作品保存单位开展合作，定期沟通和交流展览。

参考文献

1.陈耘文：《沙孟海评传》，西泠印社出版社 2018 年版。

2.蓝岚：《穷源竟流　碑骨帖魂——任平谈沙孟海书学与书艺》，《美术观察》2008 年第 12 期。

3.谢良宏、周海云：《走近钟灵毓秀的人文塘溪》，《宁波通讯》2012 年第 21 期。

4.张韬：《沙孟海晚期书法风格研究》，《书画世界》2018 年第 5 期。

5.张志攀：《论沙孟海的书学新见与思想方法》，《浙江师范大学学报（社会科学版）》2002 年第 3 期。

六、甬式家具

甬式家具，也称"宁式家具"或"宁作家具"，指盛行于清代道光至民国年间的浙东宁绍平原地区市民阶层广泛使用的家具。河姆渡遗址中出土的大量榫卯结构以及水草芦苇编制的草席残片，证实了早在7000多年前，甬式家具已经开始出现并逐步得到发展。随着社会历史的发展，宁波在全国的地位不断提升，甬式家具也逐渐成为宁波一张响亮的名片，享誉海内外，并在清代达到顶峰。

根据史料记载，清代光绪年间，曾有宁波地方官吏专门为慈禧制作甬式家具骨嵌茶几，作为贡品送至北京。进入近现代，由于时代审美观念的转变以及现代工艺的冲击，甬式家具的生存空间受到极大影响并逐渐失去销售市场，其制作技艺也濒临失传，目前仅存的甬氏家具多以收藏存世。

在数千年的发展过程中，甬式家具虽然受到现代化潮流的影响，逐渐变得小众化，但不可否认甬式家具是宁波地方民间工艺的集大成者，凝聚了数千年来宁波人民的勤劳智慧，也寄托着宁波人民对于美好幸福生活的向往之情。

（一）甬式家具核心文化基因解析

1. 物质要素

（1）枕山傍江、山丘葱郁的自然地理

宁波地处我国大陆海岸线的中段，地势西高东低，西部山脉绵延，山丘葱郁，沿海丘陵纵横，平原错落有致，四季分明，温润潮湿。约占宁波陆域面积

十里红妆中的朱金木雕万工轿（宁海县文化和广电旅游体育局提供）

一半的山地丘陵为优质树木的种植提供了优越的地理空间条件，同时亚热带季风气候也带来了充足的日照与降水量，地理空间与自然气候两者共同为宁波境内天然漆树的生长、森林木材的繁育提供了得天独厚的自然条件。宁波当地也因此得以生产大量优质木材，为甬式家具的发展、兴起提供了物质基础。

（2）通江达海、港通天下的贸易大港

自古以来，宁波在我国航海史上有着举足轻重的地位。元代，庆元（今宁波）与泉州、广州并列为元朝三大对外港口；明代中叶以后，宁波逐步取代福建漳州、泉州成为主要出口港……优越的地理条件以及完备的港口基础设施，使得宁波长期在中国对外贸易中扮演重要窗口的角色，与海外各国有着密切的商业交流，为宁波带来了大量优质的木材，以供甬式家具的制作，极大地促进了甬式家具的发展。根据相关资料记载，宁波通过港口进口的优质木材主要有：元代从非洲进口的珍贵木材花梨木，明代由海外进口的大量花梨木、紫檀、鸡翅木等珍贵木材，明中叶后从东南亚、中美洲、南美洲和加勒比海等地进口的大量硬木……优质丰富的进口木材极大地促进了甬式家具的发展。

（3）种类繁多、各式各样的制作工具

甬式家具经历数千年的发展，成为宁波地区一张响亮的名片，衍生出一套种类繁多、各式各样的制作工具。甬式家具的制作工具主要有木工器具、雕工器具和漆工器具，如锯、刨、斧、钻、凿、墨斗、榔头等，诸多的家具制作工具使得巧妙绝伦的制作技艺得到充分利用。匠人使用家具制作工具，运用高超的制作技艺，将木材变为可供使用的家具用品，为甬式家具的繁荣发展打下了基础。

2. 精神要素

（1）经世致用的实用精神

在数百年的历史过程中，浙东学派"经世致用"思想对浙东文化影响深远，是浙东人文精神的实质，甬式家具不可避免地受其"经世致用、义利并举、兼容并蓄"的精神熏陶，主要体现在用材方面。

甬式家具用材讲究实用，合理搭配。甬式家具中以"朱金木雕""泥金彩漆"等宁波传统工艺制作的软木类家具，被寻常百姓广为推崇。这类宁波传统工艺对木材的要求并不高，因此榉木、楠木、桦木等并不起眼的"柴木"成为旧时甬式家具的主要用料，低廉的价格为甬式家具赢得广大的市场。当然，甬式家具也有使用高档木材、精雕细琢而成的奢侈家具，但这并非绝大多数，仅仅是为适应部分豪门大族的需求，更多的还是面向平民百姓群体。

（2）孝廉并举的教化作用

在甬式家具的制作过程中，不少人家会要求匠人将其家规家训镌刻在上，以求日日自省自励。如在一幅"乾隆十四年桂月"制作的牌匾上，"守正可风"四个大字格外醒目耀眼，主人家将其悬挂于客厅正中，彰显其立身处世、持家治业之本；在其他甬式家具上，廉思启蒙则主要体现在梅兰竹菊等元素的运用上，家具的浮雕、骨嵌都有其身影。

甬式家具在制作设计上也注重传统孝道的教化。民国年间，宁波民间出现了一种少见的家具，即在上部安装小风箱的煤油灯，临睡熄灯时，只要拉动风箱，灯即可吹灭，这是专门为熄灯不便的老年人而设计，体现了宁波人民对于孝敬老人观念的重视。甬式家具在民用卧床上采用栲头工艺，即甬式家具中的拼攒工艺，指利用边角料、运用榫卯手段拼成回纹和各种吉祥图案，既有面子又不铺张浪费，大大节省了成本，也体现出宁波人民勤俭持家的美好品德。

3. 语言与符号要素

（1）含义丰富的吉祥图案

汉语中存在诸多词同音的特殊现象，这造就了中国人民喜欢利用同音词来表达对美好幸福生活的向往之情，也利用这个特点创造出许多有意思的吉祥图案以满足讨个好口彩的心理需求。甬式家具在制作过程中，通过大量象征符号来表达人民对于美好生活的向往和期望，表现手法继承了中国传统文化的特色，与中国的吉祥图案一脉相承，以反映百姓宗教信仰、生活理想、文化观念、审美趣味为主，体现了宁波的民风民俗，折射出宁波民众的美好祈愿。如红枣、花生、桂圆、瓜子组成"早生贵子"；一只鹌鹑和九片落叶组成"安居乐业"等。同时，甬式家具还多用动植物形象来表达美好祝愿，如一只蚊子，附近几只鸡，中间嵌着折枝花卉，寓"蚊（闻）鸡起舞"，以告诫自己和后世要勤勤恳恳；采用荷花形象，用以表达"连生贵子""喜得连科""一品清廉"等祝愿；采用梅花形象，用以鼓励人们自强不息、坚韧不拔。此外，还有龙、凤、蝙蝠等动物图案，也都蕴含着宁波人民对于美好生活的向往。

在甬式家具的制作材料中，同样也体现了宁波人民对于幸福生活的美好向往。一般来说，甬式家具用花梨木、黄杨木、榉木、古乌木等木材制作，蕴含着"五世（树）其昌"的吉祥之意。因为在宁波话中，"树"与"世"发音接近，宁波人利用甬式家具制作材料的特殊性表达了对于家族长久兴旺的美好愿景。

（2）极具特色的装饰纹样

"一根藤"纹是甬式家具最具特色的装饰纹样，通过取数以百计、长短不一的小木段，将每一小段前端制成榫头，后端起槽作卯，榫卯相接，组成曲尺形，或大或小，或左或右，迂回盘旋，形成连绵不断的"一根藤"纹，常见于甬式家具中床的挂面、椅背或者家具的牙子处，更有通体饰以"一根藤"纹的椅子，给人以玲珑剔透、浑然天成之感。

吉子，又称"节子"或"结子"，是甬式家具中必不可少的特色装饰。最初的吉子只在雕刻物之间起连接作用，后由于历代匠人的刻意求新，其从方、圆、长的固定模式变成了适合不同构件间隙的各异外形。吉子的尺寸不大，从单纯的吉祥图案到结合中国绘画艺术，从山水到人物再到花鸟，皆可被甬式匠人作为吉子的样式，多用于家具门板、栏杆等常镂空或雕刻花纹图案的"花板"上，是甬式家具饰物最为精华的部分，被宁波匠人誉为甬式家具的"眼睛"。

"和合二仙"是民间传说之神，主婚姻和谐，是我国民间的爱神，手持的荷花是并蒂莲的意思，盒子象征"好合"，五只蝙蝠则寓意"五福临门"，"和合二仙"的雕刻形象经常被用在甬式家具的婚床装饰上，寓意夫妻和合美满。

"暗八仙"是指八仙所持的八种法器，即葫芦、团扇、宝剑、莲花、花笼、鱼鼓、横笛、阴阳板，既有吉祥寓意，也代表万能的法术，主要功能与"佛家八宝"大同小异，代表佛道两家各自不同的境界与追求。"暗八仙"因只采用神仙所执器物，不直接出现仙人，故称"暗八仙"。

4. 规范要素

（1）木材干燥工艺

木质家具由于材质原因，易受温湿度变化影响而腐坏，古代宁波工匠为解决这一难题，总结出一套干燥木材的独特方法，运用于家具制造之前。

老宁波的家具作坊，或将原木剥去树皮后直接浸入清澈的河里，或引河水入池中，再浸入原木，待数月后木料中的可溶物质及部分树脂、树浆溶解，再取出锯成板材，最后自然风干，这种干燥方法被称为浸水风干法；也会将锯好的、清除完污迹的板材，按照品种、规格、干湿程度分别堆砌到空旷、干燥的场地，俗称"堆码"，木材经过风吹日晒自然干燥，有的会间隔几年再晒一两次，这种干燥方法即自然干燥法；还会将采伐的木材锯断或取毛料，放入大锅生火水煮，待木材中的树浆煮出后捞出晾干，再进行细加工，如此处理后的木材制成的家具不易变形，这种干燥方法被称为水煮风干法。

（2）花纹雕刻工艺

甬式家具上的花纹样式是其特色之一，也是甬式家具享誉国内外的重要原因之一。花纹雕刻有着一套复杂的工艺流程。

首先，由资历深厚、经验丰富的师傅根据功能、尺寸、造型及观赏距离将要雕刻的部件打成图样；再用薄而略透的棉纸在图稿上用铅笔复制，在要雕刻的木板上刷涂一层稀薄的糨糊；最后将复制好的棉纸快速刷粘到木板上，其间需讲究快、准且用力均匀。然后，匠人需先凿打框线，确定范围后抓住主要特征开凿，先用大凿后用小凿，注重"大处着眼，小处着手"。在粗坯完成后，将大凿换成小凿打细坯，凿时需注意回力控制，即迅速收回凿子，切忌用力过猛，以免破坏下层，造成图像的破损。

为保证整体生动完整以及细部耐看有神，需进行修光工艺。修光讲究干脆顺畅，忌用刀阻滞；讲究保留原打坯风格，使木雕有一种气韵生动之感；讲究平整，忌高低不平、有刀痕板结；注重细节，将纹样、盔甲、建筑或者鸟类的羽毛等细处仔细刻画，最后进行上色。至此，一个花纹雕饰才基本完成，可见甬式家具中花纹样式的工艺之复杂。

（3）骨木镶嵌工艺

宁波"三金一嵌"工艺具有极高的知名度，骨木镶嵌正是甬式家具的独有工艺之一，极具宁波地域特色。骨木镶嵌工艺是指用象牙或牛骨装饰人物面部、手部等裸露在外的肌肤，具有强烈的质感，使木雕更加生动活泼。骨木镶嵌工艺有一套严格规范的流程。

首先，匠人根据设计图稿用薄纸复画，将复画下来的样稿按骨材的大小及图案可拼接处剪成若干小块贴至骨片并锯成花纹；然后在待嵌的底坯上相继进行排花、胶花、拔线（按骨片花纹在坯上划线）、凿槽，再在锯成的骨片花纹底面及木板的起槽缝内涂画胶；最后把骨片纹样敲进槽内胶合，进行刨平、线雕、填漆、刻花等工序。

由此可见，骨木镶嵌工艺相对复杂，也体现出甬式家具的精致。

（4）"一根藤"工艺

栲头工艺，俗称"一根藤"工艺，顾名思义，其成品形体像根藤，连绵不断，"一通到"，宁波匠人称"栲头"。由于每个榫卯构件要求衔接紧密，尺寸精确，又因是匠人硬将榫头栲入槽内，故称"栲头"。栲头正面浑圆，俗称"泥背"，始兴于乾隆前后，与同时期的瓷器底足极为相似，浑圆者在栲头中最精致，另外还有平面和凹面等形态。其制作方法是：取数以百计小木段，长的数寸，短的仅半寸，将每一小木段前端制成榫头，后端尾部起槽作卯，榫卯相接，组成曲尺形，或大或小，迂回盘旋，构成各种图案。

"一根藤"工艺常用于家具中的床围、桌围装饰，也是甬式家具制作过程中不可或缺的重要部分。

（二）甬式家具核心文化基因的提取与评价

甬式家具是宁波民俗文化、器具文化的典型代表，其基因根植于"通江达海、港通天下"的宁波港，与7000多年前的河姆渡文化、老宁波人的日常起居、浙东学派的文化内涵都有着密切的关联，基于对甬式家具有关资料的全面深入分析，将宁波甬式家具核心文化基因提取为"经世致用、俭以养廉"。

1. 生命力评价

河姆渡遗址中出土的大量榫卯结构反映了宁波悠久的建造历史。现存甬式家具最早相关文献记载是唐宋时期的《头陀亲王入唐略记》，经过明代的发展，甬式家具在清末民初达到鼎盛，并一度成为富贵的象征，不仅流行于浙东地区，更是扬名天下，成为各地达官贵人心目中高档家具的典范。纵观宁波地域内甬式家具的发展历程，不难发现甬式家具历史悠久，在历史的长河中，实现了充分发展，展现出强劲的生命力。

2. 凝聚力评价

甬式家具曾具有广泛凝聚宁波地区群体的力量。清末民初，甬式家具繁荣兴盛，零散的个体作坊生产难以适应市场需要，规模化的工厂逐渐取代了旧式的作坊，凝聚了当地民众的生产力，共同推动甬式家具向前发展。民国年间，宁波流行的顺口溜"城外和丰纱厂，城内红木工厂"，生动反映了甬式家具对凝聚民众集体力量的巨大作用。

此外，甬式家具在制作过程中，不少人家也会要求匠人将其家规家训镌刻其上，这类甬式家具传承至后代，逐渐发展为诸多家族后代维系亲缘关系的纽带，增强了家族成员之间的凝聚力。

3. 影响力评价

古时，甬式家具作为百姓常用的家庭器具，拥有广泛的群众基础，其商品属性尤为突出，因物美价廉，名声不断外传，逐渐风靡全国，刺激了民众的消费，加强了各省际的商品流通、文化交流，使国内家具贸易更加热闹繁盛，极大地促进社会经济的发展。同时，清光绪年间，宁波甬式家具骨嵌茶几曾作为进献给慈禧的贡品送至北京，进一步扩大了甬式家具的影响力。

4. 发展力评价

甬式家具在宁波人民审美观念的现代化以及西式家具样式的冲击下，难以适应新时代的要求，逐渐失去市场，但其蕴含的经世致用、俭以养廉的内在精神值得后代继承、发展和弘扬。目前，甬式家具手工艺传承人以及爱好者主要通过仿古制造、创立旧式甬式家具博物馆、开设创意手工坊和凝练文化图案符号等方式来继承发扬甬式家具，具有较大的发展潜力。

（三）甬式家具核心文化基因的转化利用

1. 统筹规划，大力发展文旅产业

甬式家具虽然在目前的市场中所占份额小，但是得益于政府和社会各界人士的保护，仍有部分的相关景点得以保存。可以成立甬式家具文化推广委员会，发展邱隘家具小镇，以千工甬式家具博物馆为核心，发展家具业旅游景区小镇；利用千工甬式家具博物馆的现有资源，与当地中小学开展合作，响应国家"双减"政策、"劳动素质教育"政策，成立校外劳动素质教育基地，引领当地中小学学生在劳动课堂中，制作小样家具物件，学习宁波传统的家具制作技艺，培养甬式家具技艺传承人；面向外地游客以及当地居民，开设甬式家具DIY工坊，提供制作工具，教授制作技巧，引导游客自行制作文化产品，用以留念；面向当地中小学生，设立甬式家具文化研学路线，融合文化溯源、文化传承品鉴于一体，培养传承传统优秀文化的接班人，增强当地中小学生对家乡文化的了解，增强文化认同感和自豪感。

2. 吸收借鉴，灵活适应市场需求

甬式家具逐渐失去市场，很大一部分原因在于传统的装饰纹样与当代审美观念不相符合，而非单纯因为技艺过于复杂。人民日益改善的物质生活条件以及日益增长的对美好生活的需要说明追求精益求精工艺的甬式家具仍然具有一定的市场。为弘扬甬式家具文化，应在传统样式的基础上，推陈出新，对传统样式进行大胆改革，适应现代审美观念，开辟新市场。

设立专项资金，举行标识设计大赛，以"一根藤"纹为基础，结合甬式家具符号元素，进行创新设计，融入家具产品设计；开展异地学习，定期前往广东深圳、佛山等现代家具产业发达地区，借鉴学习现代家具产业经验，积极吸收现代化元素，在原有的甬式家具制作工艺基础上，纳入现代化元素，适应时代需求；设立专项资金，举办设计大赛，将评判权交还给消费者，面向消费者征集更广泛的既有传统甬式家具元素，又符合现代审美的文创产品，择优评选，颁发奖金、奖状，并将该文化元素纳入现有甬式家具产品生产中；组织专业力量，成立甬式家具发展委员会，举办发展研讨会，大胆创新，舍弃甬式家具中不合时代需求的多余设计，如甬式家具中卧床的设计中就含有如厕私密空间的部分，但这部分内容已经失去其时代价值，应当去除。

在现代社会，甬式家具要重新进入人们的生活中，需要迎合现代审美，满足人民的新需求，而甬式家具传统工匠难免会囿于传统思维，难以舍弃甬式家具中的部分文化元素。因此通过上述措施，既可以提高甬式家具的知名度，又能了解人民群众对传统文化装饰样式的喜爱倾向，还能促进甬式家具的发展。

3. 加强交流，努力推动多方合作

宁波旅游资源十分丰富，而且是享誉国内外的商业城市，每年外地访客数量庞大。甬式家具作为宁波传统手工技艺的集大成者，凝聚了数千年来宁波劳动人民的勤劳和智慧。

甬式家具的发展应充分关注外地游客在宁波旅游需要的服务产业，加强宁波甬式家具制造厂商与宁波当地特色民宿之间的合作，在特色民宿服务业中加大甬式家具的使用，使外地游客在宁波旅游或工作之余，能够在夜晚休息时沉浸式体验宁波文化；政府部门应加大支持力度，用实际行动支持本地产业的发展，在政府单位办公设备等物件购置过程中，面向甬式家具生产商适当倾斜，在同等条件下，予以优先采购；设置专项资金，邀请业界著名纪录片拍摄

导演，引进国内专业团队，拍摄甬式家具相关纪录片《甬式家具》，甬式家具匠人传记《甬匠》，梳理甬式家具的文化渊源和宣传甬式家具匠人的传承故事，在相关平台上公开放映，提高甬式家具的关注度和知名度，助力宁波本地这一传统工艺走向更大的舞台；与宁波当地职业教育学校开展合作，共建教育学院，推动甬式家具进校园，开展学术研讨会，深化甬式家具文化挖掘、IP打造，培养专业化人才。

4. 推陈出新，多维开发文创产品

过去，甬式家具以生产大件生活家具为主；面向新时代，甬式家具应跳出原有圈子，开发小件物品生产业务。

在上述文化IP、文化符号设计完成后，将其融入文具、装饰画等小样物件生产中，提供给政府机关、事业单位，用以警示政府机关单位工作人员要牢记俭以养廉，廉洁公正；将相关文化IP融入伴手礼生产中，甬式家具中特殊的文化纹饰寄托了中国人民对于幸福美好生活的向往，可将其融入伴手礼盒的设计生产中，既能寄托美好祝福，也能体现出宁波当地的深厚文化底蕴；创新相关文化IP形式，如对"一根藤"工艺单独化生产，作为家居装饰用品。

甬式家具曾是生活家具的代名词，面对人们审美观念的变化以及现代化潮流的冲击，原有的大型生活家具生产已经难以适应市场，不妨跳出原有桎梏，寻求新市场。

参考文献

1. 陈立未：《宁式家具》，浙江大学出版社2015年版。
2. 刘超英、陈立未：《宁式家具艺术》，中国电力出版社2008年版。
3. 童海啸：《"十里红妆"与甬式家具的漆工艺》，《上海工艺美术》2005年第2期。
5. 张欣：《宁式家具现代化的研究》，中南林业科技大学2008年硕士学位论文。
4. 周洋：《甬作家具的研究》，中南林业科技大学2009年硕士学位论文。

七、云龙龙舟竞渡

"云龙"地名始自北宋。宋熙宁年间，鄞县主簿黄宁在县东南处建造云龙碶，因水从碶入荻江，绵亘弯曲，水流湍急，遇潮汛时因撞击而飞溅，发出轰鸣，水滴上升形成大片云雾，似蛟龙出水，故称其为"云龙碶"。

云龙与龙舟有着悠久的文化渊源。自唐宋起，宁波便有龙舟竞渡活动的物质基础。1973年在"深挖洞"运动中，宁波市东门口附近的邮电局工地发掘出了一艘"独木舟"，其年代约为唐大中年间。宋代文献中有关宁波龙舟的记载渐多，其中中秋竞渡的习俗最为特别：全国中秋大多是八月十五，宁波则是八月十六过中秋节。

云龙龙舟竞渡有两个鼎盛时期，其中之一与庙会有关。旧时，前徐村寿春岩官庙庙会最为有名。每年八月十七、十八为庙会期，其间举行龙舟赛，吸引了众多民众参与，热闹非凡。另一个鼎盛时期是1984年龙舟竞渡被列入体育比赛项目，云龙镇前后陈村代表宁波市参加浙江省赛并夺冠，此后又连续四次参赛（两年一届），十年五次夺冠。

2009年，云龙镇"龙舟竞渡"被列入鄞州区非物质文化遗产名录，2011年和2012年分别被列入市级和省级非物质文化遗产名录。2013年，云龙镇被授予"浙江省民间文艺传承基地"和"宁波市优秀民间文艺传承基地"称号；2014年，更是荣膺"中国龙舟文化之乡"称号。

云龙龙舟竞渡（毛海莹摄）

189

（一）云龙龙舟竞渡核心文化基因解析

1.物质要素

（1）"三江成网、六塘织造"的宁波水网

云龙镇位于鄞州东南部，宁波六塘河中的前塘河从镇内穿过，云龙龙舟文化的基因就隐藏在前塘河里。

宁波水网密布，民众以舟代步，节日里需划船到外村探亲访友，这是竞渡起源的主要原因。宁波水网的形成主要分为四个阶段：唐代子城建立之前零星的水利建设、唐代治源头、宋元治干流、明清治小流域，逐步形成了"三江成网、六塘织造"的局面。三江指奉化江、姚江、甬江等三条自然江河，六塘指西塘河、中塘河（西乡）、南塘河、后塘河、中塘河（东乡）、前塘河等六条人工塘河。

流经云龙的前塘河，与后塘河、中塘河（东乡）同修于宋代。宋代承袭唐代水利经验，在1056—1063年间对东钱湖进行疏浚，于湖的四周建造碶闸以代替唐代土堰，并在鄞东平原筑成前塘、中塘、后塘三条水渠疏导湖水，在灌溉东部平原后汇入江中。

云龙龙舟文化离不开得天独厚的前塘河及其支流长山港。长山港十分宽阔，周围群山与前徐、双桥、观音庄、湖塘下等地水俱西行，落长山港。若东钱湖、高湫堰泄水，必朝前塘河方向流，至饭桶山、乌龟山时，水流变缓，未筑云龙碶时，水流向北至奉化江，因前塘河适应不了而一时滞留，使长山港及其三岔口面积宽阔，这给云龙镇各村开展龙舟比赛提供了有利条件。

（2）阻咸蓄淡、排涝泄洪的云龙碶

"三江成网、六塘织造"形成了独特的水网布局：每一条自然江河都有一条或多条、一段或多段人工塘河与之相配。沿海或江河交汇处，往往还需"碶"相助。

"碶"字源自宁波，最早见于北宋曾巩的《广德湖记》："鄞人累石堙水，阙其间而扃以木，视水之小大而闭纵之，谓之碶。"碶有内碶和外碶之别，内碶主要功能是蓄淡，遇洪水时可开闸排涝；外碶则多设置在河口拒咸，抵制潮汐海水倒灌。在清代，重要的碶还设有碶夫负责启闭，云龙碶亦如此。

云龙碶被称为鄞邑"东乡大水口"，鄞州东南和西南方向的水都流入前塘河。若遇东钱湖放水，前塘河水势更大，每逢涨潮，咸水直达荻江终端，沉积严重，导致终端的河床不断提高，下雨时与潮水一起涌至土地，形成大片盐碱地。未筑碶时，几乎无人居住；筑碶后，土地盐碱情况才不断改善，水害变成水利，繁盛渐兴。

（3）轻巧灵敏、坚固耐用的云龙龙舟

龙舟分"专职龙舟"和"业余龙舟"两种。专职龙舟只作竞渡之用，业余龙舟则由平时的生产用船改装而成，每年竞渡结束后又恢复为生产用船。就宁波而言，后者对竞渡所起的作用更大，因为云龙龙舟赛的队员多数为前后陈村人，该村以捕鱼、捕螺蛳为生，村民日常生活在小船上，划船成为强项。

2020年5月，余姚井头山遗址考古现场发掘出了3只木桨和一件半成品，其中一件为完整的木船桨，距今约8000年。井头山出土的木桨可以说是中国最早、工艺最先进的航海船桨。春秋战国时，鄞属古越国，越人巧于舟楫，以船为车、以楫为马的生活，在史书中多有记载。

云龙现存龙舟主要有两种：一种是传统的古典龙舟，又称画船；一种是现代标准的龙舟，数量较多。现存最早的两艘画船保存于前后陈村水家、陈家两座祠堂中，据考证是明末清初由绍兴传入。传统龙舟以杉木为主原料，辅以铁钉、麻丝、石灰、桐油等，外面刷上桐油、彩漆，圆头窄身，龙头花纹则手工刻画。钉木船要选择天然的老龄杉木，树龄必须在30年以上，这样的木材材质结实、有韧性，所造之船吃水浅、浮力大、能载重，轻巧灵敏而且坚固耐用。龙舟造好后，为了防腐，平时都保存在祠堂这类宽敞通风的地方，待要用时，刷一层桐油、彩漆，用完再抹桐油保存。

2. 精神要素

（1）不怕困难，坚韧进取

从形成之日起，龙舟竞渡习俗就具有鲜明的地域性。宁波的地理骨架为枕山、臂江、负海，长期为咸卤之地。四明诸山披流而下汇之江，江去海近，所通多卤潮，不宜农业。近年来，井头山遗址出土的航海船桨展现了宁波人民早期适应大海的顽强与智慧。

龙舟竞渡不怕困难、坚韧进取的体育精神，是龙舟竞渡核心精神的集中体现，不仅反映了宁波人民挑战自然、挑战自我、自强不息的强大动力，也增强了宁波人民对于龙舟竞渡体育运动的热情和参与度，带来强烈的文化认同感。

龙舟竞渡除了展现队员坚韧进取的精神，还隐含着塘河文化历代河渠浚治之功，塑造了宁波河、路、桥、街相依的城市风貌，体现了宁波世代人民的坚韧精神，也孕育出了宁波的龙舟文化。

（2）同舟共济，奋勇争先

龙舟文化蕴含着中华民族优秀的精神元素，其核心文化是"同舟共济，奋勇争先"。生活在云龙水乡的人们，在与自然的斗争以及艰难的水上生活中，靠的是齐心协力，龙舟竞渡是这种精神最直接的体现。不论是参赛者还是旁观者，除了有强烈的竞争意识，还都有强烈的集体荣誉感。在龙舟竞渡活动中，团队每一名成员都有参加的义务，队员间需要高度的团结与协作，这往往是竞赛成败的关键。龙舟队员各司其职，合作无间，方使阵势不乱，在激烈的比赛中整齐划一、奋勇向前；旁观者也会不自觉地进入某集体成员的角色，为其竞赛欢呼鼓劲或沮丧。这种将个人荣誉和集体荣誉融为一体的竞赛，决定了龙舟竞渡具有顽强的生命力与强大的凝聚力。

实践证明，"同舟共济，奋勇争先"的精神使云龙形成了朝气蓬勃、开拓进取的良好风气，使广大民众在态度和行为存在个体差异的情况下，聚集在一定的文化轨道，整合出一种普遍趋同的文化现象。这种精神作为龙舟文化的一种特殊"黏合剂"，对于社会整合、改善人际关系、促进群体团结起着重要作用。

3. 语言与符号要素

（1）"羽人竞渡"纹

1976年发现的"羽人竞渡"纹钺，其中一面为素面，另一面通体施纹饰：在边框线内，上方有两条相向的龙，前肢弯曲，尾向内卷，昂首向天；下部以边框底线表示狭长的轻舟，上坐四人，头戴羽冠，双手划船。

"羽人竞渡"纹钺刻画了4名古代先民双手持桨、奋力划船的场景，动作整齐划一，符合鄞地滨海、水乡的地理特征和先民们艰苦的生存环境，反映了鄞地先民务实奋进、同舟共济、敢于拼搏的精神风貌，说明了2000多年前先民已经掌握了赛龙舟这项体育运动的技能，是中华龙文化及浙东龙舟文化的象征物，"羽人竞渡"纹也广泛传播到广东、广西以及越南等地。在北京申办奥运会时，国家体育总局将其作为中国悠久体育竞技的实物史料，是北京申奥委的申报依据之一；宁波市委、市政府申报"宁波海上丝绸之路"世界文化遗产

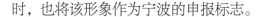

时，也将该形象作为宁波的申报标志。

（2）画船纹饰

在宁波地区，龙舟也称"画船"，因船身通体绘制彩画而得名。彩画以龙为主题，但舟头画的是虎头，象征猛虎开头，虎虎生威；龙、虎放在一起，也有"龙虎斗"之意，象征竞渡的激烈。

船外侧，前画青龙喷水，后画黄龙戏珠，因古代宁波有"黄龙布谷仓，青龙布米缸"的传说，故二龙同时出现在龙舟上，有祈求取胜之意。此外，画在船身前方的青龙有喷水的能力，而后方的黄龙则有喷火的能力，一前一后的顺序使龙舟划得更快。

船外侧二龙之间，左侧画"道郎舞钱"，象征财源滚滚，右侧画"盒和"（和合）仙姑，象征社会和谐太平。船的天面，即向上的一面，前帆坛（锣手站立之处）画麒麟或狮子，船边划手坐处画花鸟蝙蝠；船尾内侧上翘部分，画"五代元宝"、"喜鹊登梅"或"白鹤停青松"，船尾外侧上翘部分，书写龙舟所属单位村名或龙名。

4. 规范要素

（1）赛龙舟的规范

龙舟全队23人参赛（备2—3名替补队员），前三队6人，中四队8人，后三队6人。舟首1名鼓手，中间1名锣手，舟尾1名长梢手。比赛以鸣炮为号，划手在鸣炮时立即把桨插入水中，用力一撑以赢得起航优势，称为"撑倒山"。比赛形式分为直航和旧时的绕折返点。绕折返点的关键是转弯，长梢手用力将长梢扳成弓形，因人用力后仰如弓形，称为"双弓扳"，目的是减小转弯幅度，节省航程。近终点时，长梢手要"蹬甲板"，对划手发出号令，并猛踏甲板使船加速。长梢手还会表演高蹬梢、倒数蜻蜓配锣鼓花经等特技，是龙舟的一号人物。

二号人物为锣手，其作用是指导龙舟行动。锣声分中速锣和快速锣，前者多用于起航和中途阶段，后者用于冲刺阶段。锣手会"以假乱真"，即一边用真锣指挥自己的划手，一边用乱锣扰乱对方。锣手还会在龙舟直向石岸撞去时紧急刹锣，展示"急刹"特技。鼓手则凭借特技功夫"水上飞"成为三号人物。传统的龙舟竞渡在终点插一面标旗，先夺者胜。若有二船相差无几，鼓手便会在近终点处蹬脚夺旗以得胜。

一般在龙舟比赛中，还有四号人物滔水童，其年龄最小，是龙舟竞渡的接班人，俗称"拎水弯"，专门负责将龙舟内溅进的水往外舀出。滔水童不参加比赛，但领奖和拍照时，此人必不可少。

（2）龙舟竞渡的禁忌

龙舟竞渡是竞技娱乐项目，具有体育和文化的双重意义。对手之间既有竞争，也有友谊。从过去到现在，每逢龙舟比赛，甲村的龙舟划到乙村，乙村的人必要鸣锣相接，放炮相迎，在比赛中也有禁止羞辱败者的规定。例如：第一，禁止水手竞渡时赤身裸体，因为龙舟比赛不仅有划船者，更多的是观众，此项禁忌的目的也是尊重女性；第二，竞渡时主张寓教于乐、以和为贵，禁忌羞辱对手，忌竖新敌；第三，在竞渡夺鸭标的活动中，禁止和忌讳虐待活鸭。这些禁忌规则都有着很强的教化功能。

（3）龙舟制作的规范

①定底彩：用两根硬木做船底骨，两根硬木要一样长，两头微微上翘，长约4米，上面为平面，下呈半月形。

②上船底板：在两根底彩中间，用两头尖铁钉把木板定在中间，船体基本形成。

③上前后帆坛：将前后帆坛垂直钉在船底上，前后帆坛是船的肋骨。

④钉侧板：用铁钉把木板从船头至船尾钉在船钉两侧，铁钉的着力点在前后帆坛上。

⑤束船边：用一根长原木纵向锯成两片，平面向上钉在船边两侧，一边一根。

⑥扎缝：为了让船不漏水，必须将木板间的缝隙用网纱饼（网纱饼是旧渔网调和桐油冲捣成饼）扎嵌填缝，然后再在缝上抹上桐油灰。

⑦抹油：木船打造好，要用桐油将船身里外涂抹一遍。

（二）云龙龙舟竞渡核心文化基因的提取与评价

云龙龙舟竞渡文化是宁波龙舟文化的典型代表，既有悠久的文化传统，在当代又有很好的群众基础。云龙龙舟竞渡基因根植于"三江成网、六塘织造"的宁波水系中，其核心文化基因提取为"同舟共济、奋勇争先"。

1. 生命力评价

从存续时间来看，云龙"同舟共济、奋勇争先"的文化基因未曾中断。云龙龙舟竞渡自宋朝兴起，在重大节日多有竞渡比赛。在特殊历史时期中，一些龙舟设施曾遭毁弃，但前后陈村仍完好保存了两艘龙舟。20世纪70年代末，随着前后陈村收藏的两条老式龙舟重见天日，云龙的龙舟竞渡再度进入人们的视野。1978年的端午节，当地以生产队及自然村为单位，在后塘河举行了一场久违的龙舟竞渡赛。

如今云龙龙舟文化有了更好的发展：第一，形式创新，不断推动"特色龙舟"向"品牌龙舟"升级，打造"水陆两栖"赛道形式，以撑杆、滚轮组成的"陆上龙舟"突破气候限制，增强了龙舟文化多样性和体验感。第二，落户基地，建立长1800米、宽100米，水域面积约300亩的水上赛道，并由残奥会冠军黄成主营，弘扬自强不息、拼搏进取的正能量；精准育才，吸引在甬高校体育选修课落户该基地，着力打造训练基地和传播基地。第三，整合专业龙舟队伍和业余兴趣龙舟队伍，邀请全国著名龙舟教练伍新成担任总教练，培养本土专业龙舟赛事人才，通过专业队伍训练机制，强化龙舟队伍能力，使传统体育专业化、现代化。这一系列的发展规划使云龙龙舟的生命力在时代发展的洪流中得以涌现。

2. 凝聚力评价

云龙龙舟对凝聚区域群体力量产生广泛影响。龙舟竞渡为群体性运动，一支龙舟背后往往是一个宗族、一个村庄、一个区域，而在伦理观念、价值观念相同的文化背景下，又使人们产生强烈的民族自豪感和文化认同感。1978年，云龙重新举办的龙舟赛开始让女性作为队员加入比赛；1984年，云龙正式成立了女子龙舟队，使龙舟运动在凝聚女性力量方面有了新的进步。

龙舟对推动社会经济与文化发展也起着重要作用。竞渡虽为娱乐项目，但也需财力支撑。鄞县古县城在横溪西南时，依靠前塘河向鄞东南联络和运输客货，县城迁三江口后亦是如此。因此，前塘河自建成后，便是一条繁忙的水路，对经济发展有一定的支撑作用。如今，每一条龙舟背后都有公司商会的支持，而龙舟竞渡的精神又促进了商业发展，并且云龙举行的大型龙舟民俗活动，也推动了旅游和文创产业的升级，促进了云龙经济与文化的发展，在无形中增强了云龙经济与文化的内在凝聚力。

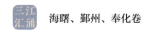

3. 影响力评价

旧时，龙舟竞渡对促进经济和生产发展有着重要作用：民国时期身手好的村民为各商号载运、上下货物，有一套压棹摆舵躲避险滩的绝活，每逢龙舟比赛时，只要他们通过龙舟竞渡表演出水准，就会带来好的信誉，知名度也会大为提升，营运也会兴旺。

如今，龙舟竞渡同民间庙会一样，逐渐形成了以祭祀为依托的定期性民间集市，在一定程度上刺激了民众的消费，使节日氛围和集市贸易更加热闹繁盛，促进了社会经济的发展。此外，云龙龙舟近年来先后获得诸多荣誉称号，无形中也扩大了云龙龙舟竞渡的影响力。

4. 发展力评价

云龙传统文化基因得到创造性转化、创新性发展，主要体现在"龙舟＋主题旅游"和"龙舟＋文创产业"两个方面。

云龙龙舟以"古韵风"为特色，以多种形式的竞渡赛来弘扬传统文化，吸引镇内外游客观战助威，并举办"我们的节日·端午看云龙"等一系列大型民俗活动，至今累计吸引镇外游客 400 多万人次，带动当地餐饮、民宿等服务业发展，创造GDP超过7500万元；以龙舟"水文化"为特色，注入生态文明内涵，2019 年起以"十里水乡　端午风情"为主题，启动美丽乡村风景线及绿道和河岸整治提升工程，预计总投资 1.2 亿元，贯通 10 千米河岸，沿河打造"端午风情水乡段""千帆竞渡龙舟段""大河生态绿洲段""前塘水韵航运段"等，以此践行"两山"理念，推动美丽乡村转型升级。

在此基础上，云龙镇优化产业结构，大力发展第三产业，并在龙舟赛事基础上延伸"端午文化"，建成龙舟文化馆，全镇联动举办"端午游园会＋集市＋祈福"系列子活动，以国家一级文物"羽人竞渡纹钺"注册品牌标识，用于服装、祈福粽、香包、竹筷（公筷）、筷桶、彩绘龙舟（模型）等，不仅传承了老宁波的经典文化，更承载着手作人对安康顺遂的美好祝愿。

（三）云龙龙舟竞渡核心文化基因的转化利用

1. 打造龙舟文化IP风情小镇

云龙镇致力于打造"同舟共济、奋勇争先"云龙龙舟文化IP，并将此文化IP及其所蕴含的龙舟竞渡核心文化基因，转化运用到社会治理、大型民俗活动举办、文化设施建设、文旅线路设计、文艺作品创作、文旅衍生品设计中。

打造"中国端午小镇"和"牧云小镇"是凸显云龙龙舟文化IP核心的重要项目。端午小镇依托"中国水乡·竞渡云龙·宁波鄞州前塘河云龙段（王夹吞—冠英村）整治提升工程"，以绿道体系构建为引线，串接沿线村镇环境提升、乡村振兴，融合端午、龙舟、航道文化特色。打造具有云龙特色的示范性牧云小镇则以文化艺术旅游为主题，总投资2亿元，分五期进行。云龙镇从生态景观、文化休闲、文学艺术、乡村振兴等多维角度出发，建设浙江美丽样板城镇。

打造龙舟文化IP风情小镇，还需精心设计龙舟文化三大民俗活动和赛事亮点，以端午国际龙舟赛为主体带动多元化发展。如以云龙龙舟文化IP为核心设计地方菜，开设"云龙十碗"（龙舟宴）名菜之旅，十碗分别为：长山江青鱼划水、十里水乡啤酒鸭、羽人竞渡白切肉、同舟共济小龙虾、雄黄酒醉虾、龙吟烧鸡、龙之吻螺蛳、云中鲜鸽子河虾汤、红烧鳝段、清蒸杂鱼。云龙名菜之旅展示了当今云龙镇的美好生活和拼搏精神，使云龙镇成为龙舟美食文化地标。

此外，还可开设云龙龙舟文化研学游：一方面，针对大、中、小学的学生设计龙舟文化研学路线，充分利用龙舟竞渡非物质文化遗产传承基地，融文化溯源、传承、竞技于一体，有利于当代青年学生强身健体，也可使其领略优秀传统文化中同舟共济、奋勇争先的精神；另一方面，与在甬高校共建龙舟文化体验基地，与高校教师探讨深化云龙龙舟竞渡文化的挖掘、IP的打造及文旅融合项目的研究。

2.举办大型龙舟文化民俗活动

云龙秉承"村村有龙舟，年年有赛事"的精神传承赛龙舟习俗，举办了"我们的节日——端午看云龙"、"二月二·龙抬头"、"周日八点半"龙舟联赛等大型民俗活动。

"我们的节日——端午看云龙"大型民俗活动，是云龙龙舟竞渡文化的传承与发扬，云龙的现代化龙舟也在许多方面进行了形式创新，多元载体传承龙舟历史。镇里还充分拓展资源，在原有的基础上积极打造新龙舟、培育新队伍，不断推动"特色龙舟"向"品牌龙舟"升级，使云龙镇成为浙江省乃至全国龙舟最多的乡镇。云龙镇还助力拓宽空间，打造"水陆两栖"赛道形式，以撑杆、滚轮组成的"陆上龙舟"突破气候限制，增强龙舟文化多样性和体验感。该活动于2009年举行首届，迄今已连续举办15届，活动将龙舟文化延伸到了端午文化，实现端午看云龙，村村有活动、人人能参与，提高群众参与度，从打响龙舟文化品牌逐渐向端午文化品牌延伸，全力打造端午小镇。

"二月二·龙抬头"大型龙舟主题民俗活动于2021年首次开展。该活动以"文化""旅游""赛事"相融合的方式，把龙舟运动融入旅游和文化中，通过龙舟活动激发乡村活力，推动乡村振兴。

"周日八点半"龙舟联赛，呼吁全镇20支村级龙舟队全部参赛，每周一场，每周日8：30准时开赛，每月前3场为小队制比赛，每场比赛6支队伍，每月最后一个周日进行大赛，通过队伍比赛出勤率和比赛名次进行双积分，形成周周有训、月月有赛、年度排名的龙舟竞渡氛围，对比赛的灵活组织也突破了传统时间限制，且常规赛中配备赛事解说，降低了观赛门槛，提升了参与体验度。

当下，云龙的发展也应坚持以龙舟文化为核心，辐射带动各大民俗活动的开展，不断创新文化与旅游的融合形式。

3. 创建云龙龙舟特色赛事品牌

对于云龙镇来说，借助非遗保护的契机，开展龙舟竞渡这项有历史性的本土特色体育项目，是树立文化自信和塑造龙舟赛事品牌最好的选择。应在现代体育比赛的规则下，利用云龙丰富的河道资源，定期组织各村各单位进行基层龙舟比赛或设计水上马拉松大赛，鼓励和引导全民运动，不断壮大民间文体队伍，培养团队团结合作、拼搏向上的龙舟精神，促进龙舟运动的发展和普及，引发全民文化认同。

此外，引进和开展符合国际标准的竞速龙舟运动，利用云龙赛艇基地资源，提供赛艇、皮划艇、龙舟、桨板四个项目的训练及比赛服务，邀请国内外知名龙舟队前来参赛，提高竞速队伍的水平和层次，完善比赛场地和龙舟设施，与国际接轨，使之成为世界著名的龙舟赛事，不断推陈出新，加快中国龙舟文化与西方赛艇文化的融合。并在文旅与赛事相融合的基础上，形成"生态+文化+旅游+赛事"的融合模式。

通过全民龙舟赛和国际龙舟赛的开展，顺势加大宣传力度，利用全媒体营销扩大龙舟文化影响力，如在各大官方媒体App（央视频等）、其他网络平台进行直播，形成在线云互动，增强新媒体对青年的吸引力，也可以在官方网站（CCTV、NBTV等）、公共资源平台（公交、地铁、商场等）进行宣传报道，打响云龙龙舟赛事品牌。

4. 创作云龙龙舟文旅艺术作品

强化云龙龙舟文化IP，需要设计深入人心的龙舟标识。举行云龙龙舟标识设计大赛，以"羽人竞渡"纹为基础，结合画船符号元素，进行标识新设计；也可设计龙舟竞渡衍生品，征集更广泛的既有龙舟文化元素，又有市场前景的实用性、创新性旅游商品和文创产品，以此强化"同舟共济、奋勇争先"的云龙龙舟文化IP。

云龙目前的相关作品有纪录片《云龙龙舟》，它追溯了云龙龙舟的文化历史发展与当代传承之路，以及舞蹈作品《小娘龙舟队》，它描述了一支女子龙舟队的成长，从训练初嬉戏玩耍、俏皮偷懒，训练中晕船不适到最后齐心协力、拼搏奋斗夺得锦旗，体现了对竞渡的文化认同，展示现代人们的美好生活和拼搏精神。在此基础上，可利用版画的美术形式，设计"云龙竞渡"系列版画作品，对云龙龙舟竞渡文化进行艺术化的再创作，或举行"云龙龙舟"手绘大赛，为后期动漫、游戏的开发作准备。

文化的发展与传播离不开现代多媒体媒介。利用文化基因数据库的资源优势，开发网络文化平台，开设"云龙龙舟文化基因进校园"系列项目，培育校园"网红"非遗传承人。中小学接入地方课程，以传统文化教育为主；高校则与文化课程结合，设计文创产品，传播艺术作品，弘扬龙舟文化，亦使龙舟文化有了全新的传承方式。

参考文献

1.鲍丹萍：《云龙：一条龙舟云中"竞渡"来》，《宁波经济（财经视点）》2022年第1期。

2.蒋林靖、陈俊华、冯江妹等：《VR民俗游戏研究、设计与开发——以赛龙舟为例》，《中国教育技术装备》2019年第4期。

3.吕韶钧：《试论龙舟竞渡文化的精神内涵》，《安阳师范学院学报》2011年第5期。

4.唐月霞：《宁波云龙镇龙舟竞渡习俗研究》，浙江师范大学2015年硕士学位论文。

董山红脉

八、董山红脉

　　塘溪镇向北为东钱湖，向南是象山港，凝天地万物之精华，集旖旎风光于一身，展现出梦幻般的如画之美。地处白岩山麓，有峰峦叠翠的连绵山峦，亦有郁郁葱葱的草木树林；地处双溪之畔，有梅溪与亭溪相伴而行，小溪蜿蜒曲折，流水清澈欢腾，穿行交汇为大嵩江，奔流注入东海。塘溪的富饶得益于其得天独厚的自然地理条件，在其河谷两岸及河口有塘溪盆地和大嵩冲积平原，是鄞州的主要稻作产区之一。与此同时，塘溪人面对水害的侵袭也并未坐以待毙，而是几经曲折建成了蓄水量达 2650 万立方米的梅溪水库。从 20 世纪中叶开始地质勘探和测量，在 20 世纪末修筑完工，这座大中型水库集灌溉、供水、发电、旅游等诸多功用于一体，如今成为塘溪最引人注目的一道风景线。塘溪水库的建成离不开人的智慧与坚韧，当人工造物将水害转变为水利，几代塘溪人的梦想终得以圆满。

　　塘溪钟灵毓秀，人文荟萃，是一座兴起于唐宋、成型于明清的千年古镇。若往塘溪访古寻幽，白岩山麓有历史悠久的保庆寺，是始建于唐朝的名刹。东山村的龙潭与红岩山有名山好水之姿，金鸡桥与董庆桥俱有古桥风范。在黄金岙水库自古便开始的采石活动则塑造了气魄雄浑的石宕，数百年岁月带来的沉淀不禁使人浮想联翩。时代更迭下的塘溪现在依然只是一个人口不到 3 万的偏僻山镇，没有便利的交通，与喧嚣繁华的现代化都市遥遥相望。可也正是在短短几十年间，从这人杰地灵的塘溪镇便奇迹般地走出了 4 位国际级名人，还有超过 50 位的国内知名大家，其中不乏革命家、艺术家、科学家和教授级人物，如童第周、沙孟海、周尧、沙耆等一批在各自领域享有盛誉的大师都生长于此。作为早期浙东农民运动的发源地之一，沙文求、沙文汉等一批爱国志士也都诞生于此，可谓名流辈出。

（一）堇山红脉核心文化基因解析

1. 物质要素

（1）"堇山"

塘溪镇位于鄞州区，有白岩山，又名赤堇山。据沙孟海考证，"县有赤堇山，故加邑为鄞"。鄞州的"鄞"字便是来源于此。赤堇山畔的童夏家村坐落于这片山环水绕的风景宝地，享有"宁波的香格里拉"的美誉。又因被山环绕，塘溪镇修葺有青山岭古道、月宫山古道、张家岭古道，以古道拾趣，寻先人足迹。

青山岭古道连接东山村与华山村，是颇有野趣的卵石道路。循古道穿行于竹海之中，有山溪为伴，立足于梯田茶园之畔，可俯瞰平原，景色美不胜收。青山岭又称青岭，岭上多茶树，采茶时有歌声婉转动听，此"青岭茶歌"的胜景也别有一番风味。岭上亦有凉亭，旧时可供前往韩岭的行路人休憩。

月宫山古道旧时为连接东山旧村与外界的纽带，现已是探访山景的好去处。以石块砌就的古道约有一米宽，石缝里是芬芳青草探头，道路旁是茂盛高树成荫，满目翠色欲滴。如若登上山头，便能望见右侧有一江溪水西去通金山。沿中间大路下山，又可漫步于幽篁。游于古道之上，再以山水之色洗涤心灵，实乃乐事。

张家岭古道贯通上城村与童村（象峰点），为早期赤堇山人的交通运输要道，具有上百年的历史。宽有一米的古道现在已经过精心修缮，绿荫下卵石铺就的道路与一旁的山溪坑互为同伴。茂密山林下是清冽可鉴的淙淙泉水，游客不仅可以在此休闲观光，还可采挖竹笋，近距离体悟山川自然之美。

（2）"梅水"

堇山湖，即梅溪水库，坝址位于塘溪镇沙村，水库尽头便是童村。此间的湖光美景自不消多说，湖畔更有红杉林位于童村的象峰和新勇自然村，其中还属象峰村旁的红杉林规模最大，每到深秋便红得灿烂，惹人沉醉。沿水库行至童村便有一座磐裁桥，故名"东庆桥"，历史上曾四次重建，现存的是"宁波帮"早期代表人物陈磐裁为家乡所捐建的"十桥十亭"之第三桥。此桥为宁波市内早期钢筋水泥桥梁的杰出代表，因在水量丰沛时长期被淹没于水下，又有"水下磐裁桥"之称，后被列入文物保护点。

在梅溪水库之畔，环湖建有董山湖环湖公路，既是连接沙村和象峰村的村道，又是满足文化休闲之需的健身步道，并因湖光山色和红色路面被称为"彩色之路"。环湖公路与周边自然景观融为一体，漫步赏景或自驾观光皆是相宜。此处有茶园与竹林，有古树与溪流，寄情于这诗情画意的山光水色，静听婉转清脆的悦耳鸟鸣，城市的喧嚣顿时便被抛于脑后。环湖公路的建设进一步扩大了塘溪镇的知名度，有力带动了当地文化产业和乡村旅游的发展。

2. 精神要素

（1）昆仑为志，东海为心

沙文求烈士的自画像上有一首题词，其中有这样的字句："昆仑为志，东海为心，万里长江，为君之情。"适时大批革命者惨遭广东反动派杀害，沙文求在此风波后不仅坚持在广州工作，还在自己的画像题上如此诗句，足以充分表现其崇高志向和坚定信心。在加入中国共产党后，沙文求受宁波地委委派前往故乡鄞县沙村从事农民运动，他带领着农民到处张贴标语，最终在反抗强征酒税的斗争中获得了胜利。1928年，沙文求进入广州大学，并以党员的身份参加团活动。虽然生活极度困难，但是他在广州团市委工作时从未有丝毫动摇。因他认为人立于社会，无隆冬之严寒难以知春明之慈祥，严寒冰雪之地正应是用武之地，更应与战友并肩前行。沙文求以昆仑为志，东海为心，是一个有道德、有纪律、有文化的优秀共产党员，他为实现共产主义理想献出了自己的生命，将永远被人们所纪念。

（2）笃学通识，忠诚爱国

童第周在八九岁时方在父亲教导下读书识字，除了学习之外还需要像寻常农家孩童那般帮助家里务农。即便如此，他依然勤奋苦读，不负众望地考进宁波效实中学。1930年9月，童第周在亲友支持下乘火车从满洲里经苏联远赴比利时开始了留学生涯。"九一八"事变爆发后，日本帝国主义陆续侵占中国东北三省。身在比利时的童第周无法忍受报纸杂志上对中国人的侮辱，决定奋起反击。于是他怀着满腔爱国热情连夜起草了一封联络中国学生的信，随后不仅组织成立了中国学生总会，而且通过分发传单、举行游行等方式进行示威。

回国后的童第周更是怀着抗争的信念，积极投入中国的科学研究事业，用实际行动表明了他忠于知识、报效祖国的理想信念。

（3）执着追求，不断革新

从学生时期开始，沙耆奔放的个性和进步的思想便显露无遗，他不仅以革新中国艺术为使命，而且积极呼应政治的思潮。在"九一八"事变爆发之后，年仅十八岁的沙耆便跟随上海进步学生队伍赴南京请愿，并参加游行示威活动。沙耆追求进步的思想还体现在他的绘画学习上，出国前就已经接触到的一些现代主义绘画思想为他多变的色彩语言埋下了伏笔。早年接受的现实主义思想教育和他本身自信孤傲的性格特质也推动着沙耆往现代主义风格靠拢，有选择地保留自己所追求的艺术。他在比利时完成学业后由于战乱被迫继续留在当地，虽欲一展抱负，成就一番辉煌的艺术事业，但又得知妻儿奔赴解放区参加革命、父亲在战乱中不幸身亡。在残酷现实的打击下，沙耆不堪忍受精神疾病的困扰，难以抑制对祖国和家人的思念之情，最终选择回国隐居于塘溪镇沙村老家。

3. 规范要素

（1）沙氏家族家规

沙氏故居，是沙孟海、沙季同、沙文求、沙文威、沙文汉早年的居住地，可谓"一门五杰气如虹"。沙氏家族从小就谆谆教导孩子们要养成立志成才、报效祖国的信念。得益于这种良好的家庭环境，他们兄弟间形成了互相帮助、互相鼓励的氛围，最终个个都建功立业，成为一代名人。沙孟海成为当代出类拔萃的书苑宗师，其书法正气凛然，为人刚正不阿。沙文求、沙文汉、沙文威、沙季同则在母亲陈龄的支持下相继参加革命，坚定奉行着沙氏的家规，沙氏故居也因此成为鄞州区和奉化区革命运动的发源地。这个家族的历史向后人昭示了治国安邦的宝贵经验，并且印证了大家风范的根源便是教养，来自世代传承的尊师重教。

（2）童村民风家训

作为钟灵毓秀之地，童村自重教育。塘溪童村，民风淳朴，教授辈出。童村村民坚持父母带子、兄弟相帮的优良学风。21世纪初，童村童英娣的丈夫逝世，母亲又瘫痪在床，恰是在如此艰苦卓绝的环境中，她的儿子童朝军却能够考上西北建筑工程学院。为了让儿子安心上学，童英娣处处节俭，其女无论出嫁前后，也都会把省下的有限收入寄往西安而不曾有半分怨言。他们的口号是"再苦也不能苦孩子，再穷也不能穷教育"。自国家恢复高考制度以来，全村共计100多人考上大中专院校，走出了30多名教授。

（二）董山红脉核心文化基因的提取与评价

董山红脉文化是宁波红色文化的典型代表，它的基因根植于董山梅水的地理环境和钟灵毓秀的人文环境，包括以沙村为核心的"史脉·红心向党"，以童村为核心的"文脉·赤心报国"，以童夏家村为核心的"山脉·丹山绵延"和以董山湖红色长廊为核心的"水脉·绿水灵秀"。董山红脉与宁波的革命斗争历史有关，与宁波的红色文化和名人文化有关，它的核心文化基因是"信念坚定，红心向党"。

1. 生命力评价

从存续的生命力来看，塘溪镇的红色文化基因始终未曾中断，同时不断以更良好的面貌世代传承。其中，塘溪的名人故居便是其生命力的重要载体。

若说起塘溪名人故居，那便不得不提位于梅溪水库东侧沙村的沙氏故居。近年来，政府围绕沙氏故居深入挖掘沙村厚重的革命历史资源，并通过统筹规划进一步提升品质，探索光荣的红色文化基因，从而打造"红色沙村"的党建品牌。沙村是鄞州农民运动的发源地，沙氏故居则是沙氏五杰出生、居住和工作过的地方，在鄞州革命历史上具有举足轻重的历史地位和无可取代的革命意义。广州起义后，五杰之一的沙文求烈士年仅24岁便英勇就义，其故居在1984年被鄞县人民政府列入县级文物保护单位，1996年列入鄞县爱国主义教育基地。2005年3月16日，浙江省人民政府正式批准该故居为省级文物保护单位，并更名为现在的沙氏故居。

政府对于红色革命文化的重视程度不言而喻，从保护故居遗址，再到完善修葺，建立爱国主义教育基地，红色文化无疑已经成为塘溪的重要历史文化脉络。在政府对故居的保护和一次次爱国教育活动的组织中，红色文化基因也在不断延续，且始终以良好的面貌面向大众。

2. 凝聚力评价

塘溪因红色革命文化而获得了一定的经济和人文发展，在同一文化体系的熏陶下，当地人民也因此展现出了独有的凝聚力和情感联结，沙村便是其中

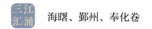

典范。

沙村曾涌现出一大批爱国革命志士，他们英勇投身革命运动的洪流之中，红色革命精神从此传承下来，并在每时每刻都影响着当代村民与他们的后代。他们团结勇敢，努力保护着这里的每一寸遗迹和土地，且尽自己最大的能力宣扬着沙氏兄弟不惧困难、不怕牺牲的品格。沙耆故居陈列有多幅沙耆作品，有一位名叫沙夫详的老爷爷守着故居门口，他为每一位来到这里参观的游客动情地讲述着沙耆的故事，生动地解说着沙耆的作品。

一方水土养育一方人，背靠董山湖，面对环山，这里的居民积极向上且热情好客，对于当地历史及背后的故事都是如数家珍，就这样在一个小村庄充满凝聚力地发展传承着独特的革命文化。

3. 影响力评价

迄今为止，塘溪镇在沙村积极挖掘革命历史资源，围绕着宁波第一农村党支部、沙氏故居和区人才爱国奋斗红色教育基地等，不断优化周边环境，提升配套设施，从而丰富主题内涵，提升"红色沙村"党建品牌的影响力。

沙村遍地皆是红色元素，村口平台上迎面竖立的就是宁波第一农村党支部革命旧址的景观墙。沿村道步入沙耆故居，首先映入眼帘的是区人才爱国奋斗红色教育基地，与之毗邻的则是宁波第一农村党支部陈列馆和沙耆故居，品牌打造已然初具规模。不仅当地人的子孙后代深受红色文化鼓舞，自从宁波第一农村党支部（农会）陈列馆在沙村落成开放以来，已有5万余人次前往参观学习，其中也有不少外来游客。因而塘溪宝贵的精神财富也正随其品牌建设的逐步完善而惠及更多人群。

塘溪镇还以打造"人文塘溪"文明示范县为契机，对沙氏故居地块进行了全面整合提升，旨在对景观绿化、配套设施和旅游导视标识等各方面进行优化，让更多游客享受到高品质的红色文化之旅。

4. 发展力评价

纵观塘溪镇一路走来的发展历程，当地通过整合人文资源和自然风光的优势，倾力打造出了独具特色的红色文化旅游品牌，实现了经济和文化的双丰收，探索出了符合自身切实情况的发展道路。

塘溪的旅游产业特色鲜明、重点突出，是人文名镇，亦是山水之乡。在强势品牌的影响下，独具深厚内涵的"名人故居游"更增添了几许魅力。当地充分利用人文生态资源优势，不仅高效强化了名人文化宣传和自然山水的集聚效应，而且在全方位挖掘名人资源的同时，全面提升塘溪名人故居档次。在全力推进"中国名人文化第一镇"的建设过程中，塘溪注重将名人文化与旅游资源开发相结合，坚持统筹规划，点面结合，进而铸就塘溪经济发展的新引擎。

（三）堇山红脉核心文化基因的转化利用

1. 四脉启篇，打造特色红色旅游景区

塘溪镇作为历史悠久、山清水秀的人文胜地，其转化利用的思路是：集零为整，整合区域资源。可以塘溪"堇山红脉"风景线、大咸区农民协会旧址塘溪邹溪庙、沙氏故居、童村、上周村、鄞奉农民斗争红色交通黄泥岭古道等景区为主线，从而将党建和旅游相结合，进一步创造可供观赏游览的人文胜地、熏陶精神思想的革命文化阐释以及体现人文关怀的公共设施等。

红色旅游景区的打造围绕着以沙村为核心的史脉、童村为核心的文脉、童夏家村为核心的山脉以及堇山湖红色长廊为核心的水脉四个子篇章开启。史脉可讲述关于塘溪镇的红色历史和革命英雄事迹，文脉可深挖塘溪的文人志士以赤心报国的生命历程，山脉可注重展现党建引领下乡村振兴战略的塘溪模板，水脉则可通过设置环堇山湖的红色文化长廊来彰显新时代塘溪砥砺奋进的华章。通过开发和宣传，特色红色旅游景区的打造不仅可以让旅客感受到塘溪钟灵毓秀之地的人文气息，还能够加强名人效应，带动本地经济发展。

2. 推陈出新，拓展网络红色文化阵地

在今日网络信息技术高度发展的语境下，塘溪镇应积极拓展网络红色文化阵地，打造"堇山红脉"网络文化载体，以红色文化引领网络文明建设，于互联网空间宣扬正面能量。这一创新之举不仅能够有力扩大横溪的知名度，由此吸引更多年轻游客前往旅游，还能极大地提升其红色文化的传播力和感染力，使蕴藏在历史中的文化基因焕发新的生机活力。

首先可运用新媒体平台接入教育党建工作，如通过微信公众号开设"堇山红"微党课，由塘溪上周村、沙村人口述历史，用户扫描二维码即可观看相关红色视频。其次，可运用"塘溪成校"公众号，合理利用公众号推文的形式，使受众能够及时了解塘溪文化活动的开展情况。除此之外，还可开发"云游塘溪"小程序，设置线上云参观，开拓线上云旅游。

海曙、鄞州、奉化卷

3. 打造品牌，开发沉浸式文化旅游项目

塘溪优渥的自然资源和独特的历史文化传承为开发丰富的沉浸式体验项目奠定了基础。在塘溪农场采摘水果，到花海田园基地采摘茶叶、杨梅，便可感受自然魅力。在竹编工艺非遗传承人的带领下学习制作，抑或是拜访董山书画院，也足以品味人文雅趣。在乡村振兴战略的号召下，塘溪镇结合自身特色大力宣传农产品采摘活动，注重当地竹文化宣传教育，加强竹编工艺非遗文化普及，吸引众多游客在沉浸式体验中感受中国乡村传统文化。

在开发独特体验项目的同时，塘溪还应在此基础上打响文化旅游品牌，每个月根据当地的特色安排一次内容丰富多彩的活动。不但可以举办"一村一品一节"活动（果蔬采摘助农行动）、塘溪春笋节、邹溪村里品花生、东山村竹编艺术节、童夏家村山地西瓜节、童村蒙学礼、田园厨艺争霸赛、童村长寿文化节等精彩活动丰富文化品牌内涵，而且还能通过古村农家乐体验行、董山湖采风行、菩提岭风车公路古道健身之旅、塘溪原生态生活体验之旅等各具特点的旅行路线规划，将塘溪钟灵毓秀、人杰地灵、水土肥沃的特性展露无遗。

4. 立足历史，建设塘溪"董山红脉"风景线

在综合考量相关历史背景的情况下，将现蝶园（咸横公路交会处）改造为本考察路线旅游集散地和出发点，以董山北麓原大咸区各农民协会活动区域与董山南麓奉东松岙、裘村原忠义区农民协会活动区域相连接，构成董山南北红色风景旅游线，并设置游览路线如下：

第一站：以大咸区农民协会旧址塘溪邹溪庙为起点（融合塘溪名人公园、宪法主题公园）。

第二站：沙村农民协会旧址沙氏宗祠（融合沙耆故居）。

第三站：鄞县第一个党支部旧址沙氏故居（融合董山湖红色步游道，需提升改造）。

第四站：童村农民协会旧址童氏宗祠（融合童第周故居）。

第五站：上周村农民协会旧址宝庆庙（融合周尧故居）。

第六站：鄞奉农民斗争红色交通黄泥岭古道（含沙文汉避险处鄞奉亭）。

第七站：鄞奉农民斗争红色交通菩提岭古道（童夏家村）。

走进塘溪，循路"董山"，追寻"红脉"。塘溪"董山红脉"这条独特风景线的建设是对革命历史的重温，也是对英雄先烈的缅怀。遵循先辈足迹，传

承红色文化，不忘初心使命。塘溪镇这一方积淀着厚重人文底蕴的红色热土也必将在新时代党建教育与乡村振兴的互相推进下砥砺奋进。

参考文献

1.宁波市鄞州区档案馆：《百年堇山》，宁波出版社 2021 年版。

2.王泰栋：《名人辈出的塘溪镇》，《宁波通讯》2004 年第 3 期。

3.谢良宏、周海云：《走近钟灵毓秀的人文塘溪》，《宁波通讯》2012 年第 21 期。

4.周静书：《堇山风华》，宁波出版社 2021 年版。

5.朱岚涛、陈霞：《塘溪：加快鄞州乡村旅游核心区建设》，《宁波经济（财经视点）》2021 年第 1 期。

东部新城全景（徐丹摄）

九、东部新城

东部新城，位于宁波中心城区三江片的东部，与三江口老城中心形成"一城二心"的总体空间格局，将宁波的自然与历史文化融合在一起，提出了"延展城市风华，延伸生态水文"的发展理念，构建了多样而充满活力的、有文化而充满生活情调的、赞颂水与生命的、创造水与绿的现代可持续发展的城市，让我们及后代生于斯、长于斯，享受城市自然生态与历史文化的哺育和滋养，陶醉于现代江南水乡的风韵。

（一）东部新城核心文化基因解析

2005年1月，随着"书香景苑"安置小区破土动工，宁波新的城市中心建设拉开序幕。它位于三江口老城东部，因此被命名为"东部新城"。东部新城，西起世纪大道，东至东外环，南起铁路，北至通途路，分核心区与东片区两大区块，核心区面积为8.45平方千米，总面积15.85平方千米。东部新城核心区以中心商务区、行政办公综合区、中央走廊文化艺术区等为主体，外围布置混合使用区、商务会展发展区、花园住宅区、水巷邻里区、甬新干河区、生态走廊区，并于城市南缘布置特定用途区，共十大分区，每一分区均有各自的主导发展功能和地区特质。该区域不但拉近了港口与城市的空间距离，促进了港城联动，增强了城市综合服务功能以及港口的集聚和辐射能力，同时也整合了城市东部地区近20年发展的资源。她延续了宁波城市发展的脉络，保有并提升了宁波的固有特色，建立了新旧城区间的血脉传承，创造了"十"字形的城市轴线。东西向的"中央走廊",由中山路—后塘河—宁穿路,连接三江口和新城区,并向远处群山辐射,她是联系宁波历史与未来的纽带。而南北向的"生态走廊",水系面积占16.2%,绿化面积占19.6%,以大型自然水面、生态绿地为主要设计元素,形成"水与绿"的城市空间架构;结合体育公园、中央公园等休闲娱乐设施,更加注意以人为本理念,形成连接甬江与东钱湖地区的城市景观走廊,婀娜蜿蜒的河网摇曳出江南水乡的多情,水乡韵味与现代都市巧妙结合。

1. 物质要素

(1)丰富的塘河水系

水系是宁波文化的策源地,是宁波城市的命脉,也是宁波最动听的空间语言。东部新城的水,要素丰富,形态各异,囊括了宁波"六大塘河"之一的后塘河及三河两湖(甬新河、杨木碶河、新杨木碶河、日湖和月湖)。后塘河不仅是鄞东南平原的骨干排涝河道,在这里也显出"摩登"气息:河岸绿野旧房化身为现代建筑,亲水河埠头少了浣洗者,却添了时尚元素。甬新河南北长约3.5千米,属于排洪与景观紧密结合的水利工程,是东部新城景观框架中的一部分。结合河道沿岸现代城乡发展要求、自然生态环境和历史文化特色,经过生态亲水设计,创造性地构筑一道将排涝功能、视觉景观、休闲观光和江南水乡文化展示融为一体的风景线,并协调与促进了滨河地带的城乡发展。杨木碶河景观改造项目,总长度约为1.7千米,连接CBD及东部新城的重要公共开放空间,呈现都市简洁大方的景观特色。新杨木碶河总长度约3.5千米的岸线景观,整体呈现自然生态气息,利用不同植物属性创造出有序的道路景观韵律感,结合天然块石、特色植栽提供比较开敞的河滨开放空间。明湖延续日湖、月湖的城市主题,未来,依托优美的环境景观,环湖地区将发展商业娱乐、旅游休闲、商务会议、居住等功能,重点打造三大片区:西侧,结合轨道交通换乘站,建成TOD体验式商业中心;东侧,打造多种类型的居住社区;南侧,将与邱隘老镇现状形成有机的过渡与衔接。同时,明湖与多条河道相连,也将承担城市防洪和调蓄洪水功能,对流域防洪排涝具有重要的作用。

(2)文化地标建筑

宁波大剧院、宁波城市展览馆、宁波科学探索中心、宁波图书馆新馆、宁波报业传媒大厦,五大文化地标建筑气势恢宏、交相辉映,勾勒出东部新城全新的天际线，同时，也让全市公共文化服务供给能力大幅提升。宁波大剧院兼顾文化功能与现代化城市商业活动功能。大剧院里高品位的演出让人们共享城市发展带来的文化福祉；宁波城市展览馆展示了甬城的发展历史、建设成就以及未来愿景，是集政民互动、学术交流、城市论坛、爱国教育等多功能于一体的城市客厅，是连接宁波与外界的桥梁，是宁波重要的对外交流窗口；宁波科学探索中心是以"探索"为主题的大型互动式科普场馆，展厅展示内容始终以"人·探索"为核心，通过对自然环境探索和对人本探索两条支线的演绎，在注重科学知识普及的同时，激发人们对科学的探索欲望，传播科学思想、科学方法和科学精神；宁波图书馆新馆，是当地文化脉络的一部分，是"书香甬城"又一全新的注脚，建成后日均接待量翻倍，已然成为东部新城核心区的文化据点；全新的宁波日报报业集团总部大楼坐落于东部新城的核心区域，报业集团按照规划先导、一流设计的要求，邀请国际一流的建筑专家进行规划设计，将报业传媒大厦建设成一个用高科技武装、满足现代传媒发展需求、具有建筑美感和文化品位的大楼。五大场馆的相继投入使用，将特有的甬城历史文化元素、符号、故事植入公共空间之中，让城市充满韵味，也增强了城市的软实力。

2. 精神要素

（1）和谐发展、返璞归真

水在中国文化中是一种根源性隐喻，是代表自然与城市"合一"的最佳模型。东部新城在规划之初，就以"尊重自然、保护历史、发挥自我"为原则，追求同自然环境的协调，既利用城市和建筑表现大自然的美，又引入大自然成为环境的组成要素。东部新城，利用了水与文化的时空关联，重塑了水与城市的形态。一是以水为脉，将水作为文化载体，各类文化在此交汇、冲突与碰撞，又在时空中被选择、积累和发展，将宁波文化的演进进行重构，使之成为一幅气韵生动、有节奏、整体而有机的文化图景。二是以水为纽带，整合了新城的公共文化空间序列。与原有的城市肌理、生活方式、市井文化紧密地联系和互动；将城市的自然绿化空间与水系网络串联在一起，形成一个以水为主的城市开放空间系统。在此基础上，连接宜人的居住建筑、活跃的文化建筑、华丽的商业建筑和多功能的市政设施，营造全新的流动空间，给人提供最佳的生活体验。东部新城，一直在结合自然、延续历史并创造历史、充分发挥水系的生态和城市的文化服务功能的理想之路上，不断探索塑造新城自身的特色与个性。

（2）文化与商业二重奏

古希腊哲学家亚里士多德说："人们为了活着，聚集于城市；为了活得更好，而居留于城市。"在以城市为主体的时代，一个宜居宜业的生活环境，是许多人的梦想与向往。为了避免"千城一面"的通病，东部新城提出了"延展城市风华，延伸生态水文"的发展愿景。代表着现代化宁波的东部新城，将会与三江口交相辉映，体现宁波现代与传统城市文化形象之间的鲜明对比及和谐共存。宁波文化广场、图书馆、城市展览馆、科学探索中心等重要文化场馆多点开花，赋予了新城文化和内涵；银泰城、宏泰广场城市综合体项目、宁波中心阪急商业体先后投入运营，"城市之光"在紧锣密鼓建设之中，将共同引领 24 小时的城市繁华。文化底蕴与时尚气息在此交融，奏响文化与商业的二重奏。

3. 规范要素

东部新城近 20 年始终如一地开发建设和取得的重大成果，得益于一套科学的规划编制体系，及城市建设和规划管理工作机制。一是市领导在开发建设东部新城的思想认识上高度统一。多次听取规划方案汇报，对规划和建设体制进行反复酝酿并最终批准，同时成立开发建设领导小组和指挥部，实质性推动新城建设。二是指挥部有效履行了区域统筹协调开发的职责。坚持高品质的开发建设理念，引进高水准的规划、建筑设计队伍，直接负责城市公共基础设施建设，也直接承担了金融中心等部分功能性项目的开发，为东部新城规划的实施发挥了不可低估的作用。三是建立了一套务实、有效的规划管理工作方法。规划部门直接牵头或深度参与公共景观环境项目（如甬新河、生态走廊、中央广场 / 公园等）和重要开发项目（如行政中心、文化广场、金融中心等）建设方案的组织编制工作，根据项目特点有针对性地引进国内外优秀设计团队，保证了规划实施的连续性和项目设计品质。四是建立了规划实施评估机制。对规划实施情况进行系统评估，并根据评估结果，进行规划局部修正和完善。

（二）东部新城核心文化基因的提取与评价

东部新城，以打造最佳人居环境为目的，按照以人为本、生态优先的原则，充分挖掘宁波历史文化内涵，强化生态环境建设，全面营造布局合理、景观优美、生态良好的现代化新城。东部新城的核心文化基因为"延展城市风华，延伸生态水文"的城市发展理念，确立了以东西、南北"十"字轴线以及中央商务、行政办公和居住三大功能区形成的总体空间架构，将文化、生态、商业和生活完美结合，构建多样而充满活力，有文化而充满生活情调，赞颂水、赞颂生命，创造水与绿的现代化可持续发展的城市。

1. 生命力评价

东部新城，自2005年建设以来，转变城市发展理念，从关注物质空间转为重视人文空间的营造，设定了"延展城市风华，延伸生态水文"的城市发展理念。核心区通过建设明湖环湖景观工程、打造慢行游线、营造滨水空间、完善交通设施等，活化公共空间，全面提升活力。东部新城注重修复自然生态，同时传承历史文脉，从而增强城市活力，提高宜居水平。它的建设符合自然规律又最大程度满足了市民的需求，未来规划明确，建成不久就吸引了很多的市民、游客，目前正在蓬勃发展中，具有很好的生命力。

2. 凝聚力评价

东部新城整体规划建设中，核心文化基因的理念引导始终贯穿，一方面深化了与老城整体文化结构背景上的联系，延续了城市文脉，与老城功能互补，共同繁荣；另一方面，顺应地形地貌自然格局，因势利导地用好江南水乡的河网、水体等自然水系和环境条件，水网格局与城市结构有机融合，创造了新城区的空间特色，成为东部新城的重要景观风貌。与此同时，引导新兴产业的形成，培育现代服务业的发展，塑造现代化生态型新城区的形象。强化"以人为本"理念，更多地考虑人性化需求，在注重商业发展的同时，为市民提供适宜的生活、娱乐设施，促进新城区综合功能的形成，积聚了"人气"，创造了一个"既能生活，又能工作"的新城区。

3. 影响力评价

作为宁波城市新中心，在市委、市政府坚强领导下，东部新城正奋力推进宁波政治、经济、文化和商业中心建设，以高质量发展为引领，在"世界级规划"的宏伟蓝图下，重塑宁波"心脏"，构筑起了"一城二心"的现代化都市新格局，当好宁波"重要窗口"的模范生。新城区在大力延展城市风华的同时，全面延伸生态水文，通过东西向的"都市轴线"与南北向的"生态大走廊"，匠心打造未来都市"绿肺"。尤其是邱隘镇新市村生态走廊三期项目内最后一户集体住宅完成签约，意味着该项目已全面完成了拆迁工作的拔钉清零，使整个生态走廊建设得以提速。在不远的未来，人们不离繁华而获山林之怡的理想生活将触手可及。

4. 发展力评价

地处于三江片区的东部新城，与三江口老城区形成了"一城二心"的总体空间格局，成为宁波城市向东发展最为重要的一个区域。自2014年宁波市政府正式搬入以来，东部新城的变化日新月异，知名企业纷纷入驻，为宁波实现城市发展战略、拓展城市空间、提升城市功能，提供了一个很好的发展契机。东部新城的建设考虑到人与自然的和谐发展，对周围的自然环境也进行了有效的保护。它正按照规划有序建设中，未来将会有更多的商机，为宁波的经济发展提供平台。同时，越来越多的城市文化元素的注入，也在推动这片区域的发展。

（三）东部新城核心文化基因的转化利用

紧紧围绕东部新城"延展城市风华，延伸生态水文"的核心文化基因，依托"文化"，延展城市风华；环绕"水"，延伸生态水文。加强水、文化、旅游相融合。以水系为载体，展现新城区的文化品格和精神气质；以水系贯通串联沿水分布的人文元素，布点成面，更大视野地展现东部新城的人文底蕴和城市魅力。通过资源整合、合理规划、宣传营销等方式，展现东部新城的内在文化，突出其时代意义，打造新城IP。

1. 依托"文化"，延展城市风华

开拓公共文化空间，形成文旅新局面。东部新城在公共文化空间建设的过程中，可引入社会力量，按照规模适当、布局科学、业态多元、特色鲜明的要求，创新打造一批融合图书阅读、艺术展览、文化沙龙、轻食餐饮等服务的"城市书房""文化驿站"等新型文化业态，营造小而美的公共阅读和艺术空间。例如，深挖新城区的文化和历史，采取"线上种草+线下体验+衍生消

费"的书房引流方式，联合艺术家、博主、公众号平台、主播等，以线上读书会、读书打卡激励活动引流，通过书房联盟，发挥粉丝群体效应，以线上平台反馈信息进行数据分析，精准把握消费者需求，调整发展策略。线下可在重要交通集散地设置自助借还机、旅游册子阅读架、阅读二维码，尝试推出"书房小车摊"后备箱书房等，放置在周边热门夜市商圈、文化广场等地。打造"15分钟阅读生态圈"，使人们能够随时随地享受阅读的乐趣。

培育新兴业态，激发文旅消费潜力。不断培育融合智慧文旅、研学旅游、网红经济等新业态新场景。例如，针对时下"自拍热"和网红打卡新地标的风尚，开展东部新城街拍节系列活动，鼓励市民前来街拍打卡，并在线上媒体发布穿搭、拍摄教程，配合时下"网红经济"，将东部新城打造成网红打卡必达地；发放文旅电子消费券，用于住宿、餐饮、游览、购书、看剧、购物等文化娱乐消费，激发文化和旅游消费潜力。组织景区景点、星级饭店、演艺公司、文化场馆等，以产品打包、优惠捆绑的方式，每季度推出东部新城"文旅惠游卡"；基于5G、虚拟现实、人工智能等技术，鼓励数字创意产业与文化旅游消费业态融合发展，提供更多元化的消费体验。

文创携手文旅，带回城市"文化记忆"。文创不等于只设计一个IP形象，更要让游客带回一份关于城市的"文化记忆"。因此未来的新文创，一定是以"故事性＋仪式感"的双轮驱动，围绕真诚、真实的价值观，共同打造"把文化带回家"的产品。因此，借助旅游讲好城市的历史文化故事，对于提高城市文旅融合质量具有重要意义。此外，实施中小微文旅企业孵化培育计划，扶持一批"小而精、小而特、小而优、小而新"的文旅企业。支持文创企业创品牌、出新品，推动"新城礼物"旗舰店。同时，推出一批具有东部新城特色和元素的"限定类"文创产品，尤为关键。所谓"限定"是指只有在特定时间段、特定人群、特定地点或者通过特定渠道才能享受到的一种待遇。通过"限定"这一模式，不仅避免了同质化的严重弊端，更充分抓住了消费者猎奇的购买心理，可能取得更好的销售效果。

2. 环绕"水"，延伸生态水文

东部新城，水网丰富，形态各异，可利用规划旅游空间大。"水"不仅有水利和生态功能，也承载了城市的文化，为旅游发展提供了想象空间和承接载体。可以考虑建立水文化宣传的有形载体，通过开展各类水文化论坛、研讨会、课题研究，以及以水为主题的文体活动等，大力宣传水文化。在报纸杂志等刊物上对于水文化宣传进行相关报道，借助互联网、新媒体促进网络平台建设，使得更多用户了解相关的水文化信息。在水文化旅游新业态宣传上下功夫，在影视业、出版业、旅游创意产品等行业，充分发挥水文化的特殊优势，大力宣传水文化。"水"不只好看灵动，还能推动生态场景与消费场景、人文场景、生活场景渗透叠加，可结合东部新城水文化发展的现实基础，发展文化旅游的新型商业业态。将"水文化"和大旅游结合，形成一个开放而又多向性的互动整体，形成一个具有综合效益的整体系统。

参考文献

1.胡轶：《文旅融合背景下舟山城市书房发展路径探析》，《图书馆研究与工作》2022年第2期。

2.宁波市规划局：《宁波市东部新城设计导则评析》，《城乡建设》2017第7期。

3.乔力、李茂民、高连营：《"大旅游"概念与21世纪旅游业的发展》，《山东社会科学》2000年第5期。

4.沈磊、赵国裕、夏秀敏：《宁波理想——滨水名城》，《建筑学报》2006年第1期。

5.汤建辉、周云：《宁波市甬新河工程生态亲水设计》，《浙江水利科技》2008年第3期。

6.王丽萍：《以提升城市功能为目标高起点规划东部新城区》，《宁波通讯》2004年第10期。

7.张娓：《关于做好水文化宣传报道提高文化自信的思考》，《传播力研究》2018年第8期。

划船社区（划船社区供图）

十、划船社区

划船社区建于 20 世纪 80 年代，是有着绵长生命气息的老社区。一代代划船人秉承"众人划桨开大船"的理念，走出了一条从社区管理到社区治理的新路子。划桨看似简单，却有着明确的分工，只有各司其职，团结一致，才能开好大船。而今，划船社区由俞复玲掌舵，发挥党组织的先锋带头作用，实施"365 社区服务工作法"，齐心协力、步调一致，将社区这条"船"划出宁波，划向全国，走在了全国的前列。

（一）划船社区核心文化基因解析

划船社区辖区面积 0.19 平方千米，共有楼群 104 幢，墙门 275 个，住户 3891 户，居民 10400 余人。划船社区曾经有个划船巷，有个卖席桥，还有荷花庄和栎木庙。每一个地名都有着令人刻骨铭心的缘由。关于"划船"的由来，有着四个很有温度的人物故事：一个是体恤民生的好官鄞县县令张峋，一个是帮扶弱势群体的名医张仲景，一个是热心发展群众武术的教练王征南，一个是点草为宝帮助致富的神仙吕洞宾。岁月荏苒，沧海桑田，在如今的划船社区已然看不到船，当初的河道大都已经填没。船虽然不划了，但历史还在，一代代的划船人将这种"温度"一脉传承了下来。这些年来，划船社区先后获得全国文明单位、全国和谐社区建设示范社区等 70 余项省级及以上荣誉。

1. 物质要素

（1）楼道墙门

社区文化是一种"草根文化"，这种文化体现了一种力量。俗话说，"远亲不如近邻"。社区居民由相识到相知，在互帮互助中共同打造舒适且幸福的社区生活。这一楼道里所产生的"墙门文化"，虽然"草根"，但已成为社区推动各项工作的一个重要载体。

①利群楼：双星合璧相辉映，兰桂齐芳令人醉——荣膺双"星级墙门"。荷花一村一幢两个相邻的墙门，珠联璧合、携手共建，被宁波市授予"金色铜匾"，并定名为"利群楼"。居住在利群楼里的退休党员干部比较多，推选出来的"幢长"和墙门代表不负众望，使楼群工作形式多样、成绩出彩。组织墙门骨干，祭扫樟村烈士陵园，缅怀革命英烈；常态化举办墙门运动会、楼群文艺晚会、"我要学习"纳凉晚会。各家各户都出节目，自编自演，谈学习经验、谈社区变化，共同学习、共同进步。

②联馨楼：温馨港湾倍增辉，联结真情筑丝路——惠风和畅"联馨楼"。荷花一村四幢的楼名为联馨楼，取自"联结你我、传递温馨"之意。墙门内有报社编辑、退休教师、退休干部、留学生等常住居民。在墙门组长的带领下，大家团结互助，"一家有难众家帮""亲密团结如一家"，形成了良好的墙门互助氛围，墙门处处洋溢着温馨动人的气息。

③齐心楼：学习氛围满墙门，劲吹文明和谐风——小巷深处"齐心楼"。齐心楼位于小巷深处，林木葱郁、花香袭人的划船巷 26 号。为了形成全楼都热爱学习的良好习惯，制订了创建学习型墙门的公约和规则，成立了关心下一代学习小组。不少家庭自学拼音、电脑，每家每户都订阅了各类报纸杂志，出现了灯下潜心研读、黎明书声琅琅的动人景象。

④同心楼：同楼共进年夜饭，笑语欢歌迎新春——"同心楼"里邻里情。划船巷 35 号的同心楼，有一个传统项目，即举楼团聚的墙门年夜饭。这个创意由原小区妇女干部刘敏仙提议，得到了全楼的热烈响应。从 1997 年除夕，举楼团聚的年夜饭正式开始。墙门内 12 户人家每户各烧两个菜，共同操办。两张大圆桌挤坐着 30 多人，他们以这种特殊的方式欢度佳节。这一顿顿看似平凡的墙门年夜饭，宛如一缕清风吹皱了满池春水。从此社区里巷劲吹新风，和谐之声不绝于耳。一顿年夜饭融进了深深的邻里情，牵起了浓浓的墙门情。

⑤思源楼：饮水思源、爱邻荣社——"思源楼"的故事。荷花一村三幢的楼名为思源楼，取自"饮水思源"之意。墙门内居住着多名党员。在党员、墙门组长的组织动员下，墙门内的居民积极构建邻里和睦网络，热情参与文明和谐社区建设。"一代四员"是墙门自治的具体表现，"八心九情"是和睦邻里的生动实践，墙门内营造了"我为人人、人人为我"的生活场景，带来浓浓的归属感。

⑥生态楼：雅静是一种境界，雅静是一番追求——返璞归真"生态楼"。划船小区漕边巷6号墙门是一幢名副其实的生态楼。书法绘画是一种雅事。生态楼的楼层之间，挂满了泼墨丹青及颇富哲理的条幅，这些都是社区"墨香缘"的成员，墙门组长汪静波贤伉俪的联袂佳作。植花莳草又是一雅事。墙门内花卉爱好者，齐心协力找来石料，砌成长条石凳，搬来自家盆花，置于其上，群芳斗艳，幽香阵阵，在绿茵繁花中感受人与自然的和谐相处，形成了融融乐乐、和和美美的氛围。

利群楼里搞共建，联心楼里促互助，齐心楼里谈学习，同心楼里邻里情，思源楼里共"思源"，生态楼里悟"雅静"。在邻里文化的浸润下，墙门风景有了灵魂，墙门文化有了和谐的根基，墙门建设从此乘风破浪。

（2）社区公共空间

社区建设体现了政府对群众的社会关切，这一关切惠及每个人，是联系群众、服务群众的"最后一千米"。划船社区，通过打造百姓生活馆、居家养老服务中心、邻里互助中心、梦工坊助残服务中心、民心汇所、映像展厅、新时代文明实践站、荷花庄公园等服务品牌，用俞复玲"365社区服务工作法"，聚合全社区的爱心力量，引导居民自我管理、自我服务，将一个个各自过着小日子的家庭，汇聚成友爱互助的和谐大家庭。

①百姓生活馆。百姓生活馆位于划船社区映像展厅内，占地面积180平方米，共分为"船说""那些人，那些事""世界那么大，我想去看看""生活的巨变""唱想未来"等五个主题。主要通过图文并茂讲述历史传说、现代故事，展示向居民收集的老物件、老收藏及非遗文化作品，营造了浓浓的"划船人家"味道。

②居家养老服务中心。2004年，划船社区作为试点社区，率先成立了居家养老服务中心。内设老年食堂、日托室（夕阳居）、健身休闲室等多个特色

为老服务阵地。中心坚持"老有所养、老有所学、老有所为、老有所乐、居有所养"的服务宗旨，为社区老年人提供生活照料、家政、医疗、康复、文化教育、法律咨询、慈善救助、政策咨询等八大类精细化服务，是首批 3A 级居家养老服务中心。

③邻里互助中心。邻里互助中心以"服务群众大行动"为宗旨，以居民自我服务为切入点，通过挖掘社区各类社会组织资源，为居民自我服务提供参与平台，为社区社会组织提供备案、政策咨询、人员培训、培育孵化等，并承担政府委托办理的各项业务。并以"书香飘翰门""助老进家门""温情溢寒门""服务惠众门"四大系列活动为载体，积极营造"远亲不如近邻"的和谐氛围。

④梦工坊助残服务中心。梦工坊，是一个倾注了对特殊群体关爱的空间。这里不仅仅是个"手工作坊"，同时也是残疾人实现自己梦想的地方，是人生重新起航的地方。梦工坊助残服务中心，为他们提供了一个又一个庇护性岗位，帮助他们获得一定的职业技能，逐渐具备回归社会的能力。正如《梦工坊之歌》所唱："看小小一个梦工坊，它是我们心灵的寄托，渴望温暖、感受爱心、有缘相聚、开心劳动……"

⑤民心汇所。通过构建"大党建"格局，合力提升服务居民群众的能力和水平。社区党委把"民心汇所"阵地作为议事和交流的崭新平台，在说事、议事的过程中，积极培养红色旗手、收集社情民意、合力切问破难、创新治理模式、深化"枫桥经验"，不断增强居民群众的幸福感和获得感。

⑥映像展厅。映像展厅位于划船社区服务中心二楼，展示的是划船社区的历史变迁及人文概况。由"领导关怀墙、社会关注墙""29 个第一展示墙""党建发展历程""党建之光""365 社区服务工作法""八心九情展示墙"等 10 个主题板块组成。再现了划船人守望相助、祥和美好的生活图景，体现了划船人开拓创新、拼搏奋进的精神风貌，是社区精神"众人划船、共建和谐"的一个缩影。

⑦新时代文明实践站。划船社区新时代文明实践站，先后组建了常态型、制度型、体验型、互助型、文化型志愿服务队，围绕居民最关心、最现实、最直接的突出问题，把服务送到居民家门口，做到居民心坎上，实现服务居民零距离，践行了"有困难找志愿者，有时间做志愿者"的理念。

⑧荷花庄公园。荷花庄公园不仅是社区居民重要的休闲娱乐场所，更是社区科普文化知识宣传教育基地。公园占地面积 5276 平方米，共放置了 9 大类 30 件科普展品。同时在公园两侧设有活动书架，可以供居民随时取用。

2. 精神要素

（1）为民服务理念

过去，我们将"支部建在连上"，今天，划船社区将"支部建在楼群里"：健全组织，构建起一个强大的"党委—党支部—党小组"工作网络，实现了楼群建支部，楼道（墙门）建小组；建立党建共建联席会制度，调动辖区内各类资源，密切共建共享；组建在职党员联络大组，集合了组织关系不在社区、但居住在社区的党员力量。"支部建在楼群里"，它成了社区中共党员们的行动口号！所有党员都被发动起来，成为社区建设的先锋力量。哪里有需要，党组织就出现在哪里；哪里有困难，党员就会站在最前列。党组织无处不在，党员随时待命。这张爱心网，将社区党组织与群众密切联系在了一起，让陷入困境、需要帮助的群众时刻能感受到党组织带来的温暖和安全感。

（2）志愿服务精神

在划船社区居民的心中，志愿者代表着光荣，做志愿者的人有一种荣誉感，没做的人则有点羡慕。对志愿服务，大家已形成了共识：志愿服务的核心是奉献。奉献是一种能力。能奉献的人，都是能人，这是得到大家公认的。奉献是一种需求，别人需要帮助，自己也有需要帮助的时刻，要将帮助别人当成一种常态；奉献是一种快乐，付出了努力，得到了快乐，心灵愉悦是人生最大的快乐；奉献是一种传承，是一种优秀文化的传承，是一种美好品德的传承，是正能量的传承。划船社区喊响了"人人参与，人人服务，人人享受""有时间做志愿者，有困难找志愿者"的口号，志愿服务精神也已深深扎根于居民心中。

3. 规范要素

在基础设施较差、特殊群体较多、管理难度较大的老旧社区开展工作，发挥党组织的先锋带头作用、依靠党员骨干力量是关键。社区党委书记俞复玲根据划船社区的现实情况，制定了"365 社区服务工作法"。

"365 社区服务工作法"包含两层含义：一是倡导全年 365 天全天候为社区居民提供快速、便捷、精细化服务。二是"三联""六服务""五机制"。"三联"即党员联动、社工联勤和志愿联盟。"六服务"即区域党建服务、综合便民服务、智慧信息服务、社会公益服务、特色精细服务和共享文化服务。"五机制"即民情收集机制、民情分析机制、民情处置机制、民情反馈机制、民情评议机制。

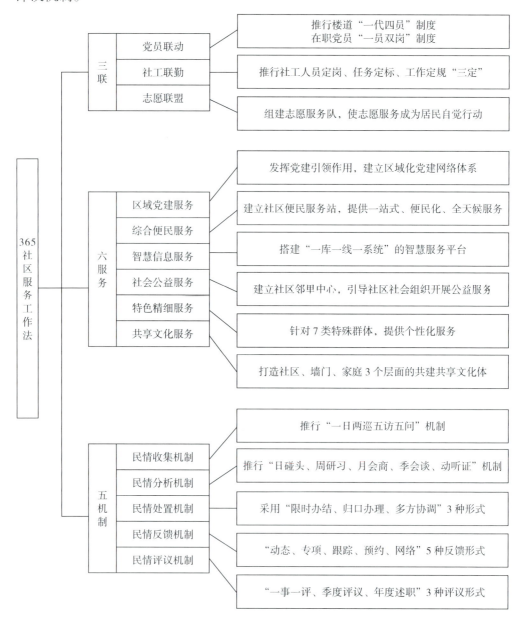

365 社区服务工作法

（二）划船社区核心文化基因的提取与评价

划船社区的核心文化是在社区这片沃土上孕育形成的，在"众人划桨开大船"的传承中，集中汇集社区建设的闪光经验，发挥党员在社区建设中的示范引领作用，发挥居民在社区建设中的主体作用，从而形成了俞复玲"365社区服务工作法"这一核心文化基因。

1. 生命力评价

划船社区，是一个老旧社区。在社会转型、政府职能转变、"单位人"成为"社会人"的背景下，要实现社区管理走向社区治理，就必须把社区各类组织发动起来，把社区服务内容丰富起来，把社区居民力量集中起来。俞复玲"365社区服务工作法"，正是在实践中摸索总结出来的，自出现起延续至今未曾中断，文化基因形态保持稳定。随着划船社区的发展，俞复玲"365社区服务工作法"在被宁波市全面推广的过程中，不断传承并创新工作法的载体和形式，丰富并拓展工作法的文化内涵和层次，体现出了更强的生命力。

2. 凝聚力评价

"365社区服务工作法"广泛起着凝聚区域群体的作用。划船社区本就为一个群居性社区，它的背后是联系着一个区域的一些群体，这些共同的文化联系意味着共同的情感联系。

在社区层面，秉承"众人划桨开大船"的社区精神，创作社区之歌和社区赋，建立社区文化长廊，每年开展精神文明成果展演，由居民自编自导自演身边文明人文明事。在墙门层面，围绕邻里和谐，开展特色墙门创建并挂牌命名，制作邻里守望卡，定期组织和睦邻里节，开展"邻里学、邻里情、邻里帮、邻里和、邻里乐、邻里颂"主题活动。在家庭层面，围绕家庭和睦，开展"八心九情进千家"活动，"八心"侧重于社会公德，即尽心服务居民、爱心扶助老弱、热心对待邻里、美心净化环境、专心开创事业、信心留给自己、诚心献给社会、同心建设社区；"九情"侧重于家庭美德，即父母养育情、儿女孝顺情、长辈关爱情、婿媳敬老情、兄弟手足情、姑嫂姐妹情、夫妻连理情、妯娌和睦情、亲属同根情。

3. 影响力评价

划船社区在精神文明建设和社区服务方面，引起全国的关注，俞复玲的

"365 社区服务工作法"被评为全国 100 个优秀社区工作法。中央电视台的《焦点访谈》专门介绍过她的事迹。2017 年，社区党委书记俞复玲作为全国道德模范、社区好干部代表登上央视春晚向全国人民拜年。2018 年，俞复玲书记登上全国讲堂分享社区创新治理经验。

4. 发展力评价

俞复玲"365 社区服务工作法"理念新、措施实、易操作，可复制。它在社区服务中引入标准化理念，通过细化量化服务"规则+流程"，有效统一服务的要求、规定、标准和制度等。近年来，宁波市全面推广俞复玲"365 社区服务工作法"，全市各社区根据自身实际，不断学习创新，积极探索，优化社区服务规程、促进"一社一品"建设、提升社工联系服务水平，推动了社区党组织服务效能晋位升级，进一步提高了城市基层党建质量和水平，对于增进人民群众福祉、夯实党在城市基层的执政基础、把社区建设成和谐美丽新家园具有十分重要的现实意义。

（三）划船社区核心文化基因的转化利用

作为核心文化基因的"365 社区服务工作法"，与当代精神追求和价值观念契合，并有很好的群众基础。转化利用的思路是：以核心文化基因"365 社区服务工作法"为基础，结合社区墙门文化特色和社区建设，打造划船社区独有的文化IP。成立社区文化研究中心，实现社区文化的可持续发展；并将此文化IP及其所蕴含的核心文化基因，转化运用到社会治理、文化设施建设、文旅线路设计、文艺作品创作、文旅衍生品设计中。

1. 成立社区文化研究中心，实现社区文化的可持续发展

（1）挖掘社区文化资源，延续社区场所记忆，推进文化传承

深厚的历史文化资源，成为促进社区文化传承与再生的根本，保护社区的共同记忆和文化价值。通过挖掘划船社区的历史文化，记录老街坊们口述的社区生活故事，设立"划船故事馆"，寻找社区的共同记忆。此外，以俞复玲"365 社区服务工作法"这一核心文化基因为基础，通过提炼社区文化标志，找寻符合划船社区文化特质的元素进行视觉化设计，设计出独特的标识和不同材质的衍生产品，丰富社区文化内涵，增加社区的辨识度，塑造出属于划船社区的唯一形象和特质。

（2）策划社区文化活动，构建文化传播途径，培育集体共识

社区文化认同和凝聚能力的培育，是在社区一次次文化艺术活动中积累形成的。策划社区文化艺术活动，应以公共议题为导向，以居民公共利益为出发点，以社群为基础。如在社区的街道上，举行微改造设计成果展览，与居民共同调研，共同参与设计的成果；引导居民再次发现和发掘生活中能够利用的废品，开展"社区零废物艺术计划"；和社区小朋友一起，对社区消极闲置空间实施景观改造，"人人都是设计师"；将美育传播带进社区，在社区举办儿童绘画活动，让孩子们了解和热爱自己的家园，从小培养他们对社区的归属感和认同感。通过社区文化活动，增强社区凝聚力，培养居民信任感和认同感。

2. 探索社校共建模式，实现资源优化配置，焕发双方活力

划船社区，党建是特色，将社区基层党支部与高校学生党支部共建，不仅契合了党和国家发展的需要，适应了社区基层治理实现共建共治的需要，也实现了双方资源优势的互补。可探索不同形式的共建模式，如"沉浸式学习＋靶向式服务"。开展沉浸式学习，重点打造"沉浸式"系列党课，积极开展"沉浸式"教育活动；"靶向式"共建，高校学生党员注册为社区志愿者，实现"两地共管、双向培育"。高校与社区也可成立志愿服务实践基地，形成常态化共建模式；同时针对社区"靶向"问题，让学生切实参与到社区志愿服务活动中，并将每次志愿服务活动的服务时长记录到个人的志愿服务时间之中，调动学生党员参与服务的积极性，实现"做好社区服务，讲好社区故事"的靶向服务目标。还可依托社区原有党建品牌，结合高校学生支部的专业基础和党建特色，打造特色党建品牌创建方案，为周边社区探索"党建引领＋社区治理"模式起到示范作用。

3. 营造"365社区服务工作法"新场景，推进社区文化研学游

目前，俞复玲"365社区服务工作法"已深入人心，制度机制日趋完善、实践探索推陈出新，党委领导、政府引领、市场推动、民间合作、公众参与的共治格局已基本形成。在场景营造中，以体现留住"城市基因和烟火气"、注入"人情味、生活味"的新理念为引领，以"有故事、有文化、有温度"的社区为载体，依托"遗留城市记忆"的怀旧景观、传说故事、民俗活动、老物件等，引导社区融入展示城市发展、街巷变迁的历史，使社区成为研学宁波历史、风土人情和城市有机更新的重要载体。同时，展示社区服务供给、社区文

化生活、智慧社区建设、示范小区创建等实践场景，推广传播宁波市党建引领城乡社区发展治理的先进理念、实践逻辑和发展成果。

参考文献

1.侯婧、高艺源：《宁波市划船社区　实行"三联""六服务""五机制"》，《中国民政》2020第2期。

2.唐建兵：《营造文旅新场景　推动研学旅游创新发展——以成都为例》，《人文天下》2021第11期。

3.夏真、王毅：《小巷总理》，浙江文艺出版社2016年版。

4.谢璇、刘笑：《社区更新文化弹性机制的构建与实践探析——以广州老旧社区微改造工作坊为例》，《美术学报》2021年第6期。

5.张桐源：《高校学生党支部与社区基层党支部共建模式初探》，《大学》2021年第38期。

6.中共宁波市委组织部：《浙江宁波市：全面推广俞复玲"365社区服务工作法"》，人民网，http://dangjian.people.com.cn/n1/2018/1024/c420318-30360524.html，2018年10月24日。

第三章

奉化区重点文化元素
基因解码及转化利用

宁波
文化基因解码

奉化地处宁波市区南部，总面积1277平方千米，以"民皆乐于奉承王化"而得名。奉化有一座山，中国佛教五大名山雪窦山；一个镇，民国第一古镇溪口镇；一道湾，联合国绿色发展中国试点宁波湾；一个村，全球生态500佳滕头村。融山水风光、人文景观、海港胜景、佛教文化于一体，是美丽中国、诗画浙江的先行者。

奉化历史悠久，文化底蕴深厚，文化遗产种类丰富。在非物质文化遗产方面，建立了包括4项国家级、8项省级等在内的完备的非遗项目名录和传承人名录体系。在物质文化遗产方面，拥有3个全国重点文物保护单位、10个省级文物保护单位、120个市（县、区）级文物保护单位。在名镇名村名街保护方面，拥有8个中国传统村落、2个省级传统村落、1个省级历史文化名镇、5个省级历史文化名村、1个省级历史街区和11个市级历史文化名村。2011年，"布袋和尚传说"列入第三批国家级非物质文化遗产名录，2015年，奉化被誉为"中国弥勒文化之乡"。"奉化布龙"是具有全国代表性的群众娱乐体育项目，使奉化被文化和旅游部命名为2014—2016年度"中国民间文化艺术之乡"；"宁波走书"体现了高水准的民间曲艺，在国内外屡次获得大奖；"萧王庙庙会"是奉化有名的传统民俗活动。得益于丰富的民俗文化活动，2016年，宁波被列入"浙江省民间文化艺术之乡"。

旅游是奉化的金名片，旅游业是奉化产业的战略性支柱产业。奉化旅游资源丰富，融佛教文化、人文景观、山水风光、海港胜景于一体，凸显了"弥勒圣地、蒋氏故里、名山胜景、阳光海湾"的城市旅游形象。近年来，奉化区旅游经济快速发展、产业地位显著提升，不断被国际组织和国家有关部门授予各类荣誉，先后获得中国优秀旅游城市、首批"中国旅游文化示范地"和"中国最佳文化生态旅游城市"等荣誉称号，其中很多为宁波市的"唯一"：全国首批休闲农业与乡村旅游示范县、溪口雪窦山国家级风景名胜区，溪口—滕头国家5A级旅游景区，滕头国家生态旅游示范区，全球生态500佳、世界十佳和谐乡村等。奉化区智慧旅游先后被列入宁波市服务业综合改革试点和宁波市信息化试点单位，并先后荣膺2012年首届浙江省旅游发展创新奖、2013年全国"智慧旅游奖"、2013年度奉化市创新奖等荣誉，溪口景区2012年被列为宁波唯一一家全国智慧景区试点景区，并获得2014年"中国智慧城市建设应用创新奖""全国智慧旅游优秀案例奖"等荣誉。奉化区文广旅体局（原旅游局）连续六年被浙江省文旅厅评为浙江省旅游工作先进单位；2013 年，旅游业列入宁波市政府目标管理考核后，奉化区连续四年获得考核一等奖；2016 年 10 月奉化区列入"国家全域旅游示范区"创建单位，同年溪口—滕头景区被原国家旅游局评为全国综合秩序最佳景区；2017 年 1 月奉化区列入"浙江省全域旅游示范区"创建单位，同年入选长三角十大乡村投资目的地。

从旅游产业基础看，全区共有国家 A 级旅游景区 8 家，漂流企业 2 家，国家首批生态旅游示范区 1 家，省级生态旅游示范区 2 家，省级生态旅游区 1 家，省旅游强镇 2 家，星级宾馆 1 家，国家金树叶级绿色饭店 2 家，国家银树叶级绿色饭店 3 家，省金桂品质饭店 2 家，省银桂品质饭店 1 家，省银鼎文化主题酒店 1 家，花级酒店 13 家。

本章展示的是奉化区 10 个重点文化元素基因解码及转化利用情况，其中优秀传统文化 8 个，革命文化 1 个，社会主义先进文化 1 个。

文昌阁秋色（傅旭涛摄）

一、溪口古镇

溪口镇，隶属奉化区，位于长三角南翼，地处四明山山麓。溪口以剡溪之水而得名。诗人李白在《梦游天姥吟留别》中写道："湖月照我影，送我至剡溪。"剡溪源头，主流出于剡界岭，由新昌入奉化境内，称"剡源"。剡源九曲沿溪风光优美，古时已是旅游胜地，九曲公棠以下称"剡溪"，由西向东流过溪口全镇，至东端，有武岭头与溪南山阻隔成口，"溪口"之名由此而来。

溪口历史悠久，被称为"千年古镇"。近代因蒋氏父子，溪口知名度不断提升，一度成为国民党指挥中心，号称"民国第一镇"。20世纪80年代以来，溪口对外开放步伐不断加快，成为两岸交往的重要窗口。近年来，溪口镇已拥有国家5A级旅游景区、全国小城镇改革试点镇、中国可持续发展小城镇试点镇、国家森林公园、全国重点文物保护单位、全国小城镇建设示范镇、全国环保示范镇、中国水蜜桃之乡第一镇等多项国家级桂冠，也是"浙江省小城市"和"宁波市卫星城市"试点镇、浙江省级中心镇、宁波市重点开发区域。2010年，溪口作为亚洲唯一的小城镇案例入选上海世博会城市未来馆，代表了未来城市发展的方向。2019年10月，溪口镇入选"2019年度全国综合实力千强镇"。

如今，随着江拔线、弥勒大道等路网的贯通，新客运中心启用，至奉化城区的3条公交线路开始运营，溪口已正式进入宁波同城半小时生活圈，千年古镇在新时代将散发出新魅力。

（一）溪口古镇核心文化基因解析

1. 物质要素

溪口独特的地理环境是溪口古镇核心文化基因的物质要素。溪口镇的母亲河剡溪，上游有两条源流，其一是滥觞于新昌的剡源，是剡溪的人文之源，人文史迹比比皆是；其二是发源于余姚的晦溪，是剡溪的自然之源，两者各有九曲之胜。剡溪九曲流淌千年，孕育了包含弥勒文化和民国特质的人文溪口。风景如画的雪窦山是宋仁宗夜里做梦所游之山，宋理宗御书"应梦名山"四字，蒋中正手题"四明第一山"。

溪口镇"八山一水一分田"的地貌特征，是其自然环境的独特魅力所在。水绕山环，景色秀丽，早在清代文人口中就有"溪口十景"的美谈。如今，"千年古镇溪口镇、幽谷飞瀑雪窦山、青山秀水亭下湖"构成了三个各具特色的景系，在宁波乃至浙江省的旅游业中都占有重要的一席之地。

作为千年古镇，溪口镇至今保留着规模庞大的古建筑群，其中大多以清朝至近现代建筑为主，且不乏全国重点文物保护单位。镇内著名建筑群中除了镇中蒋氏故居"丰镐房"的中西合璧式住宅建筑，还有著名近代建筑镇北蒋母墓道，镇东武岭山口的武岭门楼，镇西武岭、雪窦山御书亭、妙高台等。

2. 精神要素

（1）崇礼尚文的传统观念

宗祠包含传统历史、社会人文、建筑和景观设计、民俗交流等诸多信息，是礼制和人文相结合的体现。溪口镇内，宗族祠庙建筑主要有蒋氏宗祠、武山庙、摩诃殿。蒋氏宗祠作为溪口蒋姓的传统公共建筑，是祭祖、庆典、嫁娶、治丧的主要场所。蒋介石亲自题写"忠孝传家"牌匾，以示晚辈敬慕儒学。武岭学校亦是蒋介石遵循其母遗嘱而建，据蒋介石《慈庵记》中记载，王采玉立下遗嘱："所余家产之半自办义务学校，教授乡里子弟因贫失学者。"武山庙现存建筑分前后两进、东西两厢廊庑，中间天井戏台，后进前廊有盘龙石柱，以"清代中叶江南庙宇建筑风格强烈"而列入全国重点文物保护单位。摩诃殿由蒋介石发妻毛福梅出资建造，纪念蒋氏远祖蒋宗霸，也是全国重点文物保护单位。

（2）传统美德之慈孝文化

蒋氏慈孝表现了中华传统美德。例如，蒋母墓道构造宏大，包括"石碑坊""下轿亭""墓庐""八角亭""坟墓""卵石路"等群体建筑。慈庵正门竖立的石碑，刻有孙中山先生写的祭蒋母文，石碑背面刻有蒋介石书写的《先姚王太夫人事略》，左边石碑刻着《哭母文》等纪念文字。蒋介石恪守传统孝道，回乡祭母，每至"下轿亭"必拾级步行。蒋介石本人也把故乡视为安身立命的根基，有着浓重的故乡情结，离开故乡后几乎年年回乡，清明祭祖扫墓，得志失意时都会回故乡，在其日记中也不乏对溪口的赞美和思念之情，是"半由山水半由人"的再现。

（3）中西合璧的精神理念

1911年辛亥革命后，许多在西方学习的中国建筑师及建筑商人纷纷回国开办建筑设计所、建筑营造厂，将西方建筑的特色和当地传统建筑风格结合起来，建造了一批近代公共建筑、洋房和民居住宅等。从建筑风格看，既有西方古典主义、中西合璧的整体特征，又有在传统木构架加上西式装饰的类型。以蒋氏故居建筑群为例，蒋氏故居原为中国传统建筑，蒋氏族人留洋归来带来新思想与新文化，多次改建注入西式元素。

蒋氏故居建筑群在中西元素的矛盾与统一中形成了独特的中西结合风格。建筑在平面形式上以传统形式为主，有一条中轴线，主要房间位于中轴线上，次要房间位于中轴线两侧。庭院是建筑的中心，西方元素主要表现在建筑的细节。将西式的装饰元素如立柱、窗花、雕花吊顶等融进建筑，使建筑外观及内部更为简约大气，新式的材料也使得结构更精致耐久。中西结合处如建筑的立柱，虽然以欧式的砖石结构为多，但是立柱的图案仍以中国传统的龙、凤、龟等为主，装饰色彩也多是传统的红、金两色搭配。

（4）务实创新的发展精神

溪口古镇属亚热带季风性气候，四季分明，温和湿润，气候和地貌都非常适合雷笋和毛竹生长。据此，溪口将自身打造为浙西南山区的竹木材及制品的集散地，被誉为"中国雷笋之乡"。近年来，溪口镇和农业部门把毛竹产业发展纳入当地经济发展和乡村振兴战略目标，建立无公害竹笋农产品标准化生产基地，相继实施"毛竹覆盖春笋冬出""鲜笋热泵烘干""油焖笋加工流水线"等多项科技示范项目，为竹农增收发挥了重要作用。毛竹也成为溪口重要的原生态旅游文化资源，流传至今的"竹海飞人"成为一项非遗技艺，多届竹文化节的举办，带动竹乡休闲旅游产业发展。

3. 语言与符号要素

（1）宗祠文化空间

祠堂作为历史发展中一种重要的传统文化空间，是触摸得到的非物质传承。溪口古镇保存有许多明清时期的宗祠，多为三合院、四合院式，结构严谨，一般都有精致细雕和彩绘。如葛竹王氏宗祠，顶上有彩绘，描有八仙及大象等图案，角柱有戏曲人物镂空浮雕。栖霞坑王氏宗祠明、次间前檐出廊，施卷棚顶，月梁上雕刻双龙戏珠图，牛腿雕刻人物纹；前廊卷棚饰顶，月梁雕刻双凤朝阳图，牛腿刻饰花卉纹。董四竺氏宗祠的藻井融雕刻、嵌镶、榫卯、彩绘等工艺于一体，每踩斗拱间有彩绘，层层叠叠，错落有序，结构巧妙，工艺精湛。雕刻彩绘以动物和花卉植物为主，寓意对美好的一种向往、一种天降祥瑞的祝福和祝愿，双龙戏珠、双凤朝阳则同时象征着家族幸福美满吉祥。

（2）民国建筑符号

溪口古镇的文化景观多为民国时期修建，以蒋氏故居建筑群为主体，具有浓厚的民国文化特色。除蒋氏父子的旧迹故地外，溪口古镇还散落着大量清末民初的商号和民居，保存有许多明清时期的宗祠，多为三合院、四合院式，结构设计布局严谨。据统计，奉化区域范围内有时代特征、具有历史价值的民国建筑有 279 幢，大体可以分成四类：第一类是蒋氏父子故居，包括丰镐房、小洋房、玉泰盐铺、蒋母墓、摩诃殿、蒋氏宗祠等；第二类是当时政府要员的旧居或蒋介石亲戚、朋友的旧居，如爱日庐、毛邦初旧宅、芹庐等；第三类是当时在沪等地经商的商人回乡所建居所，如鹤庐、居敬新六房等；第四类是由当时的乡绅捐资建造的公益性设施，如中正图书馆旧址、总理纪念堂、武岭中学等。

（3）蒋氏故里品牌

武岭门、武岭学校、蒋氏宗祠等皆是蒋介石亲自设计或修建。小洋房、武岭公园的漪澜厅是蒋经国回乡居住之地。此外，当时民国时期的重要人物都曾在溪口古镇逗留或留下墨宝。

（4）地方特产符号

溪口非物质文化遗产十分丰富，内容涉及民间手工艺技术、民间文学、民间舞蹈、民间信仰、民风民俗、民间饮食等方面，共106项，具有鲜明的地方性特色。其中传统小吃"千层饼"，既是生活食品，又是溪口极具代表性的旅游商品。因蒋介石喜食，被誉为"天下第一饼"。此外，芋艿头、水蜜桃和千层饼被称为"奉化三宝"。

4. 规范要素

（1）江南府第建筑规范

以丰镐房为例，丰镐房建筑格局为前厅后堂，两廊四厢，三段式建筑，由屋顶、屋身和台基构成，是传统的世家府第格局。讲究中心对称，设有一条中轴线，主要房间位于中轴线上，次要房间位于中轴线两侧。大门、前厅、内门、前门、内庭、后堂在一条中轴线上，东西厢房与蒋母旧居相连，东西楼房位于两侧，呈楼轩相连、廊庑回环的格局。

（2）溪口千层饼制作技艺

溪口千层饼是清人王毛龙从光绪四年（1878）开始制作，已有100多年历史，有"天下第一饼"之誉。千层饼外形四方，内分27层，层次分明、金黄透绿、香酥松脆、甜中带咸、咸里带鲜、风味独特，被评为浙江奉化的三大特产之一，是中国国家地理标志产品。溪口千层饼用料十分讲究，须选用上等面粉、精炼生油、脱壳芝麻、洁净焦糖，以及奉化特产优质冬苔粉等为原料，经过配料、蒸粉、制馅、造层、烙酥、包装等多道工序制成。

（3）跑马灯

跑马灯，起源于溪口镇东山村，这里每年春节举办跑马灯游艺，寄托对新一年的希望，已有几百年的历史。马灯规模一般为四匹或八匹，用竹篾扎架，糊贴纸张而成，现改为布匹糊贴。八匹马有象征发财的含义，又隐含"八仙过海"之意。在八匹马中，六匹马为白色，二匹为胭脂色。跑马灯时，孩子脸上都涂着厚厚的油彩，跨着用竹子作骨架、糊上纸的马。马头在前，马尾在后，系在腰上，双脚权当马蹄；表演者左手提马头，右手扬马鞭，模仿骑马动作，摇头摆尾，忽停忽跃，口唱马灯调，来回穿梭，歌舞并举，深受群众喜爱。

（4）大张老龙会

大张舞龙队起源于明朝中期，历史悠久。民国时期曾在蒋氏修族谱时被邀助兴。新中国成立后，在奉化市文化局的指导扶持下，舞龙队有了新发展，成立了大张舞龙协会，是奉化舞龙协会会员之一。大张布龙共24节，是奉化最长的布龙，人们称为 24 节老龙。改革开放后，舞龙队恢复，重做布龙，改为 18 节。大张老龙以锣鼓伴舞，表演时，宵旗举高，绕场三圈，动作恰似腾云驾雾，翻江倒海。其间形态多变，运用游、滚、跳、穿等四大舞龙技法，贯穿游四门、劈"S"走"8"字、单穿双穿龙门、单双穿插、划龙船、大雷雨、蛟龙出海、卧虎藏龙、甩游龙、龙抬头、盘五叶荷花等 20 多种造型及动作，既表现了蛟龙的柔美婀娜，又突出了蛟龙的威武勇猛。

（二）溪口古镇核心文化基因的提取与评价

溪口古镇具有浑然天成的生态资源，还有丰富宝贵的历史人文资源，既有崇礼尚文的传统观念，又有务实创新的发展精神，其核心文化基因提取为宗祠家国观念和浓浓乡情文化。

未来可以将特色文化古村镇提升工程作为着力点，打造"千年古镇、乡土奉化"文化品牌工程。

1. 生命力评价

自出现起延续至今，溪口古镇文化基因未曾明显中断。早在唐朝，溪口即以雪窦山的山水胜景蜚声遐迩。葛竹村的"百步介古道"是"浙东唐诗之路"的重要见证物，葛竹通嵊州的千年古道是"浙东唐诗之路"东支线的入口，也是古代明州一带文士官宦朝圣嵊州王羲之隐居地、卒葬地的必经之路，是为"明州书圣朝圣之路"。剡源一带，宋朝时官宦辈出，画室、藏书楼云集，宋末元初、明末清初时也不乏有一些傲气的名士。清时，溪口古镇群山环翠，剡溪横贯，山光水色，清秀幽胜，文人汇为"溪口十景"（奎阁凌霄、武潴浪暖、平沙芳草、碧潭观鱼、松林晓莺、溪船夜棹、锦溪秋月、雪峰晚照、屏山雪霁、南园早梅）。民国时期，因为蒋氏故里，更被誉为"民国第一镇"。20 世纪 80 年代以来，溪口对外开放步伐不断加快，成为两岸交往的重要窗口。2010 年，溪口作为亚洲唯一的小城镇案例入选上海世博会城市未来馆，代表了未来城市发展的方向。

从古代、近代到现代及未来，溪口镇因拥有千年古镇的气韵、现代城市的气质以及未来城市的气息而具有独特的生命力。

2. 凝聚力评价

溪口古镇文化曾广泛凝聚起区域群体的力量，显著推动过社会经济文化的发展。溪口古镇中的宗祠文化含有家族兴盛的美好愿望、忠孝双全的传统观念和家国情怀，是守望乡情的窗口，具有特定的历史功能。在乡村振兴背景下，宗祠和乡村文化空间、基层治理、共同富裕都有一定的关联，能凝聚乡情和民心，焕发出持久的凝聚力和生命力。

3. 影响力评价

溪口镇因其独特的自然环境和历史人文禀赋，素以"蒋氏故里，弥勒圣地"著称，在旅游观光、两岸关系、佛教文化、生态保护等领域都具有很高的知名度和影响力。2012 年，奉化溪口与日月潭两大旅游景区开展交流与合作，有助于台湾民众更加了解奉化，促进两地旅游文化交流。

近年来，溪口景区被评为国家 5A 级风景名胜区，溪口镇先后获评联合国"可持续发展中国小城镇"试点镇、国家卫生镇、全国文明镇，全国小城镇发展改革试点镇、全国小城镇建设示范镇、全国美丽宜居小镇、浙江省首批小城市培育试点镇、宁波卫星城市改革试点镇等荣誉。

4. 发展力评价

溪口近年来的发展路线是以旅游业为驱动的新型城镇化之路。旅游业发挥着格局突破、模式创新、布局示范、产业引导、个性塑造等功能，以发展旅游业为导向的"非工业化"城镇化模式是践行浙江新型城镇化发展道路的路径之一。面向未来，将生态、绿色、智能、集约、低碳的理念融入城镇发展之中的宜居宜寿、生态宜游的城镇化具有巨大的发展力。

（三）溪口古镇核心文化基因的转化利用

1. 充分发掘历史文化资源，优化民国风情街

借助蒋氏故里的影响力和溪口古镇丰富的民国建筑留存，复现民国风情，以此开发主题旅游景区、旅游度假区、风情小镇，打造"民国第一镇"。将散落在日常生活空间的民国历史建筑、街区或文化元素串联起来，保留生活气息。

可以利用的实物留存有溪口博物馆，馆内分为四个基本陈列室："仙灵雪窦——'四明第一山'人文品读""烟云武岭——蒋氏父子史事诠释""风情剡源——民国时期民俗展示""瑰宝遗韵——馆藏文物精品荟萃"。溪口博物馆以大量的珍贵文物展示了千年溪口的历史风云，是一个集文物收藏展示、文博研

究交流于一体的重要文化机构。

可以利用的实物留存还有民国大杂院。大杂院总面积近 2 万平方米，分为节俗厅、婚俗厅、收藏厅、工艺厅等 7 个展示厅，融观赏性、参与性、娱乐性于一体，是国内首家以反映民国文化和民俗文化为主题的旅游景点。在当地政府部门、台湾有关文史部门、国台办等单位的大力支持与关切下，大量征集了失落民间的珍贵物品，修复并重现了当年溪南的繁华市井，以其丰富的晚清民国文化内涵和"大、杂、奇、怪"四大特色吸引游客。民国大杂院有大量中国国民党内部图文资料及蒋宋的珍品展览。七十二贤授教场、甲子殿、罗汉堂等有关儒、道、释的塑像，生动地诠释了中国三教文化的深邃内涵。在"曲艺杂坛"的演艺厅里，民间非物质文化遗产的曲艺精彩纷呈，回廊式传统作坊街内是一部活态版本的《天工开物》。

除此之外还可利用蒋氏宗祠、文昌阁等全国重点文物保护单位，充分挖掘街区历史文化资源，优化溪口民国风情街区。例如民国商业建筑街，可以还原民国时期的钱庄、商铺、会馆等，同时加入情景秀元素，使建筑街上有街头吆喝的卖货郎、有拉黄包车的车夫、有穿旗袍的名媛……让民国建筑"活起来"，构建一个以"民国风情＋蒋氏家族文化＋溪口地域文化"为主题、覆盖全年龄段的复合型家庭娱乐体验新街区。

2. 聚焦非遗技艺，融汇溪口传统民俗

选取具有溪口特色的民俗活动和非遗项目，举办民众体验活动，复兴传统活动、传统习俗，打造高质量文化节庆活动。例如，溪口古镇景区在每年春节时期都会举办非遗集市，集市分为非遗体验区、匠人手作区和民俗体验区，剪纸、打年糕、糖画等非遗文化令人大开眼界。在活动现场，游客们既可以品尝令人垂涎欲滴的传统美食，还可以亲手体验传统手工技艺。正月初一至初五，景区展开新春主题巡游活动，汇聚全国独具特色的民俗演艺，威风锣鼓、山西背棍、十里红妆等特色民俗表演轮番上阵，为游客上演"醉民俗"的春节大戏。

宁波溪口雪窦山风景区推出"民国风情情景秀"系列活动，分为武山庙《梦回溪口》庙戏、武岭学校旧址"武岭女子国学堂"开学，武岭路三里长街"民国风情情景秀"，全方位呈现溪口民国文化。奉化布龙是颇有全国影响力的代表性龙舞之一，由敬神、请神、娱神的民间仪式逐渐演变为富有特色的民

间舞蹈，迄今已有800多年历史。通过让民众体验各种民俗活动和非遗工艺，可以带动相关旅游经济发展。

奉化还是红帮裁缝的起源地和发展地。溪口古镇可以和红帮裁缝文化进行联动，以古镇为背景，举办服装设计、制作比赛活动和中国传统服饰走秀活动，古色古香的古镇氛围和灵巧的红帮裁缝手工艺制作，可以极大程度地对非遗技艺和溪口民俗进行宣传，吸引大量游客、古镇文化爱好者和服装设计师前来，形成极具溪口古镇特色的文化活动。不仅宁波市民可以前来参观，宁波市内的服装纺织学院也可以组织学生前来开展实践活动。例如从2021年夏季开始，溪口古镇举办山水汉服节，活动持续一个星期，每天在不同的景点以不同的主题进行展演，吸引了来自全国的汉服文化团体嘉宾与多位汉服"大V"及KOL（意见领袖）。

3. 开发研学游路线，打造溪口古镇文化新品牌

充分挖掘溪口历史文化资源，分类规划设计，开发研学游路线。可以利用名人资源（蒋氏故居、魏杞墓、王世和旧居、毛邦初旧宅等）、商贸资源（玉泰盐铺等）、传统建筑资源（葛竹王氏宗祠、栖霞坑王氏宗祠、董四竺氏宗祠等）、民俗资源、学校旧址资源（武岭学校旧址、驻岭学校旧址等）、自然资源（雪窦山等）等实施分类研学。把学习与体验相结合，打造可供中小学学生学习的一日游、两日游研学产品，打造溪口古镇文化新品牌。加强区域合作，联动华东地区如南京、杭州等在民国历史上具有举足轻重地位、民国建筑留存较多的城市，打造一条"华东民国游"旅游线路。

2022年以来，溪口镇以研学为特色，不断拓展研学路线，开展长途骑行、野外徒步、水上运动等丰富活动，让学生在学习野外生存、自救技能，提升环保理念的同时还锻炼了身体，获得学生和家长的一致好评。今后，这一研学活动可以往周边乡镇延伸，连线带片地去拓展。近年来，研学旅游发展如火如荼，溪口镇充分发挥资源优势，由溪口青春联合会组织开展的溪口未来乡村研学游活动，设置了以拓展训练、非遗传承、农耕体验等为主题的研学课程，引导学生主动适应社会，促进书本知识和生活经验的深度融合。在这里，学生可以参观溪口乡村振兴综合体，在非遗传承人的指导下亲身体验非遗项目，除此之外还有自然课堂、数字户外拓展、陶艺等相关体验课程。研学游吸引了大量客流，还带动了乡村餐饮住宿及农特产品消费。溪口镇党委相关负责人表示，

溪口镇将继续拓展研学路线，从过去的未来乡村核心区域逐步拓展至整个溪口镇，沿灵山江流域串点成线，打造龙南研学品牌。

溪口镇以文化赋能乡村振兴，分别对黄氏民居、文荟堂、111工坊等一批古建筑进行整体修缮，并以市场为导向，打造特色乡村艺术馆、综合文化站、大师工坊、南孔书屋等"网红"公共文化空间。未来乡村建设启动以来，溪口镇坚持"老项目改造＋新项目统筹"两轮驱动，在保留黄铁矿原工矿风貌的基础上，融入康养、社交、教育等主题，加入民宿、共享菜园、儿童探险乐园、多功能运动馆等空间和业态，原本失落的矿区正被赋予新的历史使命。如今，溪口的"15分钟品质文化生活区"正成为集田园生活体验、康养、研学、打卡与艺术交流中心于一体的文旅胜地。此外，为了将溪口文旅品牌进一步打响，还开设了"龙游溪口日记"抖音号、"龙游溪口未来乡村"视频号，积极打造以溪口老街、畲乡文化、红色根脉等为背景的场景剧、剧本杀等，有着极好的发展前景。

参考文献

1.本刊编辑部：《千年古镇溪口镇、幽谷飞瀑雪窦山、青山秀水亭下湖溪口镇》，《浙江经济》2015年第7期。

2.季风、郁蓓蓓、蔡朝辉：《溪口：千年古镇，名人故里》，《宁波经济（财经视点）》2006年第2期。

3.裘国松：《溪口谈助：蒋氏故里文化品读》，宁波出版社2015年版。

4.沈国民：《溪口品读》，宁波出版社2012年版。

5.温学敏：《城市更新之——浙东溪口古镇改造》，《消费导刊》2018年第44期。

广济桥（奉化区文物保护管理所供图）

广济桥全景（奉化区文物保护管理所供图）

二、南渡广济桥

　　南渡广济桥，位于奉化区江口街道南渡村。奉化区北部的南渡与鄞州区南乡的北渡，是连接浙东南北水陆通道的重要枢纽，曾是奉化三大水路交通要道之一，东南沿海唯一的古驿道由此经过，上通台温，下达宁绍，为商旅过往必经之路。唐宋时设驿站，但无桥，靠渡船往来，以渡船为"桥"，故名南渡。据宋代《宝庆四明志》记载，南渡广济桥始建于北宋建隆二年（961），僧人师悟始在南渡造土桥，土桥易被洪水冲毁，其后邑士余覃易之以木，改建为木桥，名为"广济"。元至元中重建，明清虽几次重修，但桥墩仍是元代建筑物。通过南渡广济桥驿道，海上丝绸之路与陆路紧密连接，这条东西方贸易与文化交流的航线向大陆腹地延伸。

　　南渡广济桥是浙江省内现存最早的木石结构廊桥，也是唯一一座元代廊屋式桥，还是浙东沿海南北交通干线古驿道中唯一遗留下来的古桥。南渡广济桥通长51.68米，宽6.6米。石柱为墩，5墩4孔，每墩石柱6根，上建筑廊屋22楹，中间跨空五架梁，造型轻巧，远望如飞虹临水。

　　1989年，浙江省人民政府在桥畔竖立了重点文物保护碑，使其成为浙东一处光辉灿烂的重要文化遗产，具有重要的科学、历史价值。2019年10月7日，南渡广济桥入选第八批全国重点文物保护单位名单。如今，广济桥已是宁波十佳名桥之一。

（一）南渡广济桥核心文化基因解析

1. 物质要素

（1）水运为主的地理条件

宁波多水，江河溪流纵横交错，蜿蜒曲折。北濒杭州湾，东临大海，境内甬江、姚江、奉化江贯穿其间，人称"泽国"。自古以来，民众利用天然的河道、湖泊，"以船为车，以楫为马"。由于河道纵横、湖荡棋布的地理因素，历史上宁波的交通以水运为主、陆路为辅，水路运输十分发达，常以天然河川湖泊为主要线路，方便行旅往来和货物流通。

为启通途，宁波的先祖们取木石为基，架桥为渡，千百年来，形成了丰富而独特的桥梁文化。

（2）历史悠久的南渡交通驿站

南渡古村位于奉化境内，自唐代起便设立驿站，当时并无桥，依靠渡船往来，故名南渡。自唐宋以来，南渡处在明州（宁波）至台州的古驿道之上，来往客商须渡奉化江、过南渡，经奉化后再向南前行，此处历来是官吏、商贾、民众的必经之地，昼夜车船不绝，繁荣一时。

奉化的"南渡"与原鄞县南乡的"北渡"，在历史上都是浙东水陆通道的重要枢纽。横亘于奉化江下游的广济桥，曾是奉化三大水路交通要道之一，上通台温，下达宁绍，成为商旅过往必经的要驿。

（3）独具一格的木石榫卯结构

南渡广济桥最具特色的当属榫卯结构的桥墩构造。桥用石柱四列作为桥墩，以六根扁长的条石陡立组成桥墩，成梯形直插江底。柱头置锁石，锁石上凿槽，中置牵木，固定锁石，又排列梁木十根，其上铺板。每根条石上下两端有一榫头，将两块各凿有六个卯眼的巨石相应套在桥柱，使两者上下左右严丝合缝，紧密连接。桥柱与桥柱之间的空隙，呈八字形斜开之势，既节省了石材，又增大了跨度。

榫卯结构的桥墩，不但牢固，而且迎水面小，减少了流水的冲击力，提高了抗洪承载能力，不易被漂流物撞击、缠绕，同时也少挤占河道，便于航行。

2. 精神要素

（1）贯穿千古的公共服务精神

随着广济桥逐渐发展为南来北往的要道，邑士在此修建茶室，为行人提供歇脚之处。道光十九年（1839）立的"茶碑"上描写了"造桥—修路—义渡—建亭—施茶"的历程，赞叹义举的功德无量。茶室的作用如同今天的高速公路服务区，体现了奉化传承已久的公共服务精神。

此外，修桥造路所需经费甚多，除去地方政府支持外，还有地方势力和宗教人士主持修建。地方势力是指地方上的富户、获得过科举成就或有官衔的本地人，常称"邑士""邑人""乡豪""曹老""里士"等。唐宋以来，地方势力在地方公益事件中的作用日渐凸显。明州多大家，因此修桥造路时，较为常见的方式是由一人或一家独立承担。

奉化广济桥，先由邑士徐覃由土桥改建为木桥；宋绍熙元年（1190），汪伋又捐资新造。除了为乡人造桥外，庆元年间，汪伋还造船来往于奉化与鄞县的北渡，来往每人收 3 文，士大夫僧道免费，便利乡亲。唐宋时期，佛教盛行于中国，许多僧侣曾致力于地方公共工程的建设。宋建隆二年（961），僧师悟始自筹资金建土桥，是南渡广济桥最初的开端。地方势力和宗教人士出钱出力，为地方上的水利建设、修桥铺路等公共事业做出了重要贡献，成为地方发展的重要动力之一，展现出一种回馈社会的公共服务精神。

（2）广济众生的以德为政精神

桥梁可以使广大百姓直接受益，是受惠人广泛的公益设施。维修管理桥梁、保证交通安全是政府职责，故历代政府把建桥管桥作为官员政绩考核的指标之一。广济桥的"济"寓意广济众生和同舟共济。过去在古镇，造桥是最大的德行，所有的桥名，基本都有"仁""德""功""慈""济"等字眼，体现"博施济众""因民之利而利之"的思想，突出政府官员勤政爱民的吏德导向。

3. 语言与符号要素

（1）龙纹

龙的传说和龙文化是中国的历史传承，是中华民族最具代表性的文化象征之一。在中华民族传统文化里，龙为四圣兽之首，常被人们视作祥瑞的象征。因此，在中国古纹样装饰中，龙纹占有十分重要的地位。位于广济桥头的"重修广济桥记"石碑，其碑首就为数条龙纹石刻，此碑的碑顶也有双龙戏珠的石刻，充分展示了当地人民对于龙文化的传承。

自古以来，人们认为龙亲水，会吞云吐雾，因此常将其安置在桥头，喻示地方上永避水害、逢凶化吉，备受尊崇。

（2）俗宝图纹

国泰于法全，民安于律清。中国古代历来重视道德和法令的宣传教化，禁示碑发挥了这一作用，人们经常在官府、街道、闹市、驿站、关口、要津等处勒碑示禁，教育百姓和朝廷命官遵纪守法、安居乐业。

立于道光十九年（1839）的正堂禁示碑上，刻有民间俗宝图纹，雕工细致，可管窥当时的民俗审美。比如铜钱图案寓意招财进宝，艾叶图案寓意驱邪避祸，如意图案寓意吉祥如意，葫芦图案谐音福禄，犀角寓意延年益寿等。正堂禁示碑上的俗宝图纹都是吉祥纹样，寓意有对功名富贵的追求、对长寿的祈盼、对健康无灾的愿景……无不蕴含着丰富的文化内涵，体现着人民朴素的祝福和美好愿望，传递着丰富的人文信息。

4. 规范要素

（1）廊桥建筑规范

廊桥的基本组合单元是六根杆件，纵向四根、横向两根，平面呈"井"字形。利用受压产生的摩擦力，构件之间越压越紧。这种结构，不用钉铆，只需用相同规格的杆件，别压穿插，搭接而成。从力学上分析，上端的纵梁压在横梁上，横梁又压在相对一根纵梁上，上下两根纵梁夹住一根横梁，摩擦力使得横梁不能滑动，结构简单而奇妙。这种结构整体为拱形，沿拱心线整体受压，不会产生弯矩。就每一根杆件来说，又是最简单的简支梁，承受两种集中荷载。

南渡广济桥为四孔廊屋式桥，石柱作墩，每组由6根石柱组成，成梯形插入江底，上下各有带榫孔的锁石，将6根石柱锁牢，不用钉铆，符合廊桥的基本结构。廊桥有顶，可保护桥梁，同时也有遮阳避雨、供人休憩、交流、聚会等作用。广济桥在桩柱桥墩上架木为梁，铺木板作桥面，造桥屋22楹，有效地保护了桥身，使其免受风雨侵蚀。

（2）南渡市集

广济桥的作用不单是保持交通的便利性，更在于方便了社会生产和生活。由于水陆交叉，南来北往的车船聚集在此，在桥的周围形成各种类型的商业活动。桥塊成为水乡城镇最活跃的场所，在白天是活跃的交易场所，晚上则是深受人们喜爱的休憩场所，人们在此谈天聚会纳凉，体现了空间使用的时间性，既经济又和谐。桥市，即设在桥塊或桥上的集市，是江南水乡最早的商市，成为人们日常生活的中心。在过去很长一段时间里，广济桥与桥东桥西的老街连成了兴旺的"南渡市"。宋代在此设南渡铺，逐渐成为南渡市，清代时每月逢三、七、十集市交易，热闹兴旺。

（二）南渡广济桥核心文化基因的提取与评价

南渡广济桥是浙江现存最早的木石结构廊桥，集山、水、屋、桥于一体，既美观实用，又有深厚的民俗文化渊源，显示了古代中国劳动人民的聪明才智和高超的桥梁营造技艺，是劳动人民实践和智慧的结晶，具有极高的科学、文化、历史、艺术价值。目前，南渡广济桥尚在使用，它既是文化景观，又与人们的生活息息相关，以其独特的桥文化表现着自身的魅力。南渡广济桥的基因根植于河多桥也多的江南水乡，与闽浙地区独特的区域性文化有关，与人民的生产生活有关。其核心文化基因主要提取为：一是木石结构廊桥高超的桥梁营造技艺；二是广济众生、同舟共济、回馈社会的公共服务精神；三是江南廊桥"以桥建市"的独特文化及消费空间。

1. 生命力评价

广济桥始建于宋，元至元中重建，明清虽几度重修，但桥墩仍是元代建筑物。宋代《宝庆四明志》记载，广济桥始建于北宋建隆二年（961），僧人师悟始在南渡造土桥，后邑士余覃易之以木，改建为木桥，名为"广济"。历代屡经整修重建，宋皇祐三年（1051），奉化县令王泌主持重建，长三百尺（100米），阔三丈（10米）。宋绍圣四年（1097），奉化主簿李肃主持重建。南宋绍兴初年（1131）以江石甃两涯，列石柱为墩，桥面覆之以屋，改建成木石结构廊屋式桥。南宋绍熙三年（1192），邑人汪伋出资再次重建。

元至元二十三年（1286），当时由奉化主簿卢震发起重建，善士沈森出资，聘请鄞县小溪（今海曙区鄞江镇）石匠许诚主持重建，增屋数间，翼以南北二亭，取名"广济桥"。自此次重建后，虽然明、清两代均有不同程度的修葺，但都局限在桥屋，桥墩则从未动过。1986年，广济桥落架大修。

从稳定性看，廊桥文化在发展过程中保持相当稳定的状态，具有丰富的历史内涵，各类桥记、题字、楹联、诗赋、雕刻、廊画、书法极其丰富，记载了千百年来闽浙的地方文化。在广济桥头亭子中的数块石碑，展现了明清时期社会治理的面貌，也是了解古代市民生活的史料之一。

2. 凝聚力评价

廊桥文化曾广泛凝聚起区域群体的力量，显著推动过地方社会经济文化的发展。每一座廊桥都关系着一个村庄、一个区域共同的文化与情感联系。

廊桥不仅具有交通和遮阳避雨的功能，还与当地的民俗文化紧密相关，成为当地民众休憩、集会、文化交流场所。南渡广济桥上设有座椅可供居民休息交流，桥头有茶室供往来行人喝茶，至今仍是村民茶余饭后的休闲场所，依旧具有使用价值。随着民众在廊桥内的频繁互动，具有明显地域性的民俗空间不断被强化，廊桥提供了重要传播载体和交流空间，增强了当地民众的归属感和认同感，提高了凝聚力，造就了其民俗功能。

桥梁与市镇的发展也有着密切的关系。许多市镇原先是在桥埠形成的。桥埠原为来往行人休憩之处，逐渐发展为商业聚落。南渡因渡置村，因渡成市，广济桥修建后，桥成为中心，与桥东桥西的老街联成南渡市集。"凡节传邮递以及商贾行旅，自宁绍台温者，无不历此间"，广济桥历来为官吏、商贾、民众必经之处，昼夜车船不绝，曾经繁荣一时。

3. 影响力评价

南渡广济桥作为浙江省内现存最早的木石结构廊桥，对廊桥文化的研究具有重要的意义。1989 年，浙江省人民政府在桥畔竖立了重点文物保护碑。1998 年，宁波市文化局和宁波日报联合评选"甬上十佳名桥"，奉化南渡广济桥名列第三。2019 年 10 月 7 日，南渡广济桥入选第八批全国重点文物保护单位名单。

此外，廊桥文化还具有全国性、世界性的影响力。廊桥营造技艺被列入非物质文化遗产名录，让廊桥的知名度不断提高。《中国科学技术史》称廊桥"在世界桥梁史上唯中国有之"。

4. 发展力评价

自唐以来，南渡处在明州（宁波）至奉化而至台、温的驿道上，往来官吏、商贾、行旅无不经此，船渡不敷需要，因此从北宋初年就有人在县江上架桥，但时建时毁，行人不便。到了南宋初的绍兴年间，县人汪伋首建石桥，桥

上建桥屋，使用了100多年。元至元年间，重新修建。自此次重建后，虽然明、清两代均有不同程度的修葺，但都局限在桥屋，桥墩则从未动过。

1986年广济桥落架大修，面貌焕然一新。目前，南渡广济桥实体保存良好。随着陆路交通的发展，桥的水路交通运输功能减弱，但仍是当地居民生活和交往的重要空间。廊桥遗存的悠久历史遗迹及其深厚的文化底蕴，具有重要的文化保护价值，是浙东一处光辉灿烂的重要文化遗产。

如今，广济桥巧妙的建筑构思回应着时代的发展需求，也激励着后人传承近千年的营建理念和智慧，在城市化的进程中保存着独特的文脉基因，在保护浙东水乡原有的风貌和文化中，构建特色产业集群，造就兼具人文韵味与现代活力的未来廊桥。

（三）南渡广济桥核心文化基因的转化利用

1. 建立数字廊桥博物馆

随着智能移动终端设备的广泛运用，VR、AR、人工智能等新兴技术的飞速发展，古桥可以借助智慧化和现代技术手段，实现公众与文物的互动，并举办公益性讲座，讲好中国文物故事。

建立数字廊桥博物馆是合理保护与开发的一大举措。利用数字技术中的虚拟技术对廊桥建桥、完工、使用、维护的全过程进行动态演示，多维度对廊桥进行展示，甚至可以放大细节展示廊桥，加深民众对廊桥设计和建筑细节的理解。同时，还可采用VR技术呈现廊桥所在地区的文化、生活等自然环境和社会环境，甚至是发生在廊桥的民俗活动，通过沉浸式的体验，使人感受虚拟廊桥的造桥技艺及建设过程，在浓厚的文化氛围中增强人们的参与感。

通过数字技术赋予廊桥及其文化全新的时代内涵，使其更好地融入现实生活。数字技术中的交互技术让廊桥传统文化和新时代文化实现完美融合，增强民众的文化自豪感和主人翁意识，促进文化认同。

通过数字技术可以更好地讲述廊桥故事，实现廊桥文化的创新应用，带动廊桥文旅景区的创新发展。

2. 打造廊桥公共文化空间

廊桥彰显的公共服务精神是其发展的重要推动力之一。随着社会的不断发展、人们观念的改变，廊桥的部分功用在逐渐弱化，但其所具有的工艺水平、文化内涵、科学价值以及不可再生性等，都是廊桥保护与利用的重要资源，对其文化旅游方面的开发也具有重大价值。

贯彻廊桥惠民的理念，打造服务群众的公共文化空间，需结合山水资源和廊桥资源。可以和廊桥周边村落、河流两边的建筑等相结合，进行科学改造，建立游客体验中心，展示文化空间与传承环境。丰富的文化活动也是开发文旅项目必不可少的环节，定期组织一些廊桥旅游文化主题活动，例如举办廊桥摄影大赛、廊桥艺术展、廊桥歌友会、桥头市集等文化活动，真实再现古廊桥风貌，使到廊桥欣赏民俗文化展品、对歌跳舞、购物消费等成为人们生活的一部分，推进文化长廊建设，通过系列活动扩大廊桥文化的影响范围，使之成为独具特色的廊桥公共文化空间。

3. 推进廊桥文化教育研究

廊桥文化是中国传统文化的精华之一，凝结了古代劳动人民智慧的结晶。实施廊桥文化进校园项目，可以有效实现保护与传承、理论与实践相融合的发展目标。

一方面，与中小学合作开设廊桥文化相关课程。例如廊桥文化校本课程"技艺传承"展现了木拱廊桥传统营造技艺传承过程的艰辛，让学生感悟工匠精神；美术课"家乡木拱廊桥"以"参观木拱廊桥博物馆"情境为主线，通过分析廊桥的造型特点，让学生了解其精巧设计，从而创造性地展示自己心目中的木拱廊桥；音乐课"故乡廊桥"表达对廊桥由衷的赞美以及对家乡山水的热爱，提高学生的音乐鉴赏能力。校园课程的开展有利于实现廊桥课堂的文化熏陶。

另一方面，与高校合作建立廊桥文化研究保护中心。整合地方与高校的人才资源，建立一支研究型的人才队伍，推动开展廊桥文化专项课题研究，深化对廊桥文化的挖掘，加强对廊桥的保护和修复。

4. 加强廊桥文化产业拓展

时代的更迭为广济桥留下了独具特色的民俗文化艺术形式。廊桥文化的意蕴不仅在于静态的观赏性，更在于动态的创造性。利用廊桥之美，对廊桥文化进行艺术化的二次创作，以弥补当前廊桥文化创新的短板。在影视方面，可以通过放映专题纪录片《廊桥记忆》，讲述廊桥发生的历史故事，加强文化宣传与弘扬的力度，提高廊桥文化的凝聚力和影响力，也可以向社会征集素材，拍

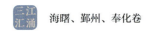

摄展演廊桥的主题电影，逐步提高宁波地方文化的吸引力。

此外，在全民创新的时代背景下，廊桥精神也被赋予新的时代内涵，要在廊桥精神的传承中给当代社会经济发展注入新的活力，打造一个具有自身风韵的廊桥文化旅游风情小镇，加强产业的发展，尤其要注意品牌的重要性。廊桥桥市的产品也是旅游业开发的重要来源之一，开发相关文创产品有利于提高文旅消费水平，同时廊桥在文化创意产业全面发展的过程中，也能得到全面的开发与利用。

产品开发还可与传统非遗手工艺结合，复刻木石结构榫卯技术，研发以榫卯结构为主题的廊桥特色文创产品，如廊桥模型、装饰画等，不断探索创新。在保证质量的同时，充分挖掘特色文化内涵，结合价格优势，拓展文创产品的销路，创新廊桥产品开发。深入挖掘和完整梳理廊桥从古至今独具特色的文化传说、名人轶事与民间技艺，从中提炼出顺应当下社会潮流的文化特色点，将其融入旅游文化产品的设计中，让产品符合现代人的生活和娱乐需求，形成形式多样的时尚潮品。另外，充分利用新媒体平台，使产品通过电商平台进入人们的生活，以浓厚的古桥文化特色来提升宁波城市文化的品位与知名度。

参考文献

1.方成章：《南渡古村的广济桥　曾为浙东水陆通道的重要枢纽》，中国宁波网，http://hd.cnnb.com.cn/system/2014/01/26/007973399.shtml.2014年1月26日。

2.王建社：《宁波百桥》，商务印书馆2008年版。

3.吴齐正：《浙江古桥遗韵》，杭州出版社2011年版。

4.杨古城、徐炯明、曹厚德：《宁波老桥》，宁波出版社2011年版。

三、萧王庙

萧王庙始建于宋庆历二年（1042），是为纪念北宋奉化县令萧世显而建。萧世显担任奉化县令的第三年，境内大旱，萧巡行阡陌间，教民筑堤捍水、凿河灌田。次年，旱且蝗，萧又教民捕蝗，在巡行途中暴卒。庆历年间，百姓感念萧世显在任期间勤政为民，不幸因公殉职，故建庙纪念，原称萧公祠。淳祐十二年（1252），宋理宗钦赐庙额"灵应庙"；至正二十三年（1363），元惠宗追封萧为绥宁王，故称萧王庙。2005年3月，萧王庙被列入浙江省第五批省级文物保护单位。

萧王庙是奉化区规模最大、保存最完整的一座庙宇，具有较高的历史文化价值。萧王庙共三进，通面宽五间，建筑面积达1400平方米，现存楼、台、殿、廊屋21间。中轴线上自南而北，依次为照墙、前进、台亭、正殿、后殿，台亭两侧有厢房。前进为大门，重檐硬山顶；中进为正殿，重檐歇山顶，抬梁与穿斗相结合，明间又减前老檐柱，显轩敞，殿前四根前檐石柱，均雕有矫首昂尾、张牙舞爪的游龙，富有动态；后进歇山顶，单檐。三进均有卷棚前廊。

萧王庙历代均有毁建，现存殿宇为清代建筑。有序的布局、巧妙的结构，充分体现了古代劳动人民精益求精的匠人精神，同时也体现了中国古代劳动人民高超的建筑才能。

萧王庙（张牵牛摄）

萧王庙大殿（张牵牛摄）

（一）萧王庙核心文化基因解析

1. 物质要素

（1）高超的雕刻

明清时期，奉化石是一种用作石窗用材的石头，在宋代杜绾《云林石谱》收录的116种石头中，便有提及。宁波地区石雕工艺源远流长，到了晚清至民国时期，石雕更是成为宁波地区传统建筑三雕工艺之一，主要用于传统建筑装饰。在历史上，奉化木雕以翻簧竹刻、骨木镶嵌和根雕为代表，木雕艺人擅长透空雕、深浮雕、浅雕、嵌镶，雕刻刀法圆熟而有锋劲，手法干净利落，线条流畅而简明。清代至民国时期，木雕作品留存于世较多，有千工床、花轿、船鼓、佛像、红妆等。

萧王庙集建筑、石雕、砖雕、木雕、彩绘、泥塑、书法于一体，是奉化区规模最大、保存最完整的一座庙宇建筑，充分运用了奉化当地精湛的雕刻工艺：山门多用石雕、木雕、砖雕等，内容以花卉、人物、戏剧故事为主；大门两侧的余塞板上，石质浮雕"渔、樵、耕、读""琴、棋、书、画"，是明、清石雕中的珍品；正殿前檐有明代雕刻石质云纹龙柱四根，四条龙盘柱而下，神态各异，气韵生动。

（2）巧妙的榫卯结构

中国古建筑主要以木材、砖瓦为材料，木构架结构是主要的结构方式，由立柱、横梁、顺檩等主要构件建造而成，各个构件之间以榫卯相吻合，组成富有弹性的框架。榫卯是极为精巧的发明，使中国传统的木结构成为超越当代建筑排架、框架或者钢架的特殊柔性结构体，不但可以承受较大的荷载，而且还允许产生一定的变形。

萧王庙庙中三进均有卷棚前廊，台亭为正方形，顶端饰有螺旋形藻井，全为榫卯结构，不施一钉，又以金黄、紫红、靛青等色髹漆，流金溢彩。萧王庙中运用的榫卯结构体现了宁波人民的高超技艺和聪明才智，庙中建筑的精美程度也体现出当地人民对于这位爱民如子的清官的爱戴之情。

2. 精神要素

（1）勤政爱民的为官精神

萧世显担任奉化县令期间，爱民如子，为人民殚精竭虑。乾兴元年

（1022），奉化境内旱情严重，大片禾苗无水枯萎，萧世显亲赴灾区，带领当地民众引剡江水抗旱；同时，还制定均水法，规定各处开闸放水的先后次序，并根据土地面积决定供水量，使民众有序取得水源，保证了农田灌溉。次年，奉化再次遭受蝗虫灾害，萧世显深入田间地头捕捉蝗虫，"日夜未曾安枕"，创造性地提出用细网罩捕捉的新方法，取得了良好的效果。

萧世显在位期间，亲力亲为，深入百姓群体，想百姓之所想，急百姓之所急，注重解决百姓日常生活中遇到的切实难题，并坚持从实际出发，与百姓共同奋战在抗蝗虫灾害的第一线，真正做到了以民为本，为民谋利益，受到了当地百姓的一致爱戴。

（2）清正廉洁的奉献精神

在位期间，萧世显为官清廉，从不贪图享乐。在任奉化县令期间，萧世显下乡巡察不愿坐轿，早年曾只骑自己的一匹白马。白马跟随萧世显多年，由于长年下乡劳累，逐渐衰老，倒毙途中。萧县令感到万分悲痛，从此便步行视察，以祭白马。后来，萧县令娘舅又赠一匹黑马予他，他便骑乘黑马继续为民在乡间奔波。有一次，长寿和孝禽二乡蝗虫大发，萧县令目睹即将成熟的庄稼被蝗虫吃光，心如刀割，竟将捉到的蝗虫一只只咬死以解心头之恨，也正因此而中毒。在一次前往蝗灾区教民灭蝗的路上，时值酷暑，加上疲惫劳顿，出行至泉口界岭时，萧世显头昏目眩，中风暴卒。

当地百姓感念萧世显生前对奉化当地抗蝗的贡献，对奉化百姓的无比关爱，为追颂萧世显恩德，在其去世地特意建造用以纪念的庙宇，同时奉化百姓也不忘将两匹象征萧世显清正廉洁精神的马雕塑在庙中，让它们也能永远陪伴主人，为后世瞻仰。

3. 语言与符号要素

萧世显平生勤政为民，当地百姓感念其恩德，特地兴建萧王庙来纪念。庙中现存楹联数量众多，内容多为歌颂萧县令的生平功德。萧王庙正大门处有多副歌颂萧县令功绩的楹联，"万年功绩颂神寿，八月弦歌和太平""政通人和百案兴，萧公功德万载颂""剡水九回绵圣泽，同峰八面壮神威""半壁青山永留古镇，一泽碧水咸税沐深恩""声入泉溪唱到西江月白，曲终界岭看同南麓峰青"。这些楹联无不体现出当地百姓对萧世显生平功绩的赞美。同时，萧世显的事迹不仅感动了奉化当地百姓，也对中国古代的士大夫群体产生了极强的感染力，不少文人士大夫慕名而来，并在庙中留下墨宝，在表达对萧世显敬仰之情的同时，也借赞颂萧世显来表达自己的人生志向。至今，庙内还存有部分文人墨宝。

庙中东西两面墙上，刻嵌有两米半左右字径的"龙""虎"二字，笔力雄健奔放，系清代书法家、奉化剡源乡岩头村人毛玉佩手书，这"龙""虎"二字在庙中十分夺人眼目。正殿上空高悬一幅大匾，上书"剡东第一名祠"，旁边附有一行小字，"太子正字奉训大夫毛闻诗书弘治乙丑进士刑部孙胜"。除此之外，还有"流芳百世""民之父母""造福桑梓""惠我生民""八乡福主"等众多牌匾，都是历朝历代为纪念萧县令而作。

4. 规范要素

萧王庙的建立已有千百年历史。千百年来，奉化当地老百姓世代拜祀萧世显，形成一年一度的传统庙会（也称"灯祭"）：每年正月十三上午，当地老百姓抬着全猪全羊，捧着祭品，敲锣打鼓，浩浩荡荡前往萧王庙。庙会一直持续到正月十八，由四堡（潘村堡、塊上堡、宦江堡、盐浦堡）轮流主持。灯祭的另一目的是当地人民在新年伊始祈求未来岁月静好，祈佑地方平安、五谷丰登、六畜平和、百业兴旺。据历代相传，庙会灯祭立有庙众，置有肥田600多亩，界下有26个姓，分四堡，即潘村堡、塊上堡、宦江堡、盐浦堡，按规定四堡逐年轮流负责灯祭。灯祭由当年轮到负责祭祀的一堡之中有威望的长者主持，同时灯祭有一套完整的流程。

在整个祭祀期间，庙堂内外，昼夜灯火通明，香客不断，戏曲、说书、杂耍轮番上演。此外，庙内还陈列许多奇珍异物、古玩字画和精美的工艺品供人观赏。庙外可买卖各种乡土小吃、土特产等，形成一项既庄严又热烈，既具纪念性又带娱乐性、交易性以及祈求社会平安、土地丰收和百业兴旺等功能的远近闻名的大型民间习俗活动。在促进萧王庙文化得到较好传承的同时，也促进了奉化当地的经济发展、对外的文化交流。

（二）萧王庙核心文化基因的提取与评价

萧王庙有着悠久的历史和厚重的文化积淀，具有深厚的文化古韵。现代萧王庙人始终继承先祖遗留的君子气节，清正廉洁、无私奉献，基于对萧王庙的历史遗存和发展历史等有关资料的全面、深入分析，将萧王庙核心文化基因主

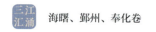

要提取为"勤政为民、清正廉洁"。

1. 生命力评价

萧王庙已有近千年历史。千年来，萧王庙主体建筑以及萧王的事迹和精神延续至今未曾明显中断，文化基因形态保持稳定。在千年历史中，萧王庙一直被人们视为"勤政为民、清正廉洁"的象征地，吸引中国古代的文人士大夫以及官员到此拜访，诸多文人墨客留下墨宝留念。

同时，在萧世显勤政为民精神的影响下，当地百姓群体间形成了清正廉洁、兴学重教的良好传统。

2. 凝聚力评价

萧王精神广泛凝聚起区域群体的力量、推动了当地社会的经济发展。萧王庙所在的萧王庙镇是以庙名作为镇名的古镇。在长期的萧王庙祭拜过程中，形成了一年一度的传统庙会，促进了奉化与周边地区的交流。

近年来，奉化区政府充分利用萧王庙文化，依托对其古建文化、耕读文化、历史内涵等有关资源进行重点保护以及利用，挖掘当地人文特色，重点推进"桃花盛开"美丽乡村风景线建设，凝聚当地力量，成立水蜜桃产业示范区、桃林路和云集路拓建、桃子市场改造、"天下第一桃园"等景区项目。当地政府正是利用了萧王庙深厚的精神文化底蕴，凝聚了萧王庙当地百姓，为社会经济的发展添砖加瓦，助力萧王庙地区人民生活水平更上一层楼。

3. 影响力评价

萧王庙历史悠久，是为纪念北宋天禧年间奉化县令萧世显而修建的萧王古庙，千年古镇因庙得名。整个庙宇建筑宏伟，在东南亚颇有盛名，现为浙江省级文物保护单位。

萧王庙地处奉化西北郊，作为奉化区内由百姓自发纪念清廉官员功绩而建的庙宇，在浙江省乃至国内都产生了巨大影响力，中国古代不少文人士大夫慕名而来，留下许多墨宝，在表达赞扬之情的同时，更表达了自己的人生志向。萧王精神对文人士大夫产生了潜移默化的影响。

进入 21 世纪以来，萧王庙街道不断获得殊荣。2016 年，萧王庙街道成为奉化区首个浙江美丽乡村示范乡镇，不仅提升了千年古镇萧王庙美丽乡村的美誉度和知名度，更有助于进一步展示乡村文化旅游、生态文明建设成果，提振萧王庙加快美丽环境转化为美丽经济的信心。

4. 发展力评价

萧王庙精神价值丰富，将其与当代精神追求和价值观念进行有机融合，能够更好地使之得到转化、弘扬以及发展。目前，萧王庙已纳入宁波大都市圈总体发展规划，按照市委、市政府提出的三大发展战略，萧王庙主要走生态发展路，打造生态旅游、生态人居、生态农业三大胜地。萧王庙将以经济生态化、生态经济化为核心，以全域景区化、乡村景点化为指导，推进自然山水与乡土人文的有机融合、美丽环境与生态经济的交相辉映，创建书香桃源刹东古镇全域旅游示范区，以打造人居之美、环境之美、人文之美为平台，彻底改变农村形象，全面提升农村品质，探索萧王庙生态文明建设新模式，树立美丽乡村奉化样板。

（三）萧王庙核心文化基因的转化利用

1. 树立全局观念，统筹发展文化

历经千年发展，萧王庙对当地社会、经济、文化等方面产生了巨大的影响。在新时代下，更应顺应时代潮流，树立全局观念，统筹发展当地文化。

应在保留原有特色的基础上，积极开发利用"勤政为民、清正廉洁"的核心文化基因，加大对现有萧王庙遗址文物保护力度，发挥宁波市内机关事业单位廉政教育基石作用，在此基础上建立宁波市内机关事业单位廉政教育体系；积极响应市委、市政府的统筹规划，服从大局，坚定不移走生态发展之路，积极转化利用"无私奉献的江南古村落"文化基因效应，优化资源，提升品质，打造具有观赏功能的文旅实景、富于生活体验的民俗风情、可玩可宿的休闲品牌以及丰富文旅艺术产品的点缀装饰等，为外地游客提供一流的游览体验；积极整合奉化区内特色文化，如特色刺绣、木雕、石雕，融合当地特产，如水蜜桃、芋芳头等，凝聚合力，实现奉化区内各产业的共同发展。

2. 利用优美环境，发展特色旅游

萧王庙已被纳入宁波大都市圈总体发展规划，按照市委、市政府提出的三大发展战略，萧王庙主要走生态发展路，打造生态旅游、生态人居、生态农业三大胜地。因此，应当顺应宁波市政府的统筹规划，保护好生态环境，充分利用良好的自然生态环境，维持区域内的生态完整性，做到现代建筑与自然环境的有机结合，创造舒适、优美的滨水绿化空间，建造城市特色滨水景观带，为

周边市民提供适宜的休闲娱乐场所；将现代理念与地域文化相结合，纵联上沿打造剡江流域生态观光廊道，完善沿江绿道，依托现有交通体系提高区域可达性，梳理现状生态资源，达到旅游景区标准。

萧王庙街道走生态发展之路，离不开基础配套设施的完善，应当加大政府资金投入，不断完善基础配套设施，方便游客到此游玩。引进设计团队，进行标识设计，制作古村落旅游标识，包括游览线路图、路牌、景点标识、景点介绍牌、景点介绍触摸屏、景点纸质地图，并充分利用二维码等现代技术，开发电子地图，方便游客直接通过扫描二维码的方式来获取电子地图，获得准确的电子导航，此外还应在人流量较大的路口竖立广告牌、显示牌等，用以引导游客；面向社会举办"萧王庙标识创意设计大赛"，有奖征集萧王庙标识，对优秀作品予以奖励，并取得使用版权，将其有机融入萧王庙街道以及上述的标识设计中；加大资金投入，在萧王庙街道适当地点，增设休闲设施，如书香长廊、文化凉亭以及休闲板凳等，有机融入萧王庙标识，为当地居民提供茶余饭后散步休憩地点，营造恬淡舒适的社会氛围，提升外地游客对萧王庙街道的好感；增加公共设施建设，设立专项资金，对萧王庙街道内已有公厕、路灯、垃圾桶等公共基础设施进行改造提升，融入萧王庙标识，增加公厕、路灯、垃圾桶等设施，方便群众以及外地游客使用。

萧王庙街道走生态发展之路，需要大力挖掘当地文化资源，加大保护开发力度，为外地游客提供更多的体验项目。加强本地资源的保护，萧王庙发展至今已有千百年的历史，其能够保存完好，汇聚了奉化百姓千百年的心血，应当加强对现存的萧王庙、祠堂、故居乃至周围生态环境的保护，践行"绿水青山就是金山银山"的保护理念；设立专项资金，与宁波市相关部门展开合作，或邀请国内影视界著名导演编剧，以萧世显县令生平在奉化为官清廉为故事蓝本，进行剧本创作，并邀请国内著名实力派演员担任主演，拍摄萧王电影、电视剧，与国内著名电视台合作，如中央频道，播放影片，在宣传廉政爱民从政观的同时，也能够提升宁波城市影响力和知名度；引进国内知名短视频拍摄团队，前期以打卡萧王庙等萧王相关景点为基础，在短视频拍摄的同时，进行萧世显故事的宣讲，让更多人了解萧王故事，后期还可以萧王故事为基础，编排相关短视频，在抖音等短视频平台上进行播放，提升萧王庙知名度；加大萧王庙当地民俗开发，设置萧王庙庙会体验一日游、三日游、五日游，吸引外地游客到此参与萧王庙庙会，深入体验奉化居民的日常生活，深入感受萧王庙庙会给当地百姓带来的巨大影响。

此外，还可开设萧王庙旅游专线，将萧王庙、"天下第一桃园"、"桃花盛开风景线"等当地特色旅游景区特色纳入旅游专线中，带领游客感受当地文化；也可充分挖掘当地廉政文化基因，积极招商引资，吸引社会资本力量，提供政策支持，帮助相关企业建设清廉文化民宿、传统工艺民宿、时尚风格民宿、江南水乡民宿等，在政府对外宣传时，将特色民宿纳入宣传，助力外来企业实现盈利；立足奉化特色，开发伴手礼，将奉化本地特色手工刺绣、小型木雕工艺品、小型竹器工艺品、水蜜桃、芋艿头等特色产品纳入，作为外地游客到此游玩的旅游纪念品。

建设廉政思想博物馆以及廉政教育基地。要加强与各地政府合作，将萧王庙作为党政干部研学基地，学习萧世显生平事迹，感受其一心为民的廉政精神，树立勤政爱民意识。

3. 加大宣传力度，开发廉政基因

萧王庙精神内涵随着时代的发展不断丰富，但其勤政爱民、清正廉洁的精神内涵却永远不会过时。在新时代，应该面向政府部门，开展宁波市区域内的政府合作，充分利用萧王庙文化IP，进行政府从政人员的廉政教育。

应以萧王庙现存文物遗址为基础，扩大建设范围，建立宁波市政府事业机关人员廉政教育基地，定期安排宁波市内各政府机关人员分批到此参观萧王庙，聆听萧王故事，学习萧王精神，潜移默化培养政府机关人员在从政过程中秉承廉洁爱民原则；与国内知名企业开展合作，提炼萧王廉政文化基因，设计萧王廉政标识，通过招标形式，与宁波当地知名文具、办公用品企业开展合作，将提炼出的廉政文化标识有机融入文具、办公用品的生产中，提供给奉化区内乃至宁波市内的政府机关办公使用，在营造廉洁从政氛围的同时，也可以带动当地经济的发展；还可充分利用萧王庙廉政文化标识，在政府事业机关单位新建、装修时，在装修设计方案中，有机融入标识，将其作为政府单位的重要装饰元素；在上文中提及的以萧世显故事为原型的电影、电视剧拍摄完成以后，将其作为奉化区政府乃至宁波市政府事业机关单位工作人员的廉政教育视频资料，定期观看重温萧王故事，牢记廉洁从政的重要性，树立廉洁从政意识。

在宁波市委、市政府的高屋建瓴下，萧王精神超越了原本含义，焕发出第二春，但其原本的廉洁从政文化基因仍然是萧王精神应当得到传承并不断弘扬的重要部分，应当坚定不移利用萧王庙廉政文化基因，在奉化区以及宁波市内的政府事业机关单位人员进行廉洁从政教育，顺应党中央推进反腐倡廉工作。

参考文献

1.陈峰：《奉化民间文艺·地名故事卷》，宁波出版社 2017 年版。

2.崔雨：《剡东第一名祠萧王庙》，《宁波通讯》2013 年第 8 期。

3.鲍贤昌、陆良华：《四明风韵》，宁波出版社 2015 年版。

4.蒋明波：《宁波传统村落田野调查：青云村》，宁波出版社 2020 年版。

5.汪志铭：《甬上风物》，宁波出版社 2009 年版。

四、奉化芋艿头

芋艿头是奉化特产，是中国国家地理标志产品。据《奉化县志》记载，芋艿头在宋代已有种植，当时称"岷紫"，已有 700 余年历史。明清时期，萧王庙境内前葛一带已大量种植芋艿头，后扩大到剡江沿岸的牌亭、罗村、同山畚、石桥等村。

奉化芋艿头分水、旱两大类。水田种水芋，品种有青基、赤基之分；旱地种旱芋，品种有红芋艿、乌脚箕、黄粉箕、香粳芋等，其母芋、子芋都可食用，小小的子芋便是宁波人俗称的芋艿子。芋艿子数量多，有"多子"寓意，是当地人非常喜爱的桌上美味。奉化芋艿头形如球，外表棕黄，顶端粉红色，单个重 1 千克以上，个大皮薄，肉粉无筋，糯滑可口，既是蔬菜，又是粮食，不但食味佳，而且还是一种营养丰富的保健食品。长期以来，奉化芋艿头在上海、杭州、宁波、舟山以及港澳地区等地享有盛名。

1996 年，当时的奉化市被国务院农村发展研究中心命名为"中国芋艿头之乡"。1998 年，奉化成立奉化芋艿头协会，并申请注册了"罗汉"牌商标，审定通过了《奉化芋艿头技术标准》和《奉化芋艿头栽培标准》，并在全市范围内推广标准化无公害生产技术。2002 年，罗汉牌芋艿头被认定为宁波市绿色农产品。2004 年 9 月 14 日，国家原质检总局批准对"奉化芋艿头"实施原产地域产品保护。

芋艿头栽培技艺（王维维摄）

奉化芋艿头（奉化区文化和广电旅游体育局供图）

（一）奉化芋艿头核心文化基因解析

1. 物质要素

（1）特殊的水土条件

奉化河网纵横，土地肥沃，处于红壤带北缘，红壤化作用较弱，典型红壤较少。雨水较多，对山区土壤造成强烈的侵蚀和淋溶，产生了以脱硅富铝化为主的成土过程，形成部分以"酸、瘦、粘"为主要特征的红壤。温暖湿润的气候条件，有利于岩石和矿物风化，也适宜芋艿生长。

同时，奉化属宁奉平原，有较大面积地段的砂壤土和剡江两岸的冲积土，地下水位适宜，使芋艿田雨天遇水能马上渗透，土表不易积水。晴天作物又能自然吸取地下水，透水性好、保水性强。适宜的土质条件和地下水位，解决了芋艿生长过程中"既怕水，又怕旱"的矛盾。

（2）适宜的气候条件

奉化区属亚热带季风性气候，四季分明，年日照时数 1850 小时，年平均气温 13℃至 20℃。区域平均年降水量在 800mm 至 1500mm，夏季高温多雨，冬季温和少雨，以夏雨最多，春雨次之，秋雨更次，冬雨最少，但冬季的雨量亦可占全年降水量的 10% 以上。温湿适宜的气候可以促进芋艿的生长，同时秋天昼夜温差较大，可以促进母芋的生长膨大和养分的积累，使奉化红芋艿成为奉化的传统特产之一。

2. 精神要素

（1）"见多识广、博见广闻"的象征

浙江奉化芋艿个头大、味鲜，皮薄质粉，外红内白，香浓形美。有民谚："跑过三关六码头，吃过奉化芋艿头。""跑过三关六码头"中的"三关"是指山海关、嘉峪关、镇南关，山海关在东，嘉峪关在西，镇南关在南，三关间距离遥远；"六码头"指的是当时的五口通商地，即广州、厦门、福州、宁波、上海，以及武汉汉口，形容旧时江湖中人浪迹天涯，走的地方多，见多识广，非比常人。"吃过奉化芋艿头"更不同一般，连奇特的奉化芋艿头都吃过，天下还会有什么别的稀罕事物没有碰见过？因此，人们常用这句民谚来形容一个人见多识广、博见广闻。

（2）"思乡情切，不忘家国"的情感

据香港报纸载，20世纪中叶，国民党军溃败，逃到台湾。1961年某日，蒋介石到花莲巡视，花莲知事闻说蒋公喜食芋艿，礼聘县上"名厨"，精选花莲特产上等芋艿，配以高汤海珍，精制"海鲜五珍芋艿羹"款待。当此菜端上来后，蒋介石尝了一口，即举筷不动，目光深沉，低头不语，凝视多时，不觉对天长叹，道："此菜差矣！"举座文武无不惊讶，莫非是这菜烧得不够入味？未料蒋介石脱口而出："此台湾之芋艿何及吾乡之芋艿也，差矣！"众人这才恍然大悟，浙江奉化的芋艿非比寻常，别处做得再好，也不能与之相提并论。所谓"他乡菜虽美，未及故乡物"。20世纪90年代后，不少流落海外的老兵、老华侨回到大陆省亲，到浙江宁波奉化，总是指名要吃当地的芋艿菜肴，一偿飘零异乡多年的思念之苦。可见，一个个芋艿头寄托的是在外游子的浓浓相思情。

（3）"至死不渝"的爱情见证

传说古时候奉化月岭山住着一对贫苦的母女。生活依靠种田种菜勉强维持。有一年春天，家里突然来了一位叫于乃的年轻日本和尚，脸色蜡黄，瘦骨伶仃。母亲费力和他交流半天才得知日本和尚已生病多日，无力继续前往他地。于是，女孩担起照顾日本和尚的责任。一天，心存感激的日本和尚从包裹里拿出一个袋子，倒出一堆圆滚滚、灰扑扑、硬笃笃的东西在桌上，对女孩比画着说："这是通天子，可以当饭，也可以当菜，我从东京带来，本想带到西天佛祖那里去，现在还是送给你们吧。"女孩按照日本和尚教的方法把"通天子"种在庵前的田里。半个月后，田里开始抽出荷叶般的大叶子来，女孩勤浇水常拔草，叶子长得很快，到夏天时已经连成一片，摇曳田野了。这时，于乃和尚的病也好了，可他每天只跟着女孩慧英挑水翻地，没有丝毫要走的迹象。七夕晚上，母亲踏着月光来到于乃住的小屋，发现于乃的小屋空无一人；来到女儿的屋子，发现也空无一人，便心急慌忙地跑出家门对着山野大喊："慧英！于乃！"女孩和小和尚正坐在"通天子"叶下说情话。母亲的叫声让他们惊慌失措，连忙牵手躲进叶子深处，再也不肯出来。母亲找了很久都没有找到慧英和于乃，最后认为他们已经化作"通天子"根块。于是，将那颗圆东西叫作"于乃头"。

由于芋艿头的来历和爱情有关，因而奉化出产芋艿头的地方便有了有趣的风俗:每年七夕之夜,当地青年男女都爱去芋艿田里谈情说爱,据说能恩爱有加、白头偕老。

3. 语言与符号要素

(1)寓意"多子"

古时,奉化芋艿头又称蹲鸱。鸱,一种凶恶的大鸟,大号的芋艿头因形状像蹲伏的鸱,故有此称呼。奉化芋艿株形高、叶柄粗、叶片大,色泽呈淡绿色,生长盛期功能叶较宽。从整个芋艿头来看,母芋一般为近球形或椭圆形,外表棕黄,顶端粉红色,单个重达 1 千克以上。母芋通常个大皮薄,既可以作为蔬菜,又可以作为粮食,营养价值极高。在母芋上长着很多子芋,均可食用,小小的子芋便是宁波人俗称的"芋艿子"。奉化芋艿头由于上面的子芋数量较多,便衍生出了"多子"的寓意。每当逢年过节,当地人在家中祭拜祖先时,会放上一道芋艿头,祈求家中香火旺盛、多子多福。此外,宁波地区的人们在婚礼、寿辰等重要的庆祝宴席上也会摆上芋艿头来求得美好的祝愿。

(2)谐音"运来"

有食客评价芋艿头:"用明火烤着吃,用柴炭火煨着吃,则愈品愈香;做羹做汤煮着吃,则滑似银耳,糯如汤圆,细腻而爽口;奉化芋艿头切成片蒸,再蘸以蟹酱,则原汁原味,既香又粉。"《宁波菜与宁波海鲜》一书中,介绍了不少用芋艿制作的经典宁波菜肴,包括芋艿海鲜羹、芋艿菜泡饭、芋艿炖鸡翅、芋艿头三吃、芋艿石斑鱼、椒盐芋艿条、香炸芋艿球等等。芋艿发展成为广大食客喜爱的食材不单是因为其本身的美味,同时也因在江浙一带的方言里,芋艿的发音与"运来"相近,所以中秋节吃芋艿也包含了祈愿"好运连连"的心理。

4. 规范要素

(1)精选种芋

种芋要求品种纯正,顶芽尖锐而强健,芽色鲜红,无机械损伤和病虫害、无腐斑。种芋单个重45—50克。种芋质量对产量有很大影响,如果顶芽损伤,栽种后则无法形成大母芋。经采收观察,凡母芋大者,其原来的"种芋"依然保留着。

(2)整地与栽植

芋地不宜连作。种前将土壤深翻,使其能够排灌自如。整地时,亩施腐熟栏肥 3000 公斤作基肥。4 月初，取出贮藏的种芋，经挑选后置于暖处催芽。4 月中下旬露地直播或育苗移植，行距 70—75 厘米，株距 50—55 厘米，亩栽 1800 株左右。栽植时，每亩穴施人粪肥作底肥，施后在穴内先盖少许细泥，再把种芋顶芽朝上斜插穴内，最后用泥土或泥灰盖好。

（3）肥水管理

奉化芋艿头生长期长，耗肥量大，须及时追肥。种植后大约 30 天（差不多 5 月中旬）施一次"齐苗肥"。每亩用草木灰 500 公斤，10% 稀人粪尿 20 担浇肥。"齐苗肥"宜淡，过浓会使芋苗叶色深绿发黑，新老叶齐平，造成"僵苗"，影响生长。整地时如基肥不足，第二次追肥应适当提早。6 月初用腐熟栏肥 1500 公斤、过磷酸钙 40 公斤、30% 人粪尿 15 担追肥，施肥后培土覆盖。6 月中旬，用 100 公斤饼肥或 30 公斤钾肥"壮秆"，并追施 10 公斤尿素"催苗"。7 月中旬追施尿素 15 公斤，防止农忙脱肥，引起植株早衰。8 月上旬，地上部生长已达高峰，地下部发育进程加快，须用大肥追施，促进球茎肥大。每亩施 30 担人粪尿，并"盘倒"侧芽，培土覆盖。

奉化芋艿头在芋苗期时最怕水涝。梅雨季节，土壤水分含量高，要及时清沟排水，防止芋苗因积水而"烂根"。7—8 月是高温干旱季节，正值芋苗旺盛生长时期，叶片蒸腾作用强烈，耗水量大，应及时灌水，保证有充足的水分供应。平时灌水以表土变白为间隔时间，夜灌晨排。连续干旱天气，可隔 2—3 天灌一次水。立秋后灌水次数要减少，10 月断水。

（4）培土与防病害

培土能抑制侧芽萌发，提高植株抗倒伏能力，有利球茎发育膨大，提高品质。要求在 6 月上旬结合施栏肥，浅培一次。7—8 月结合追肥、"盘侧芽"后，再培土 10 厘米厚。"盘侧芽"是奉化芋艿头栽培中必须进行的一项管理措施，目的是抑制侧芽萌发，使养分集中，利于母芋肥大。通常方法是用刀割去侧芽或把侧芽"盘"倒在植株基部，然后培土抑制其生长。奉化芋艿头的主要病害是芋疫病，在防治上主要采用综合措施：选用无病种株，实行轮作栽培以及农药防治，在发病初期用代森锌或波尔多液喷施。

（5）采收贮藏

到了 10 月下旬，选晴天土壤干松时采收。挖后掰下子芋，割去茎秆，在地上稍经摊晒后，置于室内继续摊晾数月，然后经挑选后在干燥处贮藏。奉化芋艿头耐贮性较好，一直可以贮存到第二年的2月到3月。

（二）奉化芋艿头核心文化基因的提取与评价

奉化芋艿头文化是宁波农业文化的典型代表，其基因根植于"六山一水三分田"的奉化地貌中，与奉化的日常生产与生活有关。芋艿头由母芋连接着许多子芋头，象征多子。又因其在方言中的发音接近"运来"，寓意着好运不断。奉化芋艿头核心文化基因主要提取为淳朴自然的浓浓乡情。

1. 生命力评价

从存续时间来看，奉化芋艿头文化基因始终未曾中断。奉化三石人陈著在《收芋偶成》中写道，"数窠岷紫破穷搜，珍重留为老齿馋"。诗中称芋艿为"岷紫"，是专给长辈食用的美味佳肴。明中叶，从浙南一带传入魁芋类大芋艿，奉化人民将其改良、培育，渐渐形成奉化特有的芋艿头，因主食部分为母芋，故命名为"奉化芋艿头"。清朝诗人景云在《芋区》中写道："问道蹲鸱好，防饥种一区。""蹲鸱"指的是芋艿头；"防饥种一区"说明在粮食短缺的年代，奉化芋艿头可以作为粮食以防饥荒。可见奉化栽种芋艿头的历史十分悠久。

新中国成立后，在党和政府的领导下，奉化芋艿头的生产在短期内得到了较快的恢复和发展。1996年，当时的奉化市被国务院农村发展研究中心命名为"中国芋艿头之乡"。2004年，国家原质检总局批准对奉化芋艿头实施原产地域产品保护，奉化芋艿头成为中国国家地理标志产品。近年来，当地政府积极通过推出经济补贴、引进乡贤资源、科技兴芋、推进"互联网+农业"的线下营销等措施来促进奉化芋艿头文化的发展。

2. 凝聚力评价

奉化芋艿头凝聚着区域群体。目前，奉化芋艿头的核心产区在萧王庙，此外，西坞、尚田两地也广泛种植。在奉化当地，又有"前葛牌岭头，奉化芋艿头"的说法，表明萧王庙的前葛、牌亭两个村出产的芋艿头，质量最为上乘。奉化芋艿头在推动社会经济文化发展方面也起着重要作用。截至2021年，奉化芋艿头种植面积达2000余亩，主要集中在萧王庙街道和西坞街道，是奉化十大农业主导产业之一，在奉化农业产业中具有举足轻重的地位。

3. 影响力评价

奉化芋艿头先后获得了如下称号：1992 年，奉化芋艿头获中国首届农业博览会优良产品奖；1996 年，奉化被国务院经济发展研究中心农村发展研究部、中国农学会、中国特产报社联合命名为"中国芋艿头之乡"；1998 年获省政府授予的优质农产品金奖；2001 年被评为省名牌产品；2002 年获国家无公害农产品认证；2004 年，罗汉牌芋艿头获国家原产地标志注册。奉化芋艿头在收获荣誉的同时走得越来越远。2006 年，奉化今果芋艿专业合作社尝试将"乌脚"芋艿分级包装后销往日本，一炮打响。该合作社 100 多名社员与尚田、西坞、岳林、大堰等地的近 500 家农户签订种植协议，面积发展到 5200 多亩。2018 年，嘉兴市秀洲区从奉化购买的芋艿头种子在王江泾镇试种成功，亩产量 1750 公斤，效益上佳。

4. 发展力评价

奉化芋艿头传统文化基因得到创造性转化、创新性发展。主要体现在：打好"文化牌"，让芋头走出去。积极挖掘奉化芋艿头的文化内涵，持续提升知名度，推动乡村旅游发展。近年来，萧王庙街道人打芋艿头"文化牌"，先后开展"相约在金秋，欢乐芋乡行"乡村体验游活动、"千年古镇、芋菜飘香"芋艿宴大比拼活动，推出"芋乡一日游"旅游线路，举办奉化全"芋"旅游等活动，有力促进了乡村旅游，帮助农户销售芋艿头和其他农产品。

（三）奉化芋艿头核心文化基因的转化利用

1. 发展奉化芋艿头文化节

奉化芋艿头是除奉化水蜜桃外另一个名气响当当的特产。每到芋艿头上市时节，整个奉化区都会因为芋艿头而热闹一阵子，来来往往的芋艿头爱好者给奉化带来了无限生机与喜悦。近年来，相关的芋艿头文化节陆续展开，吸引了本地和周边的民众，还有很多慕名而来的远方游客。因此，奉化芋艿头的名声越来越响亮，芋艿头也随之走得越来越远。不过，根据过往举办芋艿头文化节的经验来看，还存在很大的提升空间。进一步发展奉化芋艿头文化节，让游客参与到芋艿头文化节中，使其不但能够大饱口福和眼福，还能收获满满的体验感和参与感，当然还能够学到许多关于芋艿头的文化知识，是发扬奉化芋艿头文化的重要措施。

深入发展芋艿头文化节大致可分为两个部分：第一部分是完善原先芋艿头文化节中的项目；第二部分是以芋艿头文化节为契机，开发一些适应当下发展的新项目。分析过往芋艿头文化节的举办经验可以发现，其中的项目明显存在活动规范性不强、影响力不大等问题，最终导致芋艿头文化节的举办效果并不显著。针对这一情况，需要对原有芋艿头文化节中的活动项目进行规范，例如：芋艿头文化节中举行的各类比赛。在奉化芋艿头文化节中，角逐最佳芋艿头是传统的比赛活动，农人们都会带着自家培育的芋艿头参加比赛。对于完善这一经典比赛活动，举办方可以通过优化赛制和增设奖励来提升活动的影响力，也可以在活动后增加芋艿头种植经验交流环节，让整个比赛活动形成"友谊第一，比赛第二"的健康氛围，从而使比赛更有价值和意义。

　　除了完善原有的芋艿头文化节，考虑当下社会和消费者的需求，融入一些现代年轻人喜闻乐见的活动，能够促进芋艿头文化节的有效发展。例如：举办以"奉化芋艿头"为主题的集市。举办方设置摊位，面向社会招商。商家承包摊位以后，可以自行设计、布置摊位，售卖的产品也由商家决定。商家可以通过网络平台进行宣传，吸引更多的线下前来游玩的游客。总之，主办方把整体活动的自主权交给商家，让商家和顾客成为活动的主体。主办方提供管理、协调和监督服务。新能量的加入是推动奉化芋艿头文化节进一步发展和传播的重要力量。

2. 建立奉化芋艿头文化博物馆

　　芋艿头与奉化有着深厚的渊源，早在宋代时期奉化当地就已开始种植。700多年的栽种、培育历史，使芋艿头与奉化紧紧融合，不可分割。奉化所在的宁波市濒临东海，降水充沛，奉化地区又处于丘陵地带，因而土质独特，非常适合芋艿生长。可以说，奉化是芋艿种植的牢固基地，同时，奉化地区的影响力也随着芋艿文化的发扬而越来越大。

　　建立奉化芋艿头文化博物馆，对奉化芋艿头文化的保护和传承具有重大意义。芋艿头文化博物馆内可以设置展示和体验两个区域。在展示区域，向游客呈现的内容包括品种不一的奉化芋艿头，与芋艿头相关的历史人物事迹，丰富的奉化芋艿头培育经验，种植芋艿头所使用的实物工具，还有各式各样以芋艿头为原料制作而成的美食等。体验区域，顾名思义就是为游客提供亲身体验的场地。在体验区域内，游客不仅可以跟着博物馆工作人员一起体验芋艿头的种植过程，还能体验烹饪芋艿头美食的快乐，享受奉化芋艿头的美味。游客在游玩体验结束后，还可以从博物馆中购买正宗的奉化芋艿头或用芋艿头制成的副食作为伴手礼赠送给亲朋好友。

奉化芋艿头文化博物馆作为芋艿头历史发展缩影的呈现，将集中、高效、便捷地向游客展示奉化芋艿头几百年来的演变与发展。除了日常迎接前来参观的游客，芋艿头文化博物馆还可以作为学生假期的游学基地。芋艿头文化博物馆可以在特定的假期推出体验活动或者是学习课程。学生如有兴趣，可以与家长一同前往博物馆游览、学习。芋艿文化博物馆也可以和学校达成合作，由学校组织学生一同到博物馆参观学习，博物馆为学生们提供专业的讲解。学生通过边看边听奉化芋艿头的发展历史和故事，能够加强对奉化芋艿头的认知，从而加深记忆。奉化芋艿头文化博物馆的建立有助于集中并高效展示奉化芋艿头文化，促进奉化芋艿头文化的长久发展。

3. 打造奉化芋艿头乡村旅游基地

奉化芋艿头的种植除了历史悠久，其规模也在不断扩大。数据显示，2004年奉化种植芋艿头的面积已达5000亩，且种植芋艿头具有明显的聚集性，比如：以一个镇为单位，或是以一个村庄、族群为单位进行种植。由此可见，芋艿头的种植场地呈现片区化的状态。如果合理地把种植芋艿的土地与同一地带的村庄、住户圈划成芋艿旅游基地对外开放，那么在奉化区内可以规划出很多这样的旅游基地。芋艿头旅游基地内的农户可自行设计和规划本基地，例如：打造芋艿头农场。奉化芋艿头是人们喜爱的美食，尤其是当地人，对芋艿头充满了情感。而如今，大多数人进入城市生活工作，只是到了芋艿头上市的季节购买一些品尝，很难有机会亲自到农田中体会种植和丰收的喜悦。针对这部分人群，打造芋艿头农场就非常有意义。近年来，类似"快乐农场"的蔬菜采摘园在城市居民中非常受欢迎。若推出奉化芋艿头农场，预计其市场会非常可观。人们可以到芋艿头农场中租赁土地，购买芋艿头的种子等，到种植的季节，带着家人一起到此亲自栽种。平时由农场的工作人员照看芋艿头的生长情况。"主人"可以远程观看，空闲时也可以到农场查看自家种植的芋艿头。到了收获时节，"主人"可以与家人一同前来见证芋艿头丰收的喜悦。自家租赁土地中种植的芋艿头都归自己所有，可以带回家品尝自己的劳动成果，也可以赠送给亲朋好友，意义非凡。

除了打造芋艿头农场，还可以打造"芋艿头农家乐"。每到芋艿头成熟的时候，邀请游客到基地内亲自体验挖芋艿的乐趣与流下汗水。收获新鲜的芋艿头后，可以直接拿到农家乐的饭馆中，交由厨师烹饪，就能马上品尝到地道的、热气腾腾的奉化芋艿头。在时间宽裕的情况下，游客也可以在农家乐的民宿中小住，亲近大自然，放松放松疲惫的身心。每个芋艿头基地都应该突出自己的独特之处，例如：溪口镇芋艿头农家乐的发展优势在于当地的旅游业本就发展良好，将芋艿头体验基地的农家乐加入其中，不但能够丰富溪口镇的旅游内容，对芋艿头基地的发展也起到促进作用。再比如：奉化滕头村，也是非常有名的旅游景点，发展芋艿头体验基地与原本的旅游业能够相互促进、共同发展。除了利用自身的优势，不同基地之间的相互合作也是非常必要的。每个基地都有自己的发展特色与经验，不管是双方合作还是多方合作，彼此学习、借鉴，取长补短，能够促进所有芋艿头旅游基地的共同发展，从而促进奉化芋艿头文化的繁荣，推动奉化当地经济的发展。

参考文献

　　1.黄维琴、竺帅、周彬：《休闲农业发展综合评价及对策研究——以浙江省奉化市为例》，《科技与管理》2012 年第 14 期。

　　2.郎进宝、陈炯斐、陆鸿年等：《红芋艿的开发与利用》，《内蒙古农业科技》2004 年第 S2 期。

　　3.宁波市农村经济委员会，宁波市农业区划委员会：《宁波农业名优特产》，上海科学技术出版社 1994 年版。

　　4.许静娜、沈世伟：《"美丽乡村"建设下的奉化休闲农业发展现状及启示》，《现代化农业》2014 年第 9 期。

　　5.张如安、张伟、唐燮军：《宁波区域文化资源概览·"宁波物"卷》，浙江大学出版社 2019 年版。

传承人之一吴大军（中）作技术指导（陈妙金摄）

溪口新建村传承基地（陈妙金摄）

五、奉化水蜜桃

　　奉化水蜜桃是奉化区的传统名果，是中国四大传统名优桃之一，也是中国国家地理标志产品。据史料记载，奉化栽桃已有2000多年历史。早在明代，奉化就出产红白桃、硬白桃。水蜜桃的培植始于清光绪年间。光绪九年（1883），奉化东岙乡花木村三十六湾的农民张银崇从上海西门外黄泥墙引来一批新桃苗——"龙华水蜜桃"，经过反复筛选、嫁接，培育出了品质卓异的"玉露水蜜桃"，后又称"奉化水蜜桃"。民国元年（1912），玉露水蜜桃开始在奉化大面积生产。民国八年（1919），奉化开山拓荒，桃园增多，玉露水蜜桃遍及全县各地。至民国九年（1920）前后，水蜜桃栽培面积达700亩，尤其是民国二十二年（1933）前后，栽培面积达4010亩，产量为1500吨，独占上海市场。当时著名桃园有白杜的"兆丰园""茂昌园""世惠园""董丰园"，萧王庙陈夹岙的"民园"，南浦茗山的"百果园"，山头朱的"金钗园"，以及沙堤和溪口武岭农场桃园等。

　　如今，水蜜桃产地主要分布在奉化江、甬江两岸，尤以奉化溪口新建村、大桥长汀村、西圃村、萧王庙镇林家村最为有名。水蜜桃形成了早花露、雪雨露、沙子早生、湖景蜜露、塔桥、玉露、迎庆等150多个早、中、晚熟的水蜜桃品种。成熟的水蜜桃果型美观、肉质细软、汁多味甜、香气浓郁、皮薄易剥、入口即溶，品质堪称"中国之最"，奉化也因此被誉为"中国水蜜桃之乡"。

（一）奉化水蜜桃核心文化基因解析

1. 物质要素

（1）"六山一水三分田"的奉化地貌

奉化区地处宁波市区南部，东濒象山港，南连宁海县，西接新昌县、嵊州市和余姚市，北与鄞州区相交，东西长 70.5 千米，南北宽 42 千米，陆地面积 1268 平方千米。山多东南来，水多西北去，溪河盘旋，地形复杂，地貌构成大致为"六山一水三分田"，多低山缓坡，多沙壤和沙粒壤土。奉化水蜜桃的种植均在低山缓坡上，山区和半山区给桃树生长构成了一道天然屏障。奉化江系和象山港系两大水系贯穿奉化全区，能给桃树生长供应充足的水源。此外，境内分布溪流十余条，丰富的水源能满足桃树生长对于灌溉的需要。

（2）化学元素丰富、通透性好的土壤

奉化处于红壤带北缘，红壤化作用较弱。大量雨水对土壤产生的强烈侵蚀和淋溶使成土过程脱硅富铝化，形成了部分以"酸、瘦、粘"为主要特征的红壤，加之奉化气候温暖湿润，有利于岩石和矿物风化，因而奉化土层较深厚，是适合桃树生长的宝贵土壤资源。桃树对土壤化学元素要求高，而奉化土壤基性岩中的钙、镁、锰、氮、磷和变粒岩中的氮、磷、铁、硼含量丰富，能提供桃树生长所需营养元素，只要补充适当的氮、磷、钾，就能促进桃品质的提高。此外，桃树要求土壤通透性好。奉化水蜜桃大多生长在砾质酸性紫色土，不但通透性好，更是富含钾元素，有利于桃树体内糖分的转化和运输，土壤是造就奉化水蜜桃质优味甜的功臣。

（3）种植区域及水蜜桃外观特色

目前奉化形成以新建、沙地、何家、林家、陈家岙、西圃、长汀、状元岙等 8 个专业村为中心，从溪口镇经萧王庙镇到锦屏街道，村村相连的水蜜桃示范基地。近年来，奉化区大力推进传统种植区域的水蜜桃提升示范工作，在溪口镇、萧王庙街道、锦屏街道等水蜜桃传统种植区域建成了 5 个面积 5000 亩以上的水蜜桃现代示范园区。奉化水蜜桃果实呈椭圆形，果顶尖圆，梗洼狭而深，缝合线浅，两侧较对称，果皮呈黄白色，向阳面有红色斑点，皮中厚、韧，绒毛多，易剥离，果肉乳白色，近核处紫红色，略有纤维，汁液多，有"琼浆玉露"之美誉。

2. 精神要素

（1）孝顺长辈，益寿延年

奉化民间流传东方朔与母亲居住在象山港畔，冬日母亲病时想吃桃子，为满足母亲心愿，东方朔四处寻桃，后受人指点到江西龙虎山登天梯前往天宫桃园偷桃，带回献给母亲。母亲吃了半个桃子便痊愈，剩下半个给东方朔吃。两个人吃了仙桃后，得道成仙带着桃核云游天下，在一个叫妙林十八村的地方，看着跟天上的桃园十分像，遂将桃核种下。这个地方便是长汀，因而长汀水蜜桃被奉化当地人视为优品。

虽然这只是一个传说，但寄托着人们美好的期许。奉化人民将水蜜桃作为载体，表达子女孝顺长辈，水蜜桃延年益寿的美好愿望。

（2）不忘故土，乐善好施

奉化水蜜桃的另一个传说与布袋和尚有关。传说布袋和尚来自长汀，在王母娘娘主持的三月初三蟠桃会上，吃着香甜无比、增福益寿的桃子，思念家乡，趁机偷藏三枚桃核放入乾坤袋。村边李公施山岙风景宜人，住着两位勤劳的长者，布袋和尚将桃核种在其居住的屋后，并在旁边的岩石上写：长汀长汀有多长，自古至今无人量，蜜桃落土年年发，玉露琼浆共品尝。次年春天，三株桃苗破土而出，在两位长者的精心培育下，长汀所有的山山岙岙在几年里都变成了茂盛的桃园，花开时节整个村子如同在烟霞之中，果熟时节香飘奉城。

布袋和尚的故事借助水蜜桃表达了奉化百姓的家乡情，也展现了奉化人民不忘故土、乐善好施的美好品质。

（3）敢于试验，追求卓越

奉化桃子名扬四方，主要归功于溪口三十六湾村园艺人张银崇。张银崇通过不断的嫁接优化育种，培育出品质卓越的"玉露水蜜桃"。这个品种的桃子果实椭圆形，缝合线浅，两侧大小均匀，皮淡黄绿色，核紫红色，皮薄易剥，入口易融，甘甜芬芳。这一成功试验开创了嫁接培育新品的先河，也促进了奉化水蜜桃的大规模栽种。短短二三十年间，奉化全域乃至周边的鄞县都有水蜜桃的身影，涌现了"兆丰园""民园""百果园""金钗园"等一大批著名桃园。1996年底，奉化市水蜜桃研究所开始组建，此后奉化人民也没有停下追寻品种更加优良的水蜜桃的脚步。

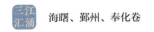

（4）馈赠亲友，浓浓乡情

奉化水蜜桃作为家喻户晓的特产，是人们走亲访友时的礼物首选。尤其到了夏季，当地人不仅会在自己家中备上许多水蜜桃解暑，也会为远方的亲戚、朋友寄去一些，与他们分享这一份清爽与甜蜜。家里长辈还会把成熟的水蜜桃做成罐头，送给邻居、朋友。在物流还不发达的过去，做桃子罐头是保鲜的重要手段，很多人在外出工作或求学时，都会带上自家的罐头，一来可缓解思念之情，二来也可与周围的人分享家乡味道。此外，在两岸交流之中，水蜜桃作为游子与家乡之间的情感纽带，寄托着祖国早日统一的美好愿望。1992年，当时的奉化市林业局特意挑选水蜜桃，托运给远在台湾的蒋纬国先生，使其品尝家乡味道。

3. 语言与符号要素

（1）寓意之桃：长寿

"桃"在陶器、年画、雕刻、绘画等多种民俗事物中都有呈现，并流传至今，形成独特的桃文化。桃文化寓意丰富、民俗气息浓厚、内涵独特。桃的果实寓意长寿；桃木寓意辟邪；桃花寓意硕美……剪纸、年画、刺绣、雕刻中有诸多此类题材，表达出人们对生命、长寿的祈祷与向往。现在，老人做寿时，家里小辈会为其准备寿桃造型的蛋糕，在长寿面或是其他礼物的包装上也印着寿桃的图案，表达对老人的美好祝愿。

（2）民俗文化：桃符

王安石在《元日》中写道："千门万户曈曈日，总把新桃换旧符。"桃符是中国古老的民俗文化。辞旧迎新之际，古人常在桃木板上分别写上"神荼""郁垒"二神的名字，或用纸画上二神的图像，悬挂、嵌缀或者张贴于门首，意在祈福消灾。《宋史·蜀世家》记载，后蜀主孟昶令学士辛寅逊题桃木板，"以其非工，自命笔题云：'新年纳余庆，嘉节号长春'"，是中国第一副春联。现在每年过年，家家户户贴春联，张贴在门上，寓意新的一年新的开始，这是中国春节的传统习俗，同样表达了对神灵的敬拜。当前，部分地区依旧保留桃符制作习俗。

4. 规范要素

（1）栽培技术体系

奉化水蜜桃已经创新出一套"一轻、二重、三疏、四套、五防"的栽培技术体系，并制定了有关省、市技术规程和地方标准。"一轻"指轻剪长放，水蜜桃种植通常在春季果树萌芽前和秋天桃树落叶以后，栽种之前，要修剪根系让水蜜桃果树根系充分进入土壤里面。"二重"指重视土壤改良与重视夏季修剪。"三疏"指疏花、疏枝与疏果，水蜜桃不需要授粉就可以结果，但不同花朵授粉能提高果实的品质以及产量。花谢后进行的疏果能够保证有充足的养分流到果实中。"四套"指专用袋套袋，套袋前先喷消毒液，采果一周前脱袋，使病虫害减少，并利于果实着色。"五防"指病虫害综合防治。

（2）节庆典礼

奉化桃花节是以欣赏桃花文化为中心举办的活动，其前身是"天下第一桃园"萧王庙林家村的桃花笔会。自2008年起，每年三四月份举办，活动内容以赏桃花为主，辅以品香茗、写古诗等活动，同时还举办各种书法表演、摄影大赛等艺术交流活动。

每年8月举办奉化水蜜桃旅游文化节，活动内容为采摘水蜜桃、品尝水蜜桃、水蜜桃评比，同时开展大型文艺晚会、桃乡风情运动会、音乐节等，每年都吸引着成千上万的游客。

（二）奉化水蜜桃核心文化基因的提取与评价

奉化水蜜桃文化是宁波农业文化的典型代表，其基因根植于"六山一水三分田"的奉化地貌中，与奉化的生产与日常生活有关，奉化水蜜桃核心文化基因主要提取为：尊重与孝顺长辈、思念与热爱家乡、期待与追求美好生活以及对亲友的关心与祝愿。

1. 生命力评价

自张银崇将上海龙华顾氏桃苗带回奉化嫁接培育出"玉露水蜜桃"后，奉化水蜜桃"敢于试验，推陈出新"的文化基因始终未曾中断。民国元年（1912）起，奉化水蜜桃相继在奉化各地推广开来，到了民国九年（1920）前后，水蜜桃栽培面积达46.7万平方米。后经十几年培育发展，民国二十二年（1933）前后是奉化水蜜桃种植最盛时期，面积达267万平方米。新中国成立后，奉化水蜜桃生产在党和政府的领导下短期内得到了较快恢复与发展，其间虽然由于各方面原因，经历过一段低迷时期，但后来随着农村政策调整，水蜜桃生产又重新步入了正轨。如今在奉化，由于科技兴桃、合作开放等措施，水

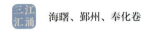

蜜桃产业有着更好的发展。

2. 凝聚力评价

奉化得天独厚的地理和气候给水蜜桃的种植带来了优质的自然保障。此外，桃林种植的背后往往是一个宗族、一个村庄、一个区域的力量。直到现在，奉化水蜜桃种植布局依然保持片状分布格局。在溪口镇、萧王庙街道、锦屏街道建成了5个面积5000亩以上的水蜜桃现代示范园区，发展了新建、林家、西圃等11个面积在1000亩以上的水蜜桃专业村，形成了区域化布局、规模化生产、产业化经营格局。

由此可见，奉化水蜜桃在推动当地社会经济文化发展方面也起到重要作用。自20世纪初奉化水蜜桃作为商品流入市场以来，发展至今已成为奉化十大农业主导产业之首，在奉化农业产业中具有举足轻重的地位。

3. 影响力评价

奉化水蜜桃名扬天下，先后获得了以下荣誉称号：1996年，奉化被国务院发展研究中心等部门联合命名为"中国水蜜桃之乡"；1988年农业出版社出版的《落叶果树种类学》一书，称奉化水蜜桃是"我国水蜜桃中最有名的品种"；国内外桃子专家也一致评价"奉化水蜜桃品质为全国之最，堪称中国第一桃"；2010年，"奉化水蜜桃"通过国家原农业部农产品地理标志审定；"锦屏山"牌奉化水蜜桃先后获得宁波市十大名果、浙江省十大特色农产品品牌、中国十佳农产品品牌、中国国际农业博览会金奖、全国早熟桃评比金奖等荣誉，通过浙江省著名商标、中国驰名商标认证，各式各样的荣誉是对奉化水蜜桃影响力的最好展现。

4. 发展力评价

奉化水蜜桃作为奉化的传统特产和金字招牌，近年来，借助科学技术与互联网的发展，大力走出去。同时，拓展水蜜桃产业辅助功能，在提倡绿色产业、桃文化产业链的同时带动交通、餐饮、农家乐等行业发展，广泛深入与其他产业相融合，提高产业附加值。自1990年奉化开办"桃子节"，至今已有30多年举办经验，尤其是2016年"奉化水蜜桃文化节"达到空前规模。如今，"奉化水蜜桃"的品牌知名度依然在不断提高。据中国农业品牌研究中心评估，"奉化水蜜桃"的品牌价值可达12.2亿元。2016年举办奉化水蜜桃文化节时，蒋大为先生一曲《在那桃花盛开的地方》成功塑造了奉化"桃花之城"的品牌形象，做活了奉化区的"赏花经济""乡村旅游经济"，进一步扩大了"奉化水蜜桃"的品牌影响力。

（三）奉化水蜜桃核心文化基因的转化利用

1. 整合资源，建立水蜜桃博物馆

根据史料记载，奉化桃子自开始栽种，至今已有 2000 多年的培育历史，水蜜桃的培植至今也有 100 多年。在此期间，最典型的故事当属果农张银崇引进新桃苗并培育出"玉露水蜜桃"。此后，也有很多值得记录的人物与水蜜桃的故事。至今，水蜜桃生产工作蒸蒸日上，这都离不开养桃人的辛勤付出。奉化桃子从培育开始，到明朝时产出红白桃、硬白桃，再到清朝时的水蜜桃，直到今天培育出品种各异、品质绝佳的水蜜桃，千年来的养桃经验对后世来说是极为丰富且珍贵的财富。同时，果农在种植水蜜桃时的工具与技术，都是具有传承意义的。

整理奉化水蜜桃的发展历史、征集人们与水蜜桃的趣味故事、汇总栽培水蜜桃的技术与经验、收集种植水蜜桃的农具器物，进而建立水蜜桃博物馆。水蜜桃是奉化地区最有名的特产之一，水蜜桃博物馆的建立不仅可以强化水蜜桃在当地人心中的地位，而且能够更好地集中、保护、展示这历经千年的水蜜桃文化。

作为宁波市及周边地区的旅游热门地，奉化山清水秀，美食无穷，吸引了无数游客。水蜜桃博物馆建成后，必定成为一处全新的旅游景点。游客可以通过参观水蜜桃博物馆，进一步了解水蜜桃的历史与发展，深入了解奉化水蜜桃培育时间长、培育困难多，会更加珍惜和热爱来之不易的每一个水蜜桃，增强人们心中对水蜜桃文化的认知。

奉化的夏天是属于水蜜桃的。此时，学生正处于暑假，水蜜桃博物馆可以针对学生推出各类与水蜜桃相关的课程，例如：短期的体验课和阶段性的学习课程，短期的体验课程适合远道而来的学习者，以了解和感知水蜜桃文化为主，而暑期阶段性的学习课程，主要针对本地的学生，由于本地学生居住得相对近，早晚来回便利，适合阶段性学习。阶段性学习除了学习水蜜桃的历史文化，还可以设置拓展和提升课程，例如：小蜜桃讲解员培训，如同培养小主持人一般，锻炼学生的表达和表现能力。学习者能够在整个阶段的学习和训

练中，对水蜜桃文化知识相对细致地吸收；同时在不断的讲解中，锻炼自身胆量，提高自身的综合素质。接受阶段性学习后，博物馆方面可以对这一批学习者进行考核，挑选优秀学员，邀请其长期担任水蜜桃博物馆的讲解员，并给予一定的奖励。博物馆推出学习课程，对社会以及场馆发展而言，是一举两得的。

2. 结合当下，深入开展水蜜桃文化节

自 20 世纪 90 年代开办"桃子节"以来，每年都如期举办。除了参加"桃子节"外，春日到奉化赏桃花也是当地人和外来游客的主要选择。每年到了桃花盛开、桃子成熟的时候，奉化地区总是人来人往，车辆川流不息。当前，无论是"桃花节"还是"桃子节"，虽然每年都在如期举办，热闹非凡，但同时，我们也会发现，这两个文化节日的内容并不丰富，以观赏和品尝活动为主，且到来的游客大都是中老年人和儿童，年轻人数量偏少。因此，在原来文化节日的基础上继续深入展开势在必行。

增加文化节活动内容和借助网络平台是深入开展文化节的第一步。增加文化节的内容能丰富整个文化节，让整个过程更加充实而且吸引人，例如：在桃花节活动中，举行有关桃花的才艺比赛、选美大赛等；在桃子节时，为果农举办桃子比赛、为游客举办桃园游艺活动等。

近年来，周末集市和夜市开展得如火如荼，尤其是到了夏天，天气虽然炎热，但人们依然愿意在茶余饭后出来走动。漂亮、精美的集市总是能够吸引大量的人流，其中大部分是年轻人，他们喜欢到集市上喝冷饮、拍照片，然后分享到社交平台上。很多集市因为年轻人的分享而在网络上迅速走红，吸引了源源不断的客流。水蜜桃文化节除了以上这些传统的活动，也可以举办水蜜桃集市。文化节主办方设置摊位并面向社会招商，鼓励年轻人多多参与，在整个销售过程中创意或是成交量突出的商家还可以获得主办方准备的奖杯和奖励。前来参与集市的商家，可以自主布置自家的摊位，可以融入独特的想法和创意。商家售卖的可以是与水蜜桃相关的食物和饮品，也可以是与水蜜桃相关的周边产品，例如：水蜜桃样式的文创产品，结合水蜜桃元素的摄影服务等。除了水蜜桃集市以外，文化节主办方还可以举办水蜜桃主题音乐节。近年来，各种主题音乐节颇为流行，例如东海音乐节、草莓音乐节等。主办方联系并组织举办奉化水蜜桃音乐节，邀请当下受欢迎的明星参加演出，吸引大量的年轻人前来

观看。

以上活动在线下举办的同时也可以发布到相关网络平台上，让网络端的观众也能感受到现场的热情氛围。此外，部分活动也可以在网络平台上进行，例如：观众通过直播平台直接连线参与文化节的现场活动；网友可以自己制作与桃花、桃子相关的作品上传网络平台集赞换取相应奖品等。这样一来，既能使整个文化节多姿多彩，更能扩大文化节的影响力，从而促进当地桃业经济发展。

3. 把握需求，发展水蜜桃副食品产业

奉化水蜜桃香甜、多汁，深受人们喜爱。尤其到了夏季，把水蜜桃放在冰箱里或是在凉水中稍放一会再吃，更是当地人解渴消暑的好办法。水蜜桃春天开花，到了夏天开始结果，一直到秋季落市，水蜜桃生长的时间长，而真正上市的时间却很短。在水蜜桃上市的绝大部分时间里，当地的天气都非常炎热，因而水蜜桃的保鲜工作就成了问题。每年到了水蜜桃成熟的时节，多数人会选择自驾前往奉化的果园里购买，然后直接装车送往亲朋好友处，让他们品尝。即使是物流如此便捷的今天，除了存放时间短，运输过程中水蜜桃的受损情况也是需考虑的问题。由于保鲜和保"全"这两大问题的限制，很多远方的水蜜桃"粉丝"只能在水蜜桃季时"望桃止渴"。因此，缓解水蜜桃"远粉"的"相思之苦"是水蜜桃发展过程中必不可少的一步。

发展水蜜桃副食品，既可解决以上问题，又可拓宽水蜜桃的未来发展，是一举两得的措施。政府积极发挥牵线搭桥作用，帮助果农成立水蜜桃农产品销售合作社，并且帮助合作社与相关食品加工公司取得联系，促进两者之间的商业合作。每年由水蜜桃农产品销售合作社向果农们征收水蜜桃并且供给食品加工公司。这样既能保证果农的桃子销售顺利，也能够保证食品加工公司得到优质的水蜜桃原材料。这是产出优质水蜜桃副食品的基础。食品加工公司可以将水蜜桃加工成水蜜桃干，像著名的榴莲干、芒果干一样。这样便可突破保鲜时长和距离的局限，售卖到更多、更远的地方。榴莲干和芒果干是东南亚的特产，尤其是在泰国，已经成为游客必买的典型伴手礼。水蜜桃干同样可以成为奉化地区，甚至是宁波市的特色伴手礼。

此外，水蜜桃还可以被制作成水蜜桃罐头、水蜜桃冰激淋等。黄桃罐头在超市里十分常见，是人们喜爱的美食。水蜜桃若是被制成罐头，也必定能受

到顾客的喜爱。食品加工公司可以直接向饭店、超市、冷饮店等提供水蜜桃罐头、水蜜桃冰激淋等美味产品，在保证产品销路的同时，也为商家提供了充足的货源。最后，将水蜜桃与其他食品原料一起加工成新的产品，这样的创新也是非常必要的。加工过的水蜜桃虽不及新鲜水蜜桃的口感，但是依旧美味。

　　政府发挥牵线搭桥的作用，促进农户、相关企业和商家之间的合作，保证农民农产品销路的同时，确保相关企业原材料的质量，商家的货源也从中得到保障。此举将促进农户、相关企业以及当地经济的发展，实现多方共赢。

参考文献

1.陈妙金：《奉化水蜜桃　打造"桃"产业链激活富民基因》，《浙江林业》2018年第8期。

2.刘倩倩、邵华、黄冉阳等：《农产品区域品牌提升策略浅析——以浙江奉化水蜜桃品牌提升为例》，《商场现代化》2012年第6期。

3.王明亮、应瑜、林一秀：《生鲜农产品电商"B2B2C"模式的构建探索与实践——以宁波市奉化水蜜桃为例》，《中国商论》2016年第34期。

4.吴大军：《奉化水蜜桃的品牌打造之路》，《浙江林业》2015年第10期。

六、奉化布龙

奉化布龙以竹篾制成骨架，以布料作龙面、龙身，故名曰"奉化布龙"。其形状是一条有头有尾、有鳞有角、似蛇非蛇、眼似明灯、口如深渊的龙形道具。由舞蹈者高举并仿效龙的性格特征，在民间打击乐的伴奏下进行舞蹈，舞龙人举着布龙上下翻腾、左右奔突、前后盘旋、曲折跳动。据《奉化市志》记载，早在 800 多年前的南宋时期，奉化境内已有舞龙，俗称"滚龙灯"，是中国代表性龙舞之一，从敬神、请神、娱神的民间仪式逐渐演变为富有特色的民间舞蹈。奉化布龙还富有强烈的娱乐性：龙体轻便、神态轩昂、形态活泼、套路变化丰富。

1946 年，奉化布龙在庆祝抗日战争胜利的全县龙舞大赛上大放异彩。20世纪 80 年代，全县境内还有 100 多条 9 节布龙在活动。1990 年，奉化布龙入编《中国民族民间舞蹈集成·浙江省宁波卷》，且排在全书第一篇。1996 年，奉化被文化部命名为"中国民间艺术之乡"。2006 年 6 月，奉化布龙被列为国家级非物质文化遗产。

（一）奉化布龙核心文化基因解析

1. 物质要素

（1）竹子

奉化布龙的龙骨、龙节和龙头制作材料来自奉化当地的自然产物——毛竹。布龙是需要支撑大幅度动作的道具，牢固性是重要的考虑因素，选材好坏

奉化布龙（陈科峰摄）

是首要一环。竹子是奉化的特产，制作布龙，一般首选小年毛竹，即小年从竹山上砍下来的竹子。用小年毛竹制作布龙的骨架和支架，不但经久耐用，还会由于不断的打磨而光滑异常，更美观大方。最理想的竹子是乌竹，长在深山冷吞里，性坚而质韧，既牢固又富有弹性，容易舞动，尤其是用乌竹做龙棒，轻巧耐用，外观秀美。

（2）布料

布龙对布料要求有质感并且耐磨，以前采用奉化农村自产自销的土布，加以染色加工，现在一般采用有色的牛筋布或质地厚实的化纤布。以前多见黄龙，因为黄色不但象征权力和富贵，而且染料可以就地取材。另一种棕色染料栲脑，属灌木类，生长在四明山、天台山的向阳坡上，叶汁棕色，渔民常用来染渔网，可使土布染出老黄颜色，适合做老龙的龙衣。

2. 精神要素

（1）容和福生、谐天奋进

龙是中国人心目中的祖灵，具有"容和、福生、谐天、奋进"等精神内涵。奉化布龙以神的面貌示人，在其身上寄托着民众各种各样的祈求。具体表现为以下三点：一是佑护孩童，二是安宅辟邪，三是消灾祛病。

民间由此衍生出舞龙文化。舞龙是祭礼祈雨仪式过程中演示的一种民俗活动，从敬神、请神、娱神等民间习俗演化而来。舞龙展现了奉化人对龙的崇敬，也表达了人们对龙的企盼和感恩。特别是年丰人寿、国泰民安的好时节，在除夕前后及元宵灯节期间，人们都以见龙为乐、舞龙为吉。舞龙队以龙拜岁，恭贺新春，吉祥如意，深受欢迎。

（2）团结协作、坚韧不拔

奉化布龙艺术的基本特点是气势磅礴，人舞龙随，人动龙转，首尾相应，前后相通。龙舞讲究舞动时整齐划一，在表演技巧上，观众主要以龙舞得圆不圆、人跟得紧不紧作为衡量舞龙技术水平的标准。舞龙人将神龙高高举起，在手脚并用、身心合一的团队协作下，做滚、翻、跑、跳、跨越、腾飞等各式舞蹈动作，竭力表现龙的神俊和矫逸，体现了中华民族坚忍不拔的奋进精神。同时，舞龙人在舞龙活动中是龙的一部分，是布龙道具的龙脚，人与龙密不可分，达到"人龙合一"的境界。

"龙身一节节，人心要齐一"指的便是人与龙、人与人之间要达到高度的协调统一，保证上下连贯、一气呵成。观看舞龙表演如同看到中华民族的腾飞奋进、华夏儿女的拼搏精神。

（3）千锤百炼、精益求精

奉化布龙的舞姿变化多端，原有 20 多个不同动作，经过 300 多年的发展演变，现奉化布龙的套路多达 100 余种，整个舞蹈由盘、滚、游、翻、跳、戏等多个动作和"小游龙""大游龙""龙钻尾"等过渡动作组合而成。其中许多不同的跳跃动作和滚舞技巧，都是由丰富的想象力所创。此外，奉化布龙在工具的制作、表演套路、表演者服饰等方面都做了改革创新并日臻完美。比如，2002 年，当时岳林街道周家村最红的龙头手周永根制作的两条布龙均有 27 节，长 68 米，如果按照传统套路，无法盘旋自如。因此，在宁波市文化局的指导帮助下，对传统套路进行巧妙的革新，不但使节目结构更完整、主题更突出，还编导了 15 套巨龙飞舞的动作。

3. 语言与符号要素

（1）舞龙服饰

以往，舞龙人的服饰与浙江东部地区农民平常的穿着相似，只是在腰部系上一条料鲛（彩色腰子带）。在重大节庆期间表演，则要求服饰统一：上装为土布对襟排纽，颜色有黄、蓝、黑三种；大开裆灯笼裤子，大致也是黄、蓝、黑三色；小腿完全被镶有花边的裹脚布裹住；脚穿用布条搓制的八纽草鞋；头上裹白色包头布，因为民国以前农民大多蓄发，因而须包扎稳妥，否则长辫子捣乱，舞龙人要吃大亏，久而久之，包头也成了舞龙服饰。

现在舞龙队的服饰有所改变，上装式样依旧，灯笼裤子颜色和布料从浅从轻，不用裹脚和草鞋，而穿白色球鞋。包头和腰带也可因地制宜，不强求完全统一。

（2）龙灯锣鼓

奉化流传着"新年到，龙灯锣鼓敲打敲"的俗语。奉化的龙灯锣鼓是颇具历史文化渊源的民族音乐，以打击乐为主，弦管乐为辅。具体乐器的配备根据舞龙表演需要而定，主要包括锣、鼓、钹、号等，主要乐器是锣，由原先的一大一小两面锣，增加至三面、四面、五面或六面，有时为了追求更好的舞台效果，在重要场合表演时会使用"十番锣鼓"（浙江省首批非物质文化遗产）。

龙灯锣鼓乐器的排列有一定的程式。打击基调响亮明快、干净利落，锣鼓谱有"二五七""三五七""三五八"等。打击方法有三种：一是大锣、小锣变换有序地轮番敲打；二是单敲小锣；三是单敲大锣。轮番敲打的方法（"三五七"任意组合）在表演中用得最多，开场有"闹头场"等。

4. 规范要素

（1）制作工艺

奉化布龙是全手工制作的工艺品，其工序多达300余道。主要工序包括：选竹子，剖竹片，弹竹片，钻孔、挖方，绕、嵌、扎、插龙棒，龙衣染色、绘龙鳞，缝龙衣，扎龙头、龙角、龙尾，贴鳞光，镶龙牙，别龙须，装龙舌，结龙珠等。其中最重要的是，龙做好后需要举行一个"开眼"仪式，只有"开眼"的龙才是神器，具有"龙的威力"。做一条9节布龙需花一个多星期，如果所有龙节框架都用手编的六角方圆筒，则所需时间更长。所需工具除刀、刨、锯、锉、榔头、凿子、钻具、雕刻工具、钻子、剪子外，还有缝纫工具、油漆工具、蜡烛、柴火和煤球炉等。

（2）舞龙套路

奉化布龙有着强烈的艺术感染力，不仅是历代劳动人民集体智慧的结晶，也是奉化爱龙人士不断摸索、不断创新、不懈努力的结果。奉化布龙基本手法有5种（横S形之一，横S形之二，左右抡龙，左右横平，横摆龙），基本套路28种（"小游龙""大游龙""龙钻尾""大游龙""盘龙""龙抓身""挨背龙""搁脚龙""左右跳""套头龙""游龙抱身""龙脱壳""龙翻身""双节龙""背摇船""圆跳龙""蹲困龙""满天龙""摇船龙""游龙跳""靠足快龙""龙滚沙""龙戏尾""弓背龙""龙出首""快游龙""直困龙""快跳龙"）。

（3）请龙行会

民间视龙为司雨水的神，历来有请龙祈雨的民俗活动。请龙的过程如下：第一步，由族长决定行动，通知请龙的人斋戒沐浴。第二步，请僮星（有"通神能力"的人，即民间巫师）定请龙日子。第三步，请念盘（道士）率村民及乐队（一般由村里舞龙队的锣鼓手负责）抬着一项用藤扎成的龙庭（坐椅），放上圣瓿，浩浩荡荡赴择定的龙潭；第四步，在龙王庙摆上香案，烧下请神下界的经咒，众人到龙潭边，族长跪拜，念盘念咒辟符，乐队奏乐（以舞龙时的锣鼓经为基调），直到潭里有水族出现。原则是要看到以前请过的蛇或蛙，但如果长时间（有时要念上两天）不见旧物，其他水族也可以被认为是龙王派遣的龙子龙孙，也将就放进圣甑里，包上两张棕榈（又透气又牢稳），由两人抬着起驾还村。第五步，派人向村里通报龙驾将到，村中执事立即向全村公告接龙，村里凡能抽身的都会主动参加，有的背龙旗（也叫雨水旗），有的放爆竹，更多的是凑热闹，熙熙攘攘出迎五里（2500米）以外，龙王路过的村子家家户户要备"龙粥"供请龙人随时享用。第六步，晒龙王，即把请到的龙驾放在宗庙或宗族集会的堂屋天井里，让毒毒的太阳晒着，直到下雨为止，请龙期间，村人一律不准戴草帽，撑雨伞，同时要演戏（俗称龙王戏）上供招待（一些穷而小的村子请不起戏班子则念盘唱经）。第七步，送龙，如果下了透雨，惠及四方，皆大欢喜，则要送龙行会，俗称"行龙会"。如果一直没有下雨，而圣甑里的龙王也被晒死，则认为是没有请到真龙，这次行动失败。此外，布龙所到之处，族长要焚香点烛跪拜迎接；布龙不能在晾衣服的竹竿下钻，更不允许在旧房子的楼板底下舞。

（4）舞龙仪式

舞龙队伍中有两人手提龙灯打前站分帖子，对方接受龙帖后才能把龙队引进院落。进入院子后要先盘屋柱，表演开始时先"辟四门"，指龙头带领整条龙在东西南北中五个方位做"S形"翻滚，俗称"滚龙灯"。表演结束后，主人会把红包用红线扎好，挂在龙角，向龙拜岁，谢龙光临。

龙舞活动分为三个时段，第一时段是农历除夕前五天，正月初一至正月初五的五天，上灯正月十三至落灯正月十八的六天；第二时段是庙会，作为游艺节目表演，时限看群众需要而定；第三时段是在请龙、送龙、行龙会时，时间一般为三至六天。

（二）奉化布龙核心文化基因的提取与评价

奉化布龙具有"活龙活现"的表演风格和艺术境界，传达舞龙背后所蕴含的中华民族传统文化，以及容和福生、谐天奋进，坚忍不拔、团结协作、千锤百炼、精益求精的精神。奉化布龙为广大群众喜闻乐见，因其本身寓有强烈的娱乐性：龙体轻便、神态轩昂、形态活泼、套路变化丰富，对青年人有天生的亲和力和吸引力。

1. 生命力评价

龙纹祭器、龙舞等为布龙艺术的孕育、成长、发展奠定了坚实基础。奉化舞龙已有800多年历史,在200年前,奉化布龙已有"龙出宫""龙穿筋""龙脱壳""龙回头"等20多个动作套路;发展到清末民初,有100多个舞龙动作,单是板凳上舞龙的动作便有3套20余个动作变数。

奉化布龙的历史悠久,从现有材料看,已有350年历史。然而,作为自然形态的民间艺术,奉化布龙正面临着失传的危机。由于人民群众物质生活水平不断提升、文化生活更加多样,舞龙队伍正在迅速减少,市场越来越小,舞龙人才日益老化,各种情况都在加速奉化布龙艺术的濒危,急需采取抢救扶持措施,让奉化布龙焕发新的生命力。

2. 凝聚力评价

"融合"是中国龙文化中最本质、最重要、最需要传承和弘扬的。"融合"具有一定的现实社会价值,大到国家统一、民族团结、构建和谐社会、处理国际关系,小到个人事业、人际交往、家庭生活,"融合"都能够提供指导参照、精神动力和象征载体。构建和谐社会,要以融合为前提、基础。舞龙运动具有强大的和谐精神、集体精神和包容精神。

奉化布龙由最初民众的敬龙、娱人的民俗活动发展为风格独特的舞龙艺术,经历了漫长的阶段。舞龙艺术已成为中华儿女的共同财富,对传承传统文化精华、增强民族凝聚力、构建和谐社会,具有重要的现实意义。

3. 影响力评价

奉化布龙虽然历史悠久,但在相对封闭的传统社会受到区域限制,其社会影响相对有限。直到20世纪后期,奉化布龙的声名才逐渐远扬,对奉化当地的影响也极为深远。除了民俗活动,奉化布龙的影响还表现在竞技比赛、文化交流、经贸活动等方面。奉化布龙在1946年庆祝抗日战争胜利的全县龙舞大赛上大放异彩;参与全国农村(群众)业余舞蹈会演获得优秀表演奖;多次参加大型庆典活动,在1955年4月3日国务院举行的"庆祝苏军解放匈牙利十周年"纪念大会上进行表演,彰显着奉化布龙蓬勃的生命力。

1990年,奉化布龙入选《中国民族民间舞蹈集成·浙江省宁波卷》,且排在全书第一篇。1996年,奉化被原文化部命名为"中国民间艺术之乡"。2006年6月,奉化布龙被列为国家级非物质文化遗产。此外,在浙江省国际经贸洽谈会、宁波市国际服装节、杭州西湖博览会、国际旅游年、春节文艺晚会、中日儿童联欢晚会等活动中都有奉化布龙的精彩表演。

4. 发展力评价

针对奉化布龙的濒危情况，各级政府和奉化推崇舞龙艺术的人士都十分重视布龙艺术的传承和发扬，历年来做了大量保护和扶持奉化布龙的工作，积极开展布龙研究，在其传承和发扬的过程中，不仅在物质上传承布龙制作工艺、舞龙民间舞蹈艺术，同时还在学术研究方面积极探索，论证中国舞龙运动的发生、发展规律，强调龙舞艺术与民族精神的一脉相承。

奉化布龙在长期的表演中也探索了一套"制作、表演、培训"等"以龙养龙"的发展模式。布龙表演作为文化发展的重要内容，与市场经济结合日益紧密，在各大节日和庆典活动中烘托喜庆氛围，拉动旅游事业的发展。目前，奉化布龙已申请注册商标，逐渐形成专业化、产业化的发展趋势。奉化布龙被国务院列为国家级非物质文化遗产项目后，奉化人对这门民间舞蹈艺术更加充满信心，不仅要使奉化布龙永葆青春活力，还要将其从民间推上大雅之堂，推向世界舞台。

（三）奉化布龙核心文化基因的转化利用

1. 举办舞龙比赛，传承和发扬中国传统体育

近年来，随着新型城镇化的推进，人们生活水平不断提高，休闲时间增多且对民族传统体育保护意识不断增强。奉化布龙在丰富日常生活、凝聚民族团结、弘扬传统文化、促进经济发展等各方面扮演着独特的角色，为奉化布龙的发展提供了有利条件。要打造中国传统体育展示、交流平台，依靠当地政府、社会团体共同关注挖掘、传承和发扬中国传统体育，做到科学合理有序开发，从而形成具有奉化布龙特色的体育赛事品牌。

举办舞龙比赛活动离不开与地方文化特色的有效结合。在保持传统体育文化原生态的基础上，注重与地方文化节和传统节庆相结合，利用文化节等活动打造品牌文化。例如，充分利用奉化节庆"中国龙舞动雪窦山弥勒文化节"，浙江的"龙舞庆端午——浙江省舞龙锦标赛""龙腾狮跃闹元宵""国际舞龙邀请赛"，以及少数民族传统体育运动会等舞龙比赛与民间节会等活动，鼓励民众积极参与。并且，在已有赛事活动的基础上，创造性地举办"龙舞节"庆祝活动，在滕头村、溪口古镇等旅游人流量大的热门景点，利用桃花节、芋艿节等节庆活动，进行舞龙表演，吸引更多人的目光，从而实现以点带面，为全面

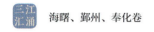

开展全民健身活动打下良好基础。

2. 创作布龙主题作品，弘扬发展舞龙文化

奉化布龙是我国非物质文化遗产中的优秀代表，应对其核心精神和物质存在形式进行传承与创新，将重点放在其独特的文化表现形式和与其文化相关的生态环境的整体性上，并加以创作。因此，在创作相关文艺作品的过程中，应秉持以人为本的理念，用多种手段记录奉化布龙的所有相关资料，保持其地域性、民族性的历史面貌，在此基础上挖掘创新。

一方面，增加举办奉化博物馆布龙文物展出的频次。可以选取历史最悠久并且保存得相对完整的奉化布龙作为文物在博物馆进行展出，也可将布龙的舞龙过程拍摄成照片，或广泛征集民间艺术作品，将其制作成逐帧动画，举办陈列画展，扩大奉化布龙的宣传和交流。

另一方面，拍摄奉化布龙相关主题的纪录片，以影视艺术形式进一步弘扬舞龙文化。围绕奉化布龙的精神内涵、题材价值、叙事角度、人物设定等诸多方面，重现布龙的发展历史，打造以布龙为主题的情景表演剧。通过奉化布龙的历史渊源、发展与其相关文化作品的呈现，推广舞龙艺术，使其更加深入人心。

3. 建设布龙展览馆，挖掘整理特色舞龙习俗

建设专项布龙展览馆既是确保布龙传承工作的延续性、发展性的重要项目，也是增强游客参观体验感的有效途径。奉化布龙在形式上除了9节还有12节、18节、24节等不同形式，但现有的文献资料对9节龙的收集、整理、记录和编辑较为深入，对其他舞龙的习俗有待进一步挖掘、整理。应从全面细致的普查入手，详细记录奉化区下辖6个镇、5个街道有关舞龙的产生、发展、变化的基本情况，收集相关的史料记载和起源传说、表演形式、表演风格和特色、表演场所、表演对象等方面的演变，并整档归类，形成不同种类的、完整的布龙专项展示。也可在馆内设置小剧场，在图文介绍的基础上，运用声、光、电等高科技手段，尝试将各式的布龙悬挂于空中或墙壁上，用祥云作衬，营造出龙腾云驾雾的感觉，让游客有身临其境之感。

4. 设计文旅线路，打造独具龙文化特色的地方旅游

奉化区是"中国布龙之乡"，应充分挖掘和包装布龙这一非物质文化遗产，整合奉化区的旅游资源优势，通过文化传承渗透进旅游产业发展中。布龙的文化产业若进入旅游消费市场，在一定程度上可以推动市场经济的发展，也可以助推布龙传统民间艺术的传承与发展。

开发布龙系列文创产品和布龙制作体验基地是文化旅游的重要环节。文旅线路的设计需选取有代表性的景点和有利于旅客体验的环节，集布龙制作，休闲旅游，龙文化系列产品的开发、生产、销售于一体，打造独具龙文化特色的地方旅游IP。例如，可增设游客互动区，体现制作、销售与体验的功能，并定期邀请布龙非遗传承人现场指导布龙制作等技艺，使游客在观赏与购买布龙等民间工艺品外，还能亲身感受奉化布龙的制作程序，体验制作微缩版奉化布龙，从而带动更多人参与到这些活动中，不仅能促进当地经济发展，也使奉化布龙能更长远、健康地发展。

参考文献

1. 董鸿安、苏勇军、丁镭:《奉化布龙的传承与发展研究》,《民族论坛》2017 年第 2 期。

2. 傅珠秀:《奉化布龙》,《浙江档案杂志》2006 年第 7 期。

3. 毛必坚:《非物质文化遗产视角下中国传统体育可持续发展研究——以奉化布龙为例》,《浙江体育科学》2011 年第 5 期。

4. 王月曦:《奉化布龙》,浙江摄影出版社 2008 年版。

5. 王越锋:《奉化布龙文化研究》,浙江大学出版社 2016 年版。

桐照渔港（王虎生摄）

七、桐照渔港

桐照村隶属奉化区莼湖街道，位于奉化区东南部、象山港北岸，原称桐坡；因村后有山名高梧，山麓梧桐遍植，桐叶映照，故称"桐照"。在历史上，桐照村曾称"屯蛟""桐礁"；前者与"栖凤"村名对应，后者因村东有礁石（名"独支坟跟"），日暮时桐叶映在礁石上，故名"桐照"。桐者梧桐；照者其一谐音礁也，其二照应神梦，其三指前有悬山照映也。据《奉化市志》记载，桐照村在五代时已有桐照之名，唐中叶到清末属忠义乡。1949 年因境内高梧山而称梧山乡，后称桐照乡。

桐照渔港位于桐照村附近水域，处于象山湾顶端，是一个由东北向西南深入内陆的狭长形半封闭海湾，目前进港渔船可达 1600 余艘，避风渔船 800 艘。桐照渔村的外海捕捞历史悠久，渔业文化底蕴深厚，内海养殖以海水网箱养殖黄鱼、鲈鱼著称。村经济以水产业收入为主，全村 85% 的人从事外海捕捞的近海养殖，76% 经济收入来自海洋，人均年收入 2.1 万元。桐照渔村拥有钢质渔船 378 只，其中双拖 220 只，单拖 137 只，帆张网 21 只，渔运 19 只，是浙江省最大的渔村。

2017 年 11 月，桐照村获原农业部授予"国家级最美渔村"称号。如今，桐照村立足当前产业发展，布局渔业旅游，着力打造现代化休闲度假区，为当地经济发展注入新鲜血液。

（一）桐照渔港核心文化基因解析

1. 物质要素

（1）占据天时的气候条件

桐照渔港所在的象山湾地处亚热带季风气候区，象山湾潮汐为不规则半日潮，具有三个典型特征：一是潮差大，潮汐作用较强；二是潮差由口门向港内逐渐增大；三是涨落潮流历时不等。由于象山港内滩地宽广，分汊河道密布，因此涨潮时水流呈扩散状态，流速缓慢，落潮时流速稍大，涨潮历时大于落潮历时。象山湾外海波型为风浪与涌浪的混合型，全年波浪以风浪占优势，常涌浪向季节变化较小，浪向相对较为稳定。

得益于桐照渔港优越的气候条件，加上所处海域岸线受海域来沙影响较小，人类活动影响显著。桐照渔港码头及航道建成时间较早，并已运行维护多年，在历史中取得了长足的发展进步，目前进港渔船可达 1600 余艘，避风渔船 800 艘。

（2）占据地利的地理条件

以象山角至双岙一线为界，象山湾可分为内湾和外湾两部分：内湾潮汐汊道发育，地形复杂，浅滩和深槽交替分布，宽约 3—8 千米，水深一般为 10—20 米，局部深潭水深大于 55 米；外湾呈喇叭状，宽度从 4.3 千米向东渐增至 18 千米，水深较浅，至洋沙山、温州峙外形成口门浅滩区，东北通过佛渡水道、双屿门水道与舟山海域毗邻，东南通过牛鼻山水道与大目洋相通。湾内海域由淤泥质浅滩与基岩岸线构成，近年来部分淤泥质岸线已由人工块石护岸代替。潮间带地貌多为广布淤泥质的滩涂，局部为冲洪积形成的卵砾石岩滩。

桐照渔港位于狭长海湾的湾顶，距离湾口约 50—60 千米处，湾口外岛屿众多，南、西、北面被低山丘陵环抱，湾口分布有六横、佛渡及梅山等岛屿，湾口外一系列岛屿的掩护作用，为桐照渔港提供了得天独厚的地理环境，也为桐照渔港的产生、发展提供了基础条件。

（3）物阜民丰的水产资源

桐照渔港作为东海三大著名渔港之一，曾被原农业部命名为"中国第一渔村"，在宁波当地享有"宁波百年渔港"的美誉。受到沿海地区暖寒流交汇影响，形成上升流，宁波湾海域附近微生物及藻类植物丰富，鱼类也因此得到充

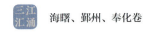

足的食物补给，中国陆域的长江和钱塘江注入，带来的营养物质使得沿海地区锦上添花，促使我国最大渔场舟山渔场形成。

桐照渔港毗邻舟山渔场，也受到了舟山渔场内海洋鱼资源丰富的影响，海产品种类丰富，达 320 余种，桐照渔港出产的"宁波湾小海鲜"以其味道鲜美成为广大饕客的最爱，吸引了一大批宁波本地乃至全国各地的游客到此品尝。

2. 精神要素

（1）互帮互助的合作精神

桐照渔民在象山港畔享受大自然的恩赐，更是志存高远、勇于闯海。在交通和气象科学不发达的古代，有民谚：船上"三尺板面是娘房，三尺板外见阎王"。桐照渔民在与狂风巨浪搏斗中，逐渐形成了不畏艰辛、团结拼搏的传统。古代渔民在船尾将蜡烛点亮来预测气象并告知其余渔民，如灯光笔直，说明风平浪静，可放心捕捞；若烛光弯曲，可知大风浪将至，须迅速回港。在长期与风浪搏斗中，当地形成了远近闻名的"桐照旗帮"，以各色彩旗为号，一方有难，众人相助。

（2）团结一心的开拓精神

桐照渔港盛传一则关于当地如何发源的故事：桐照村林姓的桐照始祖，与海神妈祖同乡同宗同姓，都来自福建莆田。南宋末年，兵荒马乱，莆田林坤携家沿海迁徙，途中遇大风大浪，祈祷妈祖化险为夷，请求指点何处停泊上岸。林坤在迷糊昏睡中，只见妈祖示意一路北上，见有梧桐神庙处，可为安身之地。林坤全家北行一天后，来到一个小庙宿夜，梦中有一将军奉妈祖之命，示意此处为林家栖息生养之地。林坤梦醒读到庙碑，知此处是纪念陈豨的神庙。一方水土育一方人，桐照林氏后人既有妈祖的仁慈，又有陈豨的勇悍。林姓人氏和桐照村民和睦相处，团结一致，共同开拓象山港畔渔村天地。

村东现仍有一座陈君庙，是林姓祭祀陈豨的场所，历来香火鼎盛，号为"桐坡保障"，庙顶"海晏渔饶"四个大字表达了村民祈求风调雨顺、鱼蟹满仓的美好心愿。

3. 语言与符号要素

"中国第一渔村"是桐照渔港核心文化基因的语言与符号要素。作为国家一级渔港，桐照村地处象山港畔，全村养殖面积约 7500 亩，有各类渔船 505 艘。2010 年 1 月 24 日，原奉化市海洋与渔业局正式对外宣布，宁波奉化桐照村获中国渔业协会授予"中国第一渔村"称号。中国渔业协会评定：桐照村有悠久的渔业生产历史，是全国最早设立的渔村之一，具有全国最大的村级海洋捕捞能力，形成了以海洋捕捞为主，一、二、三产业协调发展的现代渔业产业模式，符合中国渔业协会制定的"全国特色水产之乡"的命名标准。

近年来，桐照渔港立足"中国第一渔村"招牌，积极推动休闲渔业旅游发展，带动相关产业和当地经济发展，"中国第一渔村"的旅游地位也在良性互动中不断提高。

4. 规范要素

（1）渔业生产习俗——抲望潮习俗

桐照村民以海为生，过去近海泥涂里海货非常多，到处能见白蟹，但望潮、鳗青蟹这类海鲜在潮水干时都会藏在洞里，捕捉需要技术和耐心，因而村民总结出一套捕捉洞中海鲜的经验，并慢慢发展为抲望潮的习俗。

抲望潮分两步：第一步是看洞，洞外口光滑，内有明显麻皮状（望潮足上吸盘留下的痕迹），即有望潮。如洞内水混，估计望潮藏得浅，反之则深。一般来说圆洞难抲，斜洞、直洞较容易。第二步是捕捉，洞水混的只要用手抽动即可抓到，若洞水清、藏得深的话，则须用沙蟹吊。在当地，抲望潮有一个脍炙人口的技艺口诀：抲望潮，看洞口，洞外滑油油，洞内麻子多，十洞八九有；混水洞，用水抽，清水洞，沙蟹吊，大腿出时逃不了。具体吊法如下：

首先，摘去沙蟹脚爪，用线缚牢，一头缚在望潮刀上，望潮刀和原子笔杆一样长，插在望潮洞旁边，把带有沙蟹的一头放到洞里，用泥块盖住洞口，把尼龙线抽松，露在外一段，然后去寻别的望潮，不去惊动那个洞。

其次，等放松在洞外的线被拉紧时，轻轻翻开洞口，这时要耐心，只有等看见望潮大腿时才可下手，否则它会逃走。

最后，如洞外的线好长时间没拉紧，说明望潮不知道外面有食物，可灌些水进去，再等。另外，晚上涨潮时候，望潮会爬出洞口平展在海涂上，渔民就以柴油竹筒照明，到潮浅地方去捡（叫作照夜江），在望潮旺发时，可拾到几十斤之多。

（2）渔业生产习俗——新船下水请菩萨习俗

数百年来，浙东沿海一带渔民新船下水时，都会祈求菩萨保佑出洋满仓而归。时至今日，新渔船下水仍然延续"请菩萨"习俗，具体可以分为如下几个步骤：首先选择吉日，应是大潮汛，且要避开"凶"时，不能与男主人生辰相冲。吉日当天在海边摆上八仙桌，再用长脚凳搁起，在八仙桌前再摆小桌，八仙桌上摆上猪头、白鲞、鸡或鸡蛋、馒头、糕（意喻高）或米馒头（意喻发）五大盘；小桌上摆放鱼、肉、蛋、小菜和酒等物；点燃香烛，男主人祭拜祈祷，并开始燃放鞭炮，推船下水。最后，由主人散发馒头给前来帮助推船和祝贺的人。

（3）渔业生产习俗——渔民出洋祭龙王习俗

桐照村内约有85%的人从事外海捕捞，渔民长期在海上捕鱼。古时受生产工具落后、认识局限的影响，出海风险较大，常通过祭拜龙王来祈求外出进行海洋作业时能够平安。出洋前，船主必须在船上祭龙王。船头放一张八仙桌，大红蜡烛一副，香三炷、龙王经一部，供品五盘，有肉、鸡、豆腐、大鱼、年糕（或馒头），船员、伙计朝船头方向拜，求龙王菩萨海水大发，意思是鱼汛大发满载而归。放鞭炮开船，起帆。另有一种祭龙王方法，即在开船前，前往庙里请龙王菩萨，希望上半年出海丰收而归。待六月廿三回洋，再来谢龙王或者做戏以娱神。

古时渔民从事渔业作业主要是以家庭为作业单位，一户一只船，通过联合祭祀龙王能多做3—5台戏文，并且用全猪全羊来请龙王，下半年则不出门，主要修缮船体，筹备物资，待到明年三月十五出洋。旧时，大捕船上只有5人，年捕3个月，只捕近海，因此产量不高。进入新时代以来，随着科技水平的发展，渔轮马力也不断加大，设备不断更新，能够抵达外海域，捕捞外洋鱼。但当地渔民仍然坚定不移地保持"可持续发展"理念，严格遵守休渔期制度。每年从正月初十起，出洋捕小黄鱼、马鲛鱼、鳗、鲳鱼、目鱼等，于六月十六日返程。休渔期长达三个月，三个月时间内，渔民主要修船补网，准备开渔，做好下年出洋的准备工作，待到九月十五日上午12时举行开渔节仪式后出洋。

（4）祖先祭祀信仰——修谱祭祖

从汉唐起，中国开始修谱，修谱后需祭祖，桐照祭祖拥有一套完整的仪式。其祭祖仪程可以分为16步：一是祭祖典礼开始，鸣炮；二是房长就位，奏乐；三是来宾就位，奏乐，依次是老寿星代表、宁海加爵科代表、领导代表、其他代表、五福众代表、定房众代表、成房众代表、安房众代表、虑房众代表、德房众代表；四是迎祖，敲锣擂鼓（两鼓一锣），全体裔孙面向门口，族长跪，恭读请祖文，"日吉时良，天地开展，焚香祭祖，百福祥年"；五是献茗上胙，奏乐（敲九面锣）；六是揭匾，奏乐，揭谱，再奏乐；七是上香敬酒，上香，房长拜，全体裔孙跪下（锣一声），再拜（锣一声），三拜（锣一声），敬酒（起鼓），曰"穆穆再献，礼酒祝虾，锡福绵绵，佑我裔孙"；八是恭读祭祖文，全体裔孙请头低下，拜，房长恭读，读毕全体裔孙行三鞠躬礼，房长行叩首（锣一声），再叩首（锣一声），三叩首（锣一声），曰"林姓始祖，源远流长，列祖列宗，辟土开疆"；九是饮福受胙，下房长捧酒给房长，饮福酒，饮受福胙兴，发红包，曰"好好学习，发奋图强，大展宏图，为族争光"，曰"列祖恩泽惠无边，世代英才出忠贤，遍及全球儿孙衍，承先启后亿万年，承先启后亿万年"；十是族长与全体裔孙向林姓祖先神位行鞠躬礼，一鞠躬（锣鼓一声），二鞠躬（锣鼓一声），三鞠躬（锣鼓一声），曰"祖宗创业，泽被四方，教忠教孝，伦理纲常"；十一是房长讲话；十二是修谱小组讲桐照林氏历史；十三是祭祝文，财帛送祖后焚烧，鸣炮，奏乐；十四是宣布祭祖典礼到此告一段落；十五是就餐开始，餐房人员各司其职，分发礼品、修谱书；十六是礼成。在祭祖仪式中，一般都会伴随一些行道游行、庙会祭会等活动，而只有当地具有一定身份、地位者才能参加祭祖仪式。

面对危险系数极高的海洋渔业作业，桐照渔港注重族谱修订、祖先祭拜，一方面是为了祈求先辈渔民在天之灵保佑后代子孙在从事海洋渔业作业的过程中能够平安归来，甚至满载而归；另一方面也体现了在长期的渔业作业过程中感悟到的生命无常、生命的珍贵不易，及时修订族谱，铭记一位又一位桐照渔港人为家乡发展、家庭美好生活做出的贡献。

（二）桐照渔港核心文化基因的提取与评价

桐照渔村的外海捕捞历史悠久，渔业文化底蕴深厚。长期的耕海闯浪，养成了桐照人豪爽剽悍、坚忍不拔、敢作敢为的性格，秉持敬畏自然、尊重生命、希望与自然和谐相处并通过合理利用自然来过上美好生活的价值取向。基于对桐照渔港的发展历史相关资料的全面、深入分析，其核心文化基因主要提取为勤劳勇敢、艰苦奋斗的拼搏精神。

1. 生命力评价

《奉化市志》介绍，早在宋代桐照就形成了渔村。《桐照渔业简史》介绍，宋开庆年间，奉化以桐照为主，有上千艘船出海。《四明志》记载，南宋开庆元年（1259），庆元府征用奉化木船船幅 2 丈（约 6.67 米）以上 411 艘，2 丈以下 1288 艘，这其中一半渔船征自桐照。明初，桐照已有大捕作业，作业海域达岱衢洋、大戢洋等海域。嘉靖《奉化县志图》记载，洪武十五年（1382），在河泊设置官署，征收渔税。通过清晰的历史脉络，可以看到桐照渔港的文化基因在历史进程中始终未曾中断。

2. 凝聚力评价

桐照渔港自创始至今已有数百年的发展历史，在发展的过程中，当地形成了极强的凝聚力。桐照原住民多为童姓，至今已有吴、陈、邬、王等 40 余姓，常住人口 1.6 万人，其中 6000 人为外地来的新宁波人。不同姓氏之间和睦相处、团结一致，共同为桐照拥有更美好的明天而不断努力奋斗。

此外，桐照渔村中大部分从事海洋捕鱼作业的渔民群体之间也产生了强大的凝聚力，"桐照旗帮"的建立正是基于和睦友善的邻里关系，是渔民们团结一心、互帮互助的体现。

3. 影响力评价

桐照渔村积极开拓国内外活鱼市场。在国内占据了广大的市场份额，以上海为例，桐照在上海市场的活海水鱼销售量达 2000 多吨，占整个上海市场同类产品的 70%。面对海外市场，"奉港牌"黄鱼和鲈鱼出口韩国，并且每月能保持 6 万至 7 万尾活鱼远销日本、韩国、欧美等地的国际市场。

全村拥有规模冷冻企业 16 家，从单纯加工型向多样化经销型转变，为外海捕捞业和海水养殖业提供了强有力支撑，还开发了海鲜食品，使渔货走进了超市，跨出了国门，体现出桐照渔港极强的海内外影响力。

4. 发展力评价

近几年来，桐照渔港积极发展休闲渔业旅游，带动了相关产业发展。莼湖镇借建设宁波风情渔港特色小镇的契机，对蕴含着 2000 多年海洋文化底蕴的桐照景观强化改造，大量发展休闲中心，推动桐照渔民走向多元化经营。鼓励结合渔港和休闲产业，发展游艇码头、渔人码头、海鲜广场、海上钓鱼俱乐部、海景公园、儿童娱乐场以及相应的酒店和海上钓鱼旅游服务设施，并推动当地经济发展，使得传统、极富历史性的桐照村转型为"中国第一渔村"，把资源优势转变为产业优势、经济优势，全面推进经济发展、生态良好、文化繁荣。

（三）桐照渔港核心文化基因的转化利用

1. 立足本地，发展特色渔业旅游

桐照渔港渔文化资源丰富，在国家经济结构不断深化转型，大力发展第三产业的过程中，桐照渔港应该积极顺应时代潮流，大力发展渔业文化旅游产业，促进当地经济另辟蹊径，走出一条全新的发展道路。应以"中国第一渔村"为宣传点建设宁波风情渔港特色小镇，融入桐照当地 2000 多年的海洋文化底蕴，推进景观强化改造，发展休闲中心，促进渔民收入结构由单一的第一产业转向第三产业。坚持鼓励把渔港和休闲产业相结合，发展游艇码头、渔人码头、海鲜广场、海上钓鱼俱乐部、海景公园、儿童娱乐场以及相应的酒店和海上钓鱼旅游服务设施，推动当地经济发展，促进传统渔村转型。依托港湾中的悬山岛和凤凰山，规划开辟天妃湖，提升当地海洋文化。

开发宁波风情渔港特色滨海小镇，成立建设委员会，设立专项资金，打破传统镇区划分，以桐照、栖凤、鸿崎片区为核心组成部分，融入渔村原生性和鲜活性的区域文化，全面打造长三角海洋休闲旅游示范基地和渔业产业示范园区；整合悬山海韵、浪尖食府、渔村风情、青山鹭鸣和红胜日出等莼湖十景，同时统筹规划陈君庙等民俗资源文化，明代抗倭海战遗迹代表烽火台、巡检司城以及现代人文节庆如海鲜文化节、牡蛎文化节等一批人文资源，主打渔家乡土人情风貌，改变单一渔业生产模式，融入渔村原生性和鲜活性的区域文化，融合海洋渔业产业功能、文化功能、时尚休闲功能、时尚餐饮购物功能、时尚运动教育功能、科技创新功能等于一体，全面打造长三角海洋休闲旅游示范基地和渔业产业示范园区，利用当地 1.6 万平方米的海上平台，供 300 到 800 名游客尽情享受渔家乐，整合优化当地众多休闲渔业项目；组织相关力量，开发宁波风情渔港特色滨海小镇渔业发展片区，利用桐照新建码头区域，建设船只修造基地、远洋渔业教育培训基地、海产品深加工贸易区、渔业科技研发中心、船舶交易中心等核心项目。

此外，还可以面对专门人群设立专门旅游线路，如可以面向当地乃至宁波

市内的中小学，设立"海洋渔文化研学路线"，定期组织宁波境内中小学生到此接触学习桐照渔文化，增加中小学生对桐照渔港的认识，增强本地学生的文化认同感和文化自豪感；面向老年人群体，设立"桐照文化康养之旅"，针对老年客户群体，特别是年老退休群体，邀请其到桐照参观老人堂，品尝美味海鲜，亲身体验海洋文化，丰富老年生活。

2. 拥抱科技，实现渔港快速发展

进入新时代，科技产品日新月异，桐照渔港想要得到更好的发展，不能将拥抱科技新时代的行动仅仅停留在渔业生产设备的更新上，更应顺应新时代科技潮流，采取兼容并包态度，拓展本地渔产品销售渠道，拓宽本地渔文化的对外传播渠道。

应积极开展与美团、饿了么等著名电商企业合作，上线桐照渔港海鲜外售业务，用户可以通过电商平台下单，待到桐照渔民出海捕捞归来后，第一时间寄送海鲜产品，实现宁波市内当日达，与顺丰等快递公司开展合作，实现浙江省内异市次日达、省外三日达业务，满足购买用户的个性化需求，保证顾客能够尽快享用新鲜海鲜产品；引入国内著名短视频拍摄团队，前期以桐照渔港海洋渔产品介绍为短视频拍摄主要内容，为观看者普及海洋渔产品种类、优劣等基础知识，积极投放抖音、快手等短视频运营平台，提升桐照渔港知名度和影响力，后期可逐步拓展至桐照境内如桐照酿酒等非遗文化的介绍，让观看者进一步了解桐照渔港，走进桐照渔港；积极与国内著名动漫公司开展合作，积极提炼桐照渔港文化标识，设计开发桐照卡通动漫人物，作为桐照渔港的虚拟卡通形象代言人，融入桐照对外形象宣传片，并结合当地渔民海洋作业过程中留下的民间故事，拍摄卡通动漫连续剧，宣传桐照渔民们面对大自然时表现出的不屈、顽强、拼搏斗志，还可以将该系列卡通剧纳入当地幼儿教育的内容范畴，从小培养当地幼儿的爱国爱乡之情，也可将其运用在桐照境内路灯、垃圾桶等基础设施建设上。

3. 包容创新，开展海洋渔文化活动

桐照渔文化拥有悠久的历史，新时代下，虽然桐照精神有了新的发展，但其本身深厚的文化底蕴仍是一笔能够深入挖掘的宝藏。因此，应当鼓励创新，举办文化活动。

应创建渔民文化体验馆，挖掘传承已有的弹浮泥船、根雕、皮画、鳗鲞

等传统制作技艺，开设体验馆，为外地游客提供更多接触、体验当地渔文化的渠道；积极与相关公司开展合作，立足当地渔文化，提炼出渔文化中具有典型代表性的文化符号并将其与根雕、皮画等当地传统技艺相融合，加强与第三方企业合作，开发当地旅游纪念品；开展与宁波当地乃至国内戏剧业界内著名导演、编剧合作，设立专项资金，以桐照渔民海上搏击自然、艰苦作业故事为基础，通过电视剧、电影或甬剧形式进行编排，在宁波大剧院等文化场所定期展演，并录制成片，在国内著名频道播放，增强桐照渔港的文化知名度；进一步完善海洋科学普及设施，组建海洋科学文化宣讲团，积极与当地中小学开展合作，走进校园，为孩子们讲述桐照历史，传播海洋知识，增加他们的家乡认同感；开展"桐照杯"摄影摄像大赛，要求在桐照境内取景，邀请摄影摄像界内专家担任评委，评选出优秀作品，在相关地点展览，宣传桐照美景，吸引游客到此游玩；举办"桐照杯"万人欢唱渔歌活动，以当地村落、学校等为划分单位，设立一、二、三等奖，营造良好的崇尚渔文化的社会氛围。

参考文献

1.陈鲁焕：《九峰山下的明珠》，北京教育出版社 2008 年版。

2.陈伟权：《美在中国第一渔村：桐照》，《文化交流》2018 年第 1 期。

3.吕伟栋、毛可进：《中国第一渔村桐照旅游营销策略研究》，《智富时代》2019 年第 2 期。

4.毛海莹：《东海问俗——话说浙江海洋民俗文化》，浙江大学出版社 2018 年版。

5.宁波市文化广电新闻出版局：《甬上风物：宁波市非物质文化遗产田野调查　镇海区》，宁波出版社 2008 年版。

6.汪志铭：《甬上风物：宁波市非物质文化遗产田野调查　奉化市·莼湖镇》，宁波出版社 2009 年版。

棠云纸制作技艺（高俊达摄）

棠云纸制作技艺（高俊达摄）

八、棠云纸

　　棠云纸以产地奉化棠云村而得名，棠云人因地制宜，以棠溪水和嫩竹为原料，制作出薄如羽翼、质地轻巧的竹纸。棠云村有着悠久的造纸历史，据《奉化市志》记载，距今已近500年。明永乐年间，此地以生产贡纸闻名，嘉靖时造纸已形成相当规模。明清以来，棠岙是浙东乃至全国著名的竹纸生产基地。传承人袁恒通在严控选料、坚守古法的基础上推陈出新，研制出可用于修复古籍的苦竹纸，让纸张重新焕发新的生命活力，被包括国家图书馆在内的国内众多图书馆和博物馆认定为古籍修复专用纸。棠云纸穿越历史长河，在原料和做工上追根溯源，始终保持初心。而这一切都离不开手艺人坚持不懈、持之以恒、守望古法、精益求精的工匠精神。他们用自然简朴的中国造纸古法，创造出优良耐久的好纸，让一张张不起眼的素纸连接着古人与今人的情缘，也彰显着这座书香城市的不断崛起。

（一）棠云纸核心文化基因解析

　　奉化多竹，竹纸生产源远流长。棠云纸也因其产地奉化棠云村而得名。元代奉化诗人戴表元在《剡溪集》中数次描写奉化造纸，如：《答邻友近况》《剡笺送任叔宝》《采藤行》等诗作，均提到了造纸的原料和名称。由此推算，宋末元初之间，奉化民间已有造纸业。另据明嘉靖《奉化县图志·土产》以及《棠溪江氏宗谱》记载，棠岙在明正德九年（1514），就从江西引进竹纸生产技术。约于此时前后，大堰、箭岭、董李等地也从福建传入竹纸生产技术，盛产毛竹的山区制纸之风渐盛。清康熙年间，箭岭村的真皮纸曾闻名于世。1942年前后的抗日战争中，棠岙大部分人去大隐（旧属慈溪）芝林为浙江游击纵队造纸，至1945年底止。1946年重印的《棠溪江氏宗谱》上记载，棠云造纸业最兴旺时，棠云村造纸作坊有300多家，有上千人从事这一行业，生产的竹纸远近闻名。1951年，棠云纸还成为《浙江日报》《宁波大众》等新闻单位的新闻纸。但随着机制纸业的兴起，手工竹纸迅速受到市场挤压，作坊经营难以为继，纷纷歇业。最后只剩下袁恒通作坊苦苦支撑，艰难地守护着这一古老的工艺。1997年，宁波天一阁图书馆为修补破损的古籍藏书，需要一批与明代古籍纸相同的竹纸。袁恒通反复试制，最终研制成功，后经南京博物院鉴定、试用，结果证明这种竹纸与古籍纸最接近，是品质最理想的纸张。之后棠云纸成为全国各大图书馆的古籍修补专用纸。目前作坊造纸大部分供给各地博物馆和图书馆，用于古籍修复。2015年，棠云纸制作技艺被列入宁波市第四批非物质文化遗产名录。2016年，又被列入浙江省第四批非物质文化遗产名录。

1. 物质要素

（1）竹林资源

奉化竹林资源丰富，全区现有竹林面积30.19万亩，占林地面积的23.2%，素有浙东竹乡之称，是全国著名的大毛竹产地，为竹制品和竹制产业发展提供原生态的资源。元代奉化诗人戴表元的《剡溪集》有数处提到关于奉化造纸的史料，如《答邻友近况》《剡笺送任叔宝》《采藤行》等诗作均记载了造纸的原料和名称。"纸的制造，首在于料"，棠云纸主要原料即当地当年生的嫩毛竹，以嫩竹未萌枝叶者为佳，辅以长纤维的桑皮和麻。苦竹不软不硬纤维多，拥有防虫防蛀的特殊功效，也使得棠云纸薄如羽翼、质地轻巧。

（2）清澈水源

棠云村是一座历史悠久的千年古村，在大雷山之麓，地处山区，一直以来民风淳朴，尊重自然并充分利用得天独厚的地理条件。棠云纸制作工艺的关键是选料严、做工精、水质好。棠溪，是串联棠云诸村的大动脉，溪水纯净、穿村而过，是棠云人的生命之源，许家山作为棠溪源头，则始终保持它的纯净和生生不息。终年奔流不息的棠溪水，为棠云纸提供了取之不竭的清澈水源。

2. 精神要素

（1）坚持不懈、持之以恒

古法造纸，工序繁多，周期很长。从一根竹子到一张棠云纸，需要经历72道工序：原料堆沤，装进粗布袋挤干，再捣踏、漂白、打浆、过滤、抄纸、压榨、晒纸……整个过程通常需四个月的手工打造。清代棠岙人、庠生江廷灿曾作《造纸忙行》并序："造纸……自春徂夏至秋冬四时皆有，纸盖以棠之地多山而少田也。习其劳以代耕耨，亨其利以免饥寒，虽不为农而终岁之勤劳实倍于农，此所以自养而以养君子也。予悯其忙而幸其利，因赋。"此外，棠云纸的原料藏于深山，不仅需要嫩竹，还需要野生猕猴桃藤等。所需的猕猴桃藤等原料一定要新鲜，否则便会失去药性，这是一种野生植物，近处的山林里已很难觅到，一定要到深山里去找。采料时蜂蜇蛇咬是常事；打浆与抄纸更是费腰力和臂力的体力活；还有夏日，在如蒸笼的纸焗屋，每一步都需要咬牙坚持下来。20世纪80年代末，机器造纸迅猛发展，手工竹纸受到市场挤压，原始手工作坊造纸难以生存，纷纷歇业。在棠云纸最艰难的时刻，袁恒通（棠云竹纸传承人）的袁氏作坊仍克服重重困难坚持了下来，传承古法造纸，并寻求新的发展生机。所以，造纸者如果不吃苦耐劳，没有坚持不懈和持之以恒的精神，是无法使竹纸幸存下来，也无法将传统的技艺发挥到极致的。

（2）守望古法、精益求精

古法造纸，主要存在两大问题。一是出纸率低，生产成本高。雇人从山上斫苦竹下来工钱是每斤1元，蒸煮1镬（4只七石缸量）原料得烧一天一夜，需用柴2000斤。但出纸率低，每百斤竹只能产纸8斤。二是造纸产生的污染很难解决，常引起矛盾，十分令人为难。传承人袁恒通，在坚守古法、继承祖传造纸技术的基础上，通过摸索，在毛竹中辅以桑树皮、三桠皮和棉麻料，创造性地添加野生猕猴桃藤、冷饭包藤、豆腐渣树叶等辅料，使得纤维排布更为均匀，湿纸压榨更易分离。为研究天一阁修复古籍用纸，他与专业人士反复磋商，经过上百次的试验和修改配方，最终研制出一种国内少见的具有苦涩味道、能防虫、可用于修复古籍又适合画画的苦竹纸。真正起到了从造纸源头出发、再保护知识源头的作用。这一切都离不开传承人守望古法、精益求精的工匠精神。

3. 规范要素

棠云纸核心文化基因的规范要素主要体现为造纸工序，生产一张棠云纸通常要 4 个月时间，从原料堆沤，到装进粗布袋挤干，再捣踏、漂白、打浆、过滤、抄纸、压榨、晒纸，光程序就有 72 道之多。其中归纳的 5 道传统工艺给人印象尤深，先后程序为斩竹漂塘、缸炉烧煮、石臼捣料、石槽捞纸、焙屋晒纸。

斩竹漂塘，需每年 5—6 月份上山砍伐嫩毛竹，经锤打、刀劈、去竹节等处理，形成 2—3 厘米宽度的竹条；将成捆的竹条、桑皮和麻料装入石灰池内，用石灰水浸泡 3 个月左右，使纤维初步分解变软之后，用溪水冲洗一段时间直至流过的水呈浅黄色，再将原料切断，长度在 15 厘米左右，去掉竹节。

缸炉烧煮这一环节，先用热水溶解烧碱并充分搅拌，放置两天两夜备用。把经过石灰水浸泡的原料装入楻锅内，加入烧碱上清液，使碱液浸没所有原料，然后加盖封妥，锅下生火加热至沸腾并产生蒸汽，然后不断添加柴火以保持锅内的温度。停火后焖锅 1—2 天。

石臼捣料这一步骤是在煮料结束后，将纸浆中残余的石灰和碱洗净。将纸浆移到洗料池中，引进溪水浸泡及洗涤直至流出浅黄水。将未蒸解的纤维束挑出，经捶打至分离开。

捞纸是手工纸制作工艺中的重要环节，纸张的匀度，全赖捞纸技艺。首先在捞纸槽里加水把纸浆配成所需浓度，一般在 0.3%～0.9%，并添加适量纸药。搅拌使纤维均匀悬浮，用竹帘进行摆浪式操作，使浆水浪均匀地分布在帘面上，形成厚薄均匀、表面平整的湿纸页。用竹制隔尺（控制纸的规格）把多余纸浆除去，把纸扣到湿纸台上。

焙屋晒纸是将湿纸页逐张揭开贴在纸焙屋的墙壁上，用棕刷以"人"字形顺面刷下使湿纸均匀地贴在墙壁上。纸焙屋门口砌灶烧火，控制纸焙屋温度在 38℃左右，在半干的时候揭下纸张一角，后揭下整张。

（二）棠云纸核心文化基因的提取与评价

用古方、古法，造"古纸"，已经成为濒临灭绝的老手艺。棠云纸的整套制作工艺古老且保存完好，与宋应星《天工开物》所载造纸法基本相同，堪称是造纸宗师蔡伦所创的造纸术的活化石。在机器造纸普遍的今天，棠云纸能存活下来，能传承下去，还能在守正的基础上得以创新，离不开手艺人的坚持和守望。基于对棠云纸历史遗存、发展历史等相关资料的全面、深入分析，得出棠云纸核心文化基因为"坚持不懈、持之以恒，守望古法、精益求精"的工匠精神。

1. 生命力评价

奉化棠云纸有近 500 年的历史，自出现起延续至今，未曾明显中断。在现代化空气的笼罩下，机制纸业的兴起，使手工竹纸迅速受到市场挤压，在手工纸坊经营难以为继、纷纷歇业的情况下，袁氏家族依然守着原生态的作坊，苦苦支撑，用古朴的方式、传统的工艺和植物原料生产，坚守着这份古老的手艺，为我们保留了古代造纸的风貌，实属不易。1997 年，袁恒通与天一阁博物馆副研究员李大东邂逅，开启了古籍修复用纸的探究之路。无数次调配原料、修改配方，前后经过上百次试验，他终于拿出了修复古籍的专用纸，独占国内古籍纸质文献修复用纸的鳌头。袁恒通一辈子都没有离开造纸，从 17 岁开始以手工古法造纸至今已有 60 多年了，几十年如一日，连轴转的日工作时长在 12 小时以上。他用自然简朴的中国造纸古法创造出了优良耐久的好纸，这一切都离不开手艺人"坚持不懈、持之以恒，守望古法、精益求精"的工匠精神，使书籍本源的事物和精神流淌在人类文明的长河中。

2. 凝聚力评价

明清时期乃至民国期间，棠云纸红红火火，曾显著推动过当时社会经济文化的发展。萧王庙的竺梅先，继承家乡造纸的优良传统，其生产的纸张闻名四海。20 世纪 30 年代，他在沪杭一带创办禾丰造纸厂、民丰造纸厂，又联合 5 家造纸企业，在上海成立国产纸版联合机构，所得盈利用于抗日，收养 600 余名流浪灾童，到奉化创办"国际灾童教养院"，造纸善举名垂千古。1942 年前后的抗日战争中，棠云纸工匠还为浙江游击纵队造纸，助力革命事业。在波澜壮阔的抗日战争中，棠岙人民万众一心、众志成城，凝聚起救亡图存的共同意志，在游击队反抗侵略的斗争中，做出了巨大贡献。新中国成立后，当时的《浙江日报》《宁波大众》等报纸用的都是棠云纸，棠云纸为党媒事业做出贡献。而今，棠云纸继续在古籍修复、文化传承中发光发热。现今，棠云纸制作技艺已经传承给袁恒通的小儿子袁建增，这个生在纸堆、长在纸堆的人建立了棠岙古法造纸体验中心，希望更多的人能了解非遗文化，近距离地体验和感受

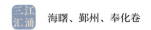

古法造纸技艺。此外，"纸说非遗"造纸历史陈列馆的设立，让更多的人了解非遗，了解造纸历史，让下一代有了一个传承的基地。

3. 影响力评价

原生态手工造纸作坊和手工技艺对古籍保护的作用非凡。匠人们代代相传，守望至今。1997年，袁恒通在祖传造纸技术的基础上，通过一系列的生产实践造出了一种极好地适用于古籍纸质文献修复的竹纸，并受到专家的高度肯定。此后，棠云纸迅速走进国家图书馆及各大省市图书馆、博物馆。天一阁图书馆一次就订购了4万张这种竹纸。之后，中山大学、武汉大学、北京大学、福建师范大学、天津图书馆、桂林图书馆、国家图书馆等古籍修补机构纷至沓来，认定袁恒通作坊为竹纸专供厂家。2008年联合国教科文组织发起"纸张保护：东亚纸张保护方法和纸张制造传统"项目，选取了东亚五国（中、日、韩、朝、蒙）传统造纸工艺和造纸材料保存完整的地区作为项目点，其中包括奉化棠云。这一项目，历经7年运转，2015年12月9日，项目成果发布会在宁波天一阁举行。与会各方专家来到棠云村，参观了古法造纸技艺中心，对原生态手工造纸作坊和手工技艺啧啧称赞。南京博物院副院长、全国纸质类文物保护专家奚三彩，南京图书馆副馆长官爱，美国普利斯顿大学东亚图书馆馆刊主编罗南熙等，都对棠云竹纸给予了充分肯定和高度评价。

4. 发展力评价

袁恒通制造的棠云竹纸，分白色、彩色多种，经专家科学检测，能存放400年至1000年。日本纸张专家冈兴造认为，造纸是从中国起源的，竹纸和宣纸都是中国特有的，但其实竹纸更古老更好。这个曾修复40多件日本国家级纸质文物的专家，提出"竹纸比宣纸更古老更好"的经验之说，使棠云竹纸声名远扬。联合国教科文组织驻华办事处文化遗产保护专员、复旦大学教授杜晓帆非常认同冈兴造之说，他认为以中国的造纸术为代表的纸文化，与西方以石雕为代表的石文化相得益彰。纸张的发明已有将近2000年的历史，这一技术以书籍和绘画的形式，用书写和描绘的手艺、裱装和修复的技术传到了现代，形成了以纸张为基础的共同文化圈。

（三）棠云纸核心文化基因的转化利用

古法造古纸，已经成为濒临灭绝的老手艺。当下的转化利用思路是传承棠云纸的文化基因,在"活态"传承棠云古法造纸技艺的前提下,以多元化手段助推棠云古法造纸技艺的可持续性发展,研发与竹纸相关的文创产品,赋予农村艺术气息,加快乡村文旅融合,推动乡村振兴。

1. 以"多元化"手段助推棠云古法造纸技艺的可持续性发展

一是开发沉浸式竹纸技艺体验项目。棠云村风景秀丽,竹资源丰富,素有浙东竹乡之称,有着丰富的自然资源和人文资源。适合打造独具特色的棠云纸文化旅游精品线路。让游客在欣赏棠云村自然人文风光的同时,参观棠云纸的手工制作工艺流程,感受造纸技艺的独特魅力。建议改善并扩建已有的棠云古法造纸技艺中心(棠云古法造纸体验中心),建立大师工作室;在奉化区人流量较大的活动场所另建"棠云造纸文化观光园"快闪体验区,以文化体验为亮点加速旅游业的发展,扩大对周边的影响力。让游客在沉浸式的旅游体验中领悟造纸过程中的艰辛、传统技艺的魅力、文化保护的重要性。既有助于竹纸技艺的创新发展,又可对弘扬民族文化、进行爱国主义教育、展现民族自信、实现传统工艺的现代价值起到重要的社会作用。二是不断探索棠云纸的应用领域,赋予棠云纸新的时代意义,以此带动旅游业的发展,扩大棠云纸的销售渠道及增加附加价值。如设置乡村写生乐园,邀请艺术类院校学生下乡体验用棠云纸写生;拍摄一部关于制作棠云纸的综艺节目;举办一场青年学生参与拍摄棠云纸制作的微视频比赛;把棠云纸和当下年轻人喜爱的剧本杀游戏结合起来,寻找编剧,把棠云纸融入一段故事中,使年轻人在玩游戏的同时也能感受到纸张的魅力;将棠云纸的发展和与之相关的文化活动及文艺表演形式相结合,举办相应的展览,为保护与传承营造一个良好的社会环境。三是有效运用好文旅融合带来的流量,使传统工艺重新回到大众视野,找到新的受众和领域,促进产业链完善,形成当地特色的文化输出。

2. 研发竹纸相关的文创产品

传统工艺的继承与发展,需要以生产性保护为方法,文创产品可以将非物质文化遗产转化成物质形态产品,将传统技艺文化融入现代生活美学之中,打造品牌效应。可以通过邀请驻地设计师、艺术家、大学设计专业师生对棠云纸实地考察,形成产学研一体的棠云纸文创产品的开发,设计出符合当代审美情趣的文化创意产品。研究棠云纸特性,将竹纸从原来使用环境中提取出来,完成竹纸这一原始形态的解构,对其进行深度挖掘与再设计,将传统技艺与现代设计相结合，将不同材质进行混搭，使竹纸在现代设计中完成新一轮的重构。将古老智慧通过现代设计的手法完成传统手工技艺新跨界，赋予传统工艺以现代审美标准，在实用性基础上增加艺术多样性，提升竹纸自身的附加值，从本质上提高竹纸的经济价值。

参考文献

1.杜晓帆、庄立臻：《东亚纸质文物保护与传统造纸》，复旦大学出版社2017年版。

2.李贤慧：《宁波棠云纸制作工艺探析》，《造纸科学与技术》2014年第1期。

3.宋歌：《文旅融合下夹江竹纸技艺的传承与发展》，《今古文创》2020年第7期。

4.宋璇、鄂怡然、何昕卓等：《新时代"艺术乡建"助推乡村振兴的理论与实践 ——以宁波市棠云村为例》，《河北画报》2022年第3期。

5.《传统手工艺日渐式微 浙江造纸家族古法革新坚守望》，中国新闻网，https：//www.chinanews.com/cul/2015/08-19/7477573.shtml，2015年8月19日。

6.《棠岙纸制作技艺》，宁波市奉化区人民政府网，http：//www.fh.gov.cn/art/2020/6/23/art_1229045123_44564531.html，2020年6月23日。

九、松岙革命老区

松岙镇地处奉化区最东端，临象山港，三面环山。在这得天独厚的地理位置，成立了宁波地区第一个中共村支部——松岙党支部。至此，红色革命文化的星星之火在松岙这片土地上绵延壮大，洒遍了浙东大地。

为实现民族独立和人民解放的伟大目标，松岙涌现出一批以卓兰芳、卓恺泽和裘古怀为代表的革命先烈，他们为中国革命事业的发展做出了重要贡献。1926 年的冬天，卓兰芳受中共宁波地委委派，回到家乡奉化，开展农民运动。他以松溪小学校长的身份作掩护，发展小学教师和农民积极分子入党。同年 5 月，宁波地区最早的农村党支部诞生于松岙，为开展农民运动发挥了至关重要的作用。在此过程中，卓兰芳不断培养新生力量，引导浙江革命走上正确道路。1927 年中共浙江省委为贯彻中共八七会议确定的实行土地革命和武装反抗国民党反动派的方针，指派代表在全省各个地区发起武装暴动。其中就包括卓兰芳、卓恺泽和裘古怀三人，他们积极参与并领导发动浙江各地的武装暴动。中共浙江省委指派卓恺泽前往宁波指导地下斗争工作。他回到家乡松岙，携带家眷，在宁波西门附近租房居住，以家眷作掩护，进行秘密活动。他将党员、团员同志召集在一起宣传"革命需要武装，要用武装的革命来对付武装的反革命"的道理。

松岙革命老区积淀了革命先烈们的光辉思想和红色革命精神，他们不屈不挠、意志昂扬，为立志救国的理想信念慷慨就义。在那个变幻莫测的革命年代，正是一位位不顾生死、将国家大义放在首位的先烈的奋勇前行，才有民族

卓兰芳纪念馆（奉化博物馆供图）

卓兰芳烈士故居陈列室（奉化博物馆供图）

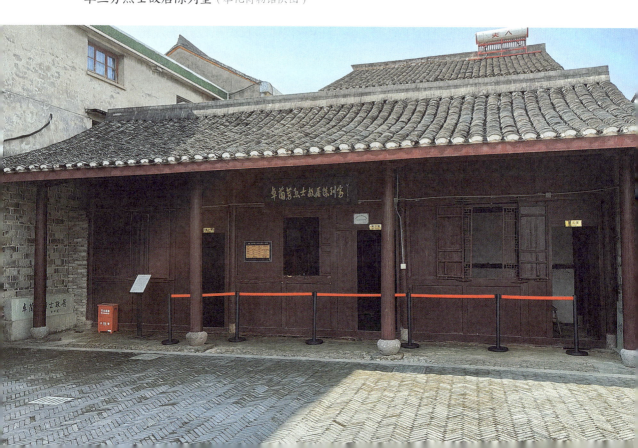

的崛起，为中国共产党领导中国人民站起来、富起来、强起来奠定了宝贵的基石。

（一）松岙革命老区核心文化基因解析

1. 物质要素

（1）中共松岙支部旧址（卓恺泽故居）

中共松岙支部旧址（卓恺泽故居）位于奉化区松岙镇山下村朱夹岙山，为二层木结构建筑，有四间一弄和一间侧室。现为宁波市爱国主义教育基地、宁波市中共党史教育基地。卓恺泽故居同时也是中共松岙支部旧址所在地。1926年春，时任中共宁波地委委员的卓兰芳回到家乡奉化松岙，以松溪小学校长之职掩护，开展党的秘密工作，培养贫苦农民入党。同年5月，中共松岙支部在卓恺泽家的楼上成立，支部书记由卓兰芳兼任（后由陈英盛接任）。这是奉化历史上第一个党支部，也是宁波地区最早的农村党支部。

（2）卓兰芳烈士纪念馆

卓兰芳烈士纪念馆于2004年落成，2015年政府又投入资金进行修整。在整体景观布局上，纪念馆设计以花代表人，进行布置装饰，分别以梅、兰、竹、菊的四君子形象体现卓兰芳的君子气质，也体现了卓兰芳所代表的松岙革命老区的所有烈士不屈不挠的红色文化精神。

"春兰生幽谷，久远独异芳"，进入纪念馆首先映入眼帘的就是这句话，"兰""芳"两字，正体现了卓兰芳烈士品德高洁、矢志不渝的精神。纪念馆内三个展示厅以时间为线索，展现卓兰芳烈士不同时期的历史事迹。第一个展厅以红色为主色调，主要展示卓兰芳矢志不渝、救亡图存的革命事迹，如建立农协会、领导发动农民暴动等。第二个展厅以黄色为主色调，主要展示卓兰芳发展党的组织，培养新生力量。1927年2月卓兰芳在指导农民运动时，有的放矢采用诉苦的方法，启发盐民觉悟，鼓舞积极分子入党，为农民武装培养骨干。第三个展厅以黑色为主色调，主要展示卓兰芳生平后期的事迹。卓兰芳在农村中开展反帝反封建运动，提倡妇女解放，鼓励妇女剪辫子、放裹脚。他的妻子李玉仙第一个剪掉辫子，带动了当地一些妇女剪辫子、放足，这场"剪辫运动"还发展到绍兴、余姚等地。卓兰芳被捕后，面对敌人的钱财引诱与残忍酷刑，他都宁死不屈，不为所动。1930年10月5日，卓兰芳高唱《国际歌》，

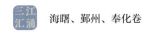

高呼"中国共产党万岁",英勇就义,时年30岁。三个展厅以不同的颜色呼应卓兰芳烈士生平不同时期的事迹。

（3）资源丰富的"岙"型环境

松岙镇区位独特,是奉化区最东端的镇,濒象山港,拥有18千米的海岸线,较为偏远。松岙镇和鄞州区接壤,和象山县隔海港相望。松岙的"岙"是一个生僻字,读音为"ao",意思就是山间平地,松岙镇因地处松峰山南麓,境内峰高多岙,故得名松岙。而松岙城镇正是呈一个"岙"的地形,松岙城镇三面环山,城镇建成区面积约2平方千米,这种封闭地理条件在当时紧张的革命局势下无疑是有益的,就是在重山的怀抱中,松岙的红色火苗才得以稳固、强盛地蔓延开来。

同时,松岙常住人口至2006年也仅有1.2万多人,在册流动人口仅有常住人口的一半不到,是奉化全市人口规模最小的一个乡镇。12个行政村中,8个村集中连片在中心区,聚居着多数人口,另有少量人口聚居在湖头渡产业集聚区,而卓恺泽烈士故居所在的后山村正处于8村连片的中心区,这里聚集着多数人口,这为党组织的进一步发展提供了人口条件。

松岙支部在成立之初,仅有6名共产党员,他们在开展革命运动的同时,利用有利的地理条件和位置,深入了解贫困农民的状况,物色并培养积极分子。宁波的农村革命运动很快就被松岙支部这一团火点燃,并蔓延成满天星。

2. 精神要素

（1）不惧安危,忧国忧民

裘古怀烈士在校期间就阅读了大量进步书刊,并立下"著书立说、学问救国"的志向。他曾任宁波学生联合会副会长,是宁波早期学生运动领袖之一。五卅惨案后,他积极组织学生运动,发动学生上街游行示威,开展反帝爱国、抵制日货活动,声援上海。在看到当时的社会黑暗后,他深知想要救国还需要做出更大的努力,于是决心放弃学业,投考黄埔军校,投笔从戎。为了筹集学费路费,裘古怀毅然卖掉个人所有家当,他说:"为了救国救民,为了革命,生命也可以献出去,还舍不下什么财产吗?"参军后,裘古怀先后参与了北伐战争、南昌起义,因作战勇敢被誉为"虎胆英雄"。在南昌起义中,裘古怀不幸中枪负伤,昏倒在地。当他苏醒时,只见身边尸体遍地。他强忍疼痛,历尽艰难,回到宁波养伤。之后,他并没有因为受伤而感到畏惧,反而更加坚定了自己救国救民的决心。

卓恺泽出生于富裕家庭，进入北京华北大学后，加入中国共产党。此后，他积极参与爱国救亡运动。1925年10月，卓恺泽任共青团北方区委委员，负责宣传工作，并协助赵世炎编辑《政治生活》刊物，宣传爱国思想，引导青年投入反帝反军阀斗争。他先后经历了"三一八"惨案、"四一二"反革命政变，尽管多次遇险，但他爱国爱民的热忱始终没有退却。在当选团中央委员后，卓恺泽奔波于浙江、上海、武汉等地，积极宣传党的工作方针。1927年，卓恺泽被选为中共浙江省委委员。会后不久省纪委书记被捕，在如此危险的局势下，他仍然坚持在杭州开展地下斗争。

（2）碧血丹心，忠诚于党

裘古怀立志救国救民，自1925年加入中国共产党后，他的人生便开启了新的征途。作为北伐军的一员，裘古怀先后参加了贺胜桥、汀泗桥和攻占武昌三大战役。后来，裘古怀在参加革命斗争时不幸被捕，被关进浙江陆军监狱。面对国民党反动派的残酷镇压，裘古怀并没有退缩，相反他的革命意志越来越强。他和狱友秘密成立了中国共产党狱中特别支部，与敌人开展斗争。在斗争中，裘古怀即使被打得遍体鳞伤，也始终牢记党员使命，时刻站在斗争的最前列，保护狱友和同志。1930年，国民党浙江陆军监狱当局决定枪杀狱内一大批共产党人。裘古怀在监狱地上写下遗书："现在在这最后的一刹那，我向伟大的党致以最崇高的敬礼！我满意我为真理而死！遗憾的是自己过去做的工作太少，想补救已经来不及了……"在遗书中可以看到他身为共产党人的坚定信念与决心。他神态自若高喊："中国共产党万岁！"之后便被敌人夺去了生命，时年26岁。

卓恺泽加入共产党后积极参与革命运动，主要负责宣传工作。1927年他受省委委派前往宁波指导工作。卓恺泽经常到乡村、学校等地开座谈会，动员群众组织武装，参加革命斗争。1927年，以蒋介石为首的国民党发动反革命政变，大肆屠杀共产党员，不少共产党员相继被捕。在白色恐怖的笼罩下，卓恺泽信念坚定，仍然为革命工作积极奔走。松岙党支部的部分同志因白色恐怖而动摇决心时，他教育党员"要顶住逆流，战胜风浪，坚持斗争"。同时他还表达了个人的决心："即使只剩一个人，也要革命到底，春草会抽芽，革命一定胜利。"他以个人坚定信念，感染鼓舞了松岙部分党员的斗志。1928年，卓恺泽在武昌召开秘密会议时，不幸被捕。在敌人的威逼利诱下，卓恺泽坚贞不屈，忍受严刑拷打，不透露任何关于党的机密。在狱中他留下书信："人总不免一死，死是最寻常的事。死于枪弹之下，更比死于床褥之间痛快而有意义……我生时，因奔走各地，不能对我亲爱的父母有很好的物质与精神的安慰。但我想，明白的父母决不会以此责恨我。'为公忘私''为国忘家'，是古有格训的。"此时，他已下定决心为革命献出生命。1928 年 4 月 26 日，卓恺泽高呼革命口号，神态自若，慷慨就义，时年 23 岁。

3. 规范要素

（1）严明的革命纪律

1925 年，卓兰芳加入了中国共产党，先后成立了奉化历史上第一个党支部以及松岙首个农民协会。他应组织的委派，在自己家乡播下革命火种后又陆续向周边的地方发展革命力量。裘村镇各村，如马头村、翔鹤潭村、杨村等等都建立了党支部以及农协会，后来又发展成立了妇女协会以及农民武装。当时，普通老百姓都陷入吃盐难的窘境之中，食盐受军阀政府垄断经营，价格极其昂贵，普通老百姓难以承担。为了解决这一问题，卓兰芳组织农民协会攻打翔鹤潭盐局、税关，协会成员的一切行动都听从他的指挥，齐心协力把里面的食盐全部挑运过来以低价卖给老百姓，所得费用都作为农协会以及以后暴动所用，没有一人将挟来的财物占为己有，而是全部充公。另外，在此期间他们缴获了 10 多支步枪和短枪，建立了农民武装。随着斗争形势的发展，卓兰芳代表地委，筹建了中共奉化县委。在县委统一领导下，在严明的纪律要求下，各党支部和农民协会发动群众，斗土豪、破迷信，农民运动更加轰轰烈烈地开展起来，革命队伍不断壮大。革命期间，卓兰芳以他的实际行动证明了一位共产党人心系群众的自觉性以及不拿群众一针一线的纪律性，也正是因为涌现了一大批和他一样的优秀共产党员，共产党在人民群众心目中的地位不断提升。

（2）良好的家风家训

好品行必有好家风。换言之，拥有良好品行的人，其家风必正。孕育革命先烈德行的必是良好的家风。在卓兰芳故居中，记录着卓兰芳烈士的成长故事、革命事迹以及与卓兰芳一起参与革命的烈士们的事迹。其中烈士的家风家训、家规条例等都体现着他们不怕困难、克己奉公等优良品质。从这些现有的红色资源中能够收集到卓兰芳、卓凯泽、裘古怀几位同志最具代表性的家风文化。

在《卓兰芳的故事》纪录片中，卓兰芳的侄女回忆说："爷爷（卓兰芳父亲）常挂在嘴边的一句话便是'困难像石头，决心像榔头，榔头敲石头，困难就低头'，所以，我们家的孩子，从小就不怕困难，遇到困难迎难而上。"卓恺泽的家训是"为公忘私、为国忘私"；裘古怀时常以"活着就要奋斗一天"来激励自己。这些家训都是他们在革命道路上的一座指路灯，亦是实现革命理想过程中的行为准则之一。这些革命先辈的家训不仅仅影响着他们整个家族乃至革命事业的发展，也促进着新时代的家风德育文化的建设，让这片红色革命的沃土孕育一代又一代富有昂扬向上的精神品质的青年。

（二）松岙革命老区核心文化基因的提取与评价

松岙革命老区的红色文化历史对松岙镇的发展意义非凡，其核心文化基因是忠诚爱国、坚定信仰、百折不挠的革命精神。在精神上，以裘古怀、卓恺泽、卓兰芳为代表的松岙革命先辈百折不挠、热爱国家等精神值得传扬学习。在经济上，围绕红色与乡村发展，将红色教育与生态观光、研学实践等结合，形成复合型旅游产品，既宣扬红色精神，又推动乡镇经济发展。

1. 生命力评价

从存续时间来看，从革命先烈的英勇事迹到投入大量资金为先烈修整的纪念馆，松岙"红色革命文化，传承民族精神"的文化基因从未中断，并影响了红色土地上一代又一代的松岙人。

红色基地设施完善。如今，松岙镇充分利用革命老区的资源与优势，修整了松岙红色文化园、卓兰芳烈士故居事迹陈列馆、卓恺泽烈士墓、红色古道等红色基地，通过配套的设施以及珍贵的红色革命文化素材来追溯松岙革命老区的先烈们的革命事迹。

形式创新，多元化载体传承革命老区红色文化。由于松岙和裘村红色文化底蕴深厚的共通点，两镇按照全域旅游所追求的旅游质量的提升以及全方位满足游客的旅游体验感的目标，围绕"红色文化"这条主线，共同打造浙东滨海红色旅游基地，把红色革命传统文化教育与旅游业发展相结合，将旅游模式从"单一"转变成"整合"，以此来不断丰富松岙革命老区的文化内涵。游客可通过选择多条经典线路来体悟松岙的地方特色，感悟老一辈的革命者不怕牺牲、

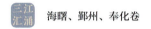

艰苦奋斗的优良品质。

2. 凝聚力评价

松岙革命老区曾发挥着凝聚区域群体的作用，卓兰芳在自己家乡松岙宣传革命思想后就陆续地向周边城镇开展工作。在裘村镇各村建立了党支部以及农协会。随着革命队伍的不断壮大，又成立了妇女协会以及农民武装，这些组织和协会都是在 1926 年、1927 年两年的时间相继成立。在那个艰苦的年代，由于军阀的垄断经营，食盐价格极其昂贵，普通老百姓没有能力支付高昂的价格。为了解决群众吃盐难的问题，卓兰芳带动农民攻打了裘村翔鹤潭盐局税关，将盐抢夺过来并且以私盐的价格卖给老百姓。由于一次次替老百姓解决实际问题，老百姓对带动其发展的革命者尤为信任，参与革命队伍的基数越来越庞大，携手共克时艰的凝聚力也不断增强。尽管卓恺泽、卓兰芳等烈士先后不幸牺牲，但是信仰之火永不熄灭，革命的力量生生不息。

3. 影响力评价

通过发展规划，深入挖掘红色历史文化资源，不断提升松岙革命老区的整体建设水平。从党史教育基地的作用来看，进一步凸显了松岙地方特色，丰富了红色文化的价值内涵。以"红色教育"为主题，在发挥育人作用的同时，带动周边经济的发展。

松岙革命老区在推动社会经济文化发展方面也起到尤为关键的作用。2003年，松岙镇的 10 位村民自发筹集 10 万元在东溪河建造恺泽公园，陈列相关的烈士事迹文献图片等。随后，卓恺泽故居与卓兰芳故居经过修建也相继开放。近年来，随着对传统文化教育的重视以及旅游产业的兴起，松岙镇政府不仅对原有的红色资源进行改造提升，还新建了一批红色景点与党建教育基地。松岙革命老区在发挥育人与传承红色精神作用的同时，还带动了浙东红色旅游业的新兴发展。如今我们通过探访松岙红色基地来纪念英烈、铭记历史、传承民族精神。

松岙红色教育研学基地打造的"初心之旅"经典教育线路和"红色教育+"菜单式自选线路，旨在通过红色课堂、互动实践、团队建设等教育活动，让游客在红色教育的氛围下能拥有更好的体验感。2021 年 1 月 4 日，松岙被列入全区首批中小学研学实践教育基地，在红色研学基地，学生们可以通过参观纪念馆等方式，较为直观地感受先辈坚韧刻苦的革命斗争史，从小培养学生勇往直前、锲而不舍的优良品德。另外，松岙红色文化园内设有红色课堂，为机关企事业单位的党员提供培训、红色党课等来培养党性、传承红色基因。资料显示，卓兰芳纪念馆先后获得浙江省爱国主义教育基地、宁波市爱国主义教育基地、浙江省党史教育基地等荣誉称号。同时，卓恺泽故居及墓地是市级党史教育基地、爱国主义教育基地。

4. 发展力评价

红色文化基因通过发展红色旅游得到传承，进而使松岙成为复合型文旅小镇。

2016 年，松岙镇与裘村投入大量资金用于"红色之旅"项目的改进。而"红色之旅"是松岙和裘村两镇共同按照全域旅游的要求，根据宁波滨海旅游休闲区的规划与建设格局，以区域内丰富的红色文化和红色精神为内涵，将松岙卓兰芳纪念馆、卓恺泽墓地、黄贤红色体验区等 30 处景观串联成一条红色旅游线路，把革命传统教育与促进旅游产业发展相结合，推动两镇滨海旅游模式成功转型。此红色经典线路推出后，截至 2018 年，浙东滨海红色教育基地已接待游客两万余人。目前，其游客量仍以较好的势头上涨。

濒临东海的松岙镇经过长期建设，其红色旅游文化已有一定的知名度，加之拥有坚实的海洋传播文化基础，形成了较好的品牌效应。在浙江省高质量推进美丽城镇建设工作的背景下，松岙镇结合实际情况，明确了未来松岙建设的基本方向。在由浙江省高专建筑设计研究院有限公司编制的《松岙镇美丽城镇建设行动方案》的规划设计中，以红色文化园、梅花山、景佑庙等资源为核心，整体形成"1+X"发展模式，打造松岙红色研学小镇。紧紧围绕"红色旅游+"的主题，将红色旅游与文化体验、户外拓展、乡村旅游相结合，带动周边旅游产品量的提升。

（三）松岙革命老区核心文化基因的转化利用

松岙革命老区核心文化基因转化利用的基本思路是：紧紧围绕"红色文化"这条主线，通过"保护＋开发"相结合，完成卓兰芳烈士故居、卓恺泽烈士墓地、红色文化广场等项目的改造计划，使之成为"三位一体"的党建教育基地，研究开发"党性教育＋互动实践＋工业体验"为主的教育项目，并推动旅游业的发展；依托山海资源，规划设计休闲旅游线路，以优美的自然环境为背景，发展旅游特色项目，力促松岙镇成为集休闲、度假、生态、文化旅游于一体的生态旅游休闲度假名镇。

1. 文旅产品策划

以不忘初心、缅怀烈士为策划主题，打造以卓兰芳纪念馆为载体的重点项目和以卓恺泽烈士墓为载体的一般项目，传承红色基因，不忘革命历史。同时，依托松岙地区的红色文化和丰富的自然景观，并以纪念革命烈士为基础，开发相关旅游商品和文化产品，打造红色文化一般项目，例如：打造 8000 平方米的松岙红色文化园，将红色文化园与卓恺泽、卓兰芳、裘古怀等英烈相互关联，将松岙打造成"浙东滨海红色旅游基地"。开发周边王家山、"最美风车公路"等旅游景点。在王家村，不仅可以感受淳朴的风土人情，可以体验采摘、赏花、爬山、种植等多种活动，还可以品尝体验松岙蜜橘、有机茶叶、高山杨梅、三黄鸡等当地特色。奉化区松岙段的腾夹岙山顶因其独特的美景被称为宁波"最美风车公路"，在这里，游客们不仅能看到山杜鹃，还能看到绣红杜鹃、乳黄杜鹃、凹叶杜鹃等品种。近几年，松岙镇政府积极打造滨海休闲旅游线带，移栽了 8000 多株野生杜鹃，在滕夹岙山上还种植了 5 万多株茶花、樱花、海棠等观赏花卉，并投入 600 多万元建造了盘山公路和景观长廊等，不仅发展了红色松岙，也展现了魅力松岙。

2. 文化标识具体呈现

松岙革命老区的红色文化标识以卓兰芳纪念馆、卓恺泽烈士墓等纪念革命先烈的文化项目进行具体呈现，也为新时代发展红色资源提供了特有的能量，展现了当地热血爱国、百折不挠的核心文化基因。

卓兰芳不仅是浙江工农运动的先行者，也是宁波人民的杰出代表，是共产党员的光荣榜样。为弘扬他百折不挠、立志救国、对党的事业鞠躬尽瘁、在敌人面前不屈不挠的崇高精神，卓兰芳的家乡松岙镇党委政府对卓兰芳故居进行了里外的整修，并将它扩建成纪念馆。"革命一生，浩气长存"，卓兰芳的高贵精神为后人知晓并学习，其精神品格也将激励每一位人民群众，到纪念馆参观感受烈士精神的人源源不断，其教育作用不言而喻，因此卓兰芳纪念馆可作为文化标识，进行具体呈现。

参考文献

1.谢霞：《追寻红色记忆　探访宁波最早的一批农村党支部成立处旧址》,《宁波通讯》2021年第13期。

2.姚颖超：《探寻　寻红色根脉　悟初心使命》,《宁波通讯》2021年第12期。

3.咏党岩：《卓兰芳纪念馆》,《宁波通讯》2021年第10期。

奉化滕头村

夜游外婆溪（邬宏尉摄）

十、滕头村

滕头村，始于先辈移民的闯劲，发展于改革开放。在历任书记和干部带领下，滕头村始终把握正确的政治方向，始终坚持党建引领和持续创新，在地方各级政府的支持之下，凭着"一犁耕到头，创新永不休"的滕头精神，从"滕头模式"到"乡村振兴，滕头先行"，再到"共同富裕样板村"，走出了一条独具滕头特色的乡村发展道路。

（一）滕头村核心文化基因解析

滕头村，位于奉化区，地处萧江平原，坐落于剡溪与剡江交界处南畔，距宁波市区 27 千米，总面积 1.1 平方千米，人口 800 多人，90% 以上是傅姓村民。滕头村的村名，源于一个古老的传说。据传，在 500 多年前，一群山东滕州人一路颠沛流离南下，想寻找一个安身立命之地。当走到奉化城北的外婆溪时被美景所吸引，他们认为艰苦奔波的日子已经到头了，便在此安居下来，并为这里起名滕头村——埋下了滕州人苦难到头，美好生活开启的愿景。新中国成立后，尽管初期曾穷得出名，有民谣"田不平，路不平，亩产只有二百零，有囡不嫁滕头村"传遍乡里。但经过几代人的努力，一个贫穷落后的旧滕头被建设成生产发展、生活富裕、生态良好的社会主义现代化新农村，成为 9 亿中国农民梦寐以求的和美家园的典型样本、全球关注的生态文明建设的生动范例、人类践行绿色发展理念的前沿引领。

1. 物质要素

滕头村地处浙东丘陵平原区，土层深厚，地质分布均匀，是典型的亚热带季风气候，气候温和湿润，四季分明，雨水充沛。村落布局与道路或水系紧密相连。位于奉化区北部，四明路以北，东与肖桥头村相望，北临江口街道，西为萧王庙街道。交通区位条件优越。村内地势平坦，河流贯通、水网环绕，农业灌溉便利。

滕头村现有居住区建筑布局方正，整齐划一，院落开敞，以建筑和道路进行围合。村内居住生活区、商贸区、工业园区、园林旅游区、生态农业区等功能明确、布局科学、错落有致，以村落环境为依托，实现了人与自然和谐共存、人与人和谐相处的价值目标。村落内建有明清奉帮石窗艺术馆，馆内的展览长廊上共镶嵌有 108 片石窗，主要是明清时期宁波一带的石窗精品。上海世博会滕头馆位于村西北侧。滕头景区还分东西两区和学生社会实践基地，东区有白鸽广场、喷泉广场、盆景园等，西区有玫瑰采摘区、婚庆园等，学生社会实践基地为全国青少年科普教育基地。

2. 精神要素

（1）坚守初心，艰苦奋斗

在滕头村，历任书记和干部始终坚守初心，发挥以身作则、率先垂范的头雁精神。村里有一个家喻户晓的"三先三不"原则：要求村民做到的，党员干部首先做到；要求党员做到的，党委成员首先做到；要求党委成员做到的，党委书记首先做到。村干部不住最好的房子，不拿最高的工资，不多占股份。如今，滕头村党委新班子又确定了"新三先"原则：党员干部在群众面前先人后己，在利益面前先公后私，在奉献面前先人一步，体现了新时代共产党人把信念化为行动力量的政治品格，新时代浙江干部在为全省"两个高水平"建设不懈努力征程中的奋斗姿态。滕头村历任书记和干部带着全村人艰苦奋斗，以"一犁耕到头"的苦干实干，认准目标、坚持到底的执着追求，迎来了滕头人的美好生活。

（2）开拓创新、绿色发展

开拓创新和绿色发展理念是滕头村蝶变发展的强大精神引擎。村庄入口的石碑上，在"一犁耕到头"的后面，镌刻着"创新永不休"，昭示了滕头人的决心。一直以来，滕头村从改土造田拔穷根，到集体农场适度规模经营，发展生态高效现代农业、休闲观光农业。从发展村办企业、乡镇企业，到坚持实业兴村，生态立村，持续发展一、二、三产业。采取统分结合、分类施策的方式，对企业体制机制进行了大胆改革转制后，紧接着对集团资金管理和运作进行改革创新，建立起集团公司财务部统筹运营资金的机制。此后，滕头村还向邻村伸出橄榄枝，实现区域发展由"单兵作战"向"协同抱团"，推动共同富裕。这些举措都是滕头人开拓创新和绿色发展理念的具体实践。

（3）服务为民，共同富裕

滕头人一直坚守着一种理念，"小富不能骄，共同富裕才是大目标"，"一村富不是富，村村富才是真的富"。在共富路上甘当为民服务的孺子牛。在滕头村历任书记和干部的带领下，大力兴办乡村集体福利事业，推进人才兴村制度，持续改善教育文化生活环境，丰富滕头及周边村民和企业员工的业余文化生活，走向了物质和精神共富裕的道路。为向全国农村输出滕头共同富裕的实践经验，滕头村依托在乡村振兴实践的先行先试优势，建立了乡村振兴学院，研究乡村振兴规律、展示乡村振兴成果，培养乡村振兴人才，向全国农村输出滕头共同富裕的实践经验。

3. 语言与符号要素

在滕头村的村口，有一个雕塑——牛拉犁，它被视为滕头村核心文化基因的象征符号，也是滕头人的精神图腾。犁是一种农具，蕴含了滕头人对土地的一往情深。牛，在中国的传统文化中寓意美好，是勤劳、奉献、奋进、力量的象征。牛在耕地的时候必须认准前面的目标，否则就会跑到岔路上去。认准方向、绝不回头、一干到底，这是滕头人一直所坚持的信念。

滕头人还有一句引以为豪的话语"一犁耕到头，创新永不休"。这句标语不仅镌刻在滕头村村头一座大楼的东山墙上，更是深深流淌在每个滕头人的血液里，镌刻在滕头人心中，成为滕头人内心的精神支柱。滕头村能有今天的成就，内在的驱动力就是这种文化基因。

4. 规范要素

（1）人才兴村制度

滕头村因其"耕读传家"的文化传承，形成了崇文重教的传统和育才用才的理念。1989 年，滕头村设立"育才教育基金"，每年的 7 月 10 日，表彰优秀学生、家长和教师；通过全额报销学习费用的方式，鼓励村民上夜大、电大等自学成才；滕头村还求贤于"校"，与只有一街之隔的浙江药科职业大学学校签订了战略合作协议，与该校共建大学生创新创业实践基地、特色养生产业基地，还通过设立奖励基金、创业基金等方式，全方位扶持有志于乡村振兴的青年大学生。村里先后投资上亿元兴建了滕头小学、村史展览室、多功能文化中心、图书馆、室外健身中心、老年活动中心、电子阅览室、村民广场等教科文设施，还高薪聘请在村任教老师，并对教书育人好老师每年给予奖励，并实行全村儿童免费上幼儿园、小学。

（2）集体福利制度

滕头村党委早在20世纪90年代就制定了"人人有活干、户户有收入"的充分就业制度，让所有村民都能找到适合自己的工作，全村实现了100%就业率。还实行了对所有村民全覆盖的分红制度，推行村民退休养老金制度，为全体村民办理了人身、财产保险，实现了全体村民户户有保险制度，成立老年基金会等。村里提出了"基本福利靠集体，发家致富靠自己"，鼓励村民勤劳致富、创业发家，不断朝着更高的生活质量迈进。

（3）民主管理制度

村庄是阵地、村民是主角，滕头村结合本村实际，认真落实以强化核心、依法自治、规范管理为主要内容的农村四项制度：重大村务公决制、村级事务听证制、村级财务公示制、村干部工作报告制。早在1982年，滕头村就制定了经村民大会讨论通过的《村规民约》《环境卫生奖罚规定》。滕头村1985—2003年在乡村治理实践中颁布实行了五个版本共17个村规民约。

滕头村的村规民约经过30多年的不同时代背景下不同版本的发展演变，形成了如今较为成熟的模式，包括规范村民行为、保护生态环境、维护社会秩序、保障村民福利待遇等几个方面内容。这些村规民约，使乡村社会秩序稳定、乡风更文明、社会更和谐；始终坚持生态保护和环境治理，使乡村资源良性循环。这些内容对乡村善治都发挥着极为重要的助推作用。滕头村每一个文件的出台，都须经过村民讨论，在讨论交流的过程中，既达到了学习教育的目的，又增强了村民对自身行为约束的自觉性和相互监督的主动性。为更好地实施公众参与机制，滕头村广泛建立各种群众组织，如工会、团委、妇联、老年人协会等，推动它们积极参与村庄建设和管理。以村团委为例，仅这几年就先后组织了"保护母亲河""告别陋习"等20多项活动。

（二）滕头村核心文化基因的提取与评价

滕头村核心文化基因表述为"一犁耕到头，创新永不休"的滕头精神。"一犁耕到头，创新永不休"的滕头精神内含了自力更生、艰苦创业的不懈奋斗，认准目标、坚持到底的执着追求，开拓创新、绿色发展的勇敢担当，服务为民、共同富裕的时代追求。艰苦奋斗是社会主义荣辱观的核心范畴，创新、绿色发展是新发展理念的关键内容，共同富裕孕育于千年的中华民族"大同之梦"，也是共产党人一以贯之的理论和实践指向。

1. 生命力评价

自滕头村开展"改土造田拔穷根"计划以来，在几任书记带领下，经过几代人努力，把一个贫穷落后的旧滕头建设成了生态优美、产业兴旺、生活富庶的和谐家园。因为"苦"，滕头人艰苦奋斗，靠着"一根扁担两只肩"起步，实现了脱贫致富；因为超前的生态意识，其从中国众多"明星村"中脱颖而出，成为入选上海世博会"最佳城市实践区"的唯一乡村案例，喊出了"乡村让城市更向往"的口号。因为"共富"追求，和谐理念已根植人心。在这过程中，一种精神，未曾中断。"一犁耕到头，创新永不休"，是滕头人引以为豪的话语，也是镌刻在滕头人心中的精神支柱。一直以来，这一核心文化基因保持稳定传承。2010年，滕头村成为全球唯一入选上海世博会的乡村实践案例，成功实践了"以生态促旅游，以旅游养生态"的特色经济发展路径。

2. 凝聚力评价

滕头村大力兴办乡村集体福利事业，建立全生命周期民生保障制度，住房、教育、卫生等保障一个不落，集体福利，共享美好。滕头村实施以强化党组织核心领导、村民民主管理和依法自治为主要内容的四项制度，即重大村务公决制、村级事务听证制、村级财务公示制、村干部工作报告制，使村民充分享有知情权、管理权、决策权和监督权，以制度保障当家作主。滕头村始终坚持"强村富民"的基本宗旨，让"党建联合体"推动"经济联合体""利益共同体""命运共同体"，把7个村真正聚拢起来，拧成一股绳，凝成一条心，还积极辐射周边，实现了共同富裕，体现了滕头村强大的凝聚力。

3. 影响力评价

滕头村一直坚持"一村富了不算富的集体发展理念"。以构建"1+6"区域党建联合体为基础，牵头成立了"桃李芬芳·康美常青"党建引领乡村振兴联盟，开展组织联建促提升、规划联定促融合、民生联动促和谐、区域联手促稳定、产业联兴促发展，推动组团式发展。依托滕头生态综合产业发展优势，通过帮谋划、帮项目、帮联络、帮资金、帮开发等方式，因地制宜带动推进联盟各村发展各类产业。此外，还与吉林安图、河北店房村、新疆库车等地结对帮扶，深入开展精准扶贫，实现协同发展、共同发展。2019年，自滕头乡村振兴学院成立以来，自觉担负起"扶贫先扶智，扶贫先扶志"的政治责任，积极开展针对中西部地区扶贫干部、基层干部的公益培训，推动智力输送和实践指导，全力助推精准扶贫，让浙江乡村振兴的成果"看得见"，经验"学得会"，做法"带得走"。针对贫困地区农村的不同情况、不同需求，学院立足奉化滕头村，联合安吉余村、余姚横坎头村等80多个浙江乡村振兴的样板村示范村，设立现场教学点，全面展示浙江各地各具特色、亮点纷呈的乡村振兴发展路径。2021年，作为全国唯一的共同富裕示范区样板村案例，滕头村被评为全国爱国主义教育示范基地。

4. 发展力评价

滕头村的发展，在乡村振兴战略大背景下，传承崇文重教的传统和育才用才的氛围，推进科技兴村、教育立村战略；关注新能源、新材料、再生资源利用等新兴产业，依托5A级景区和浙江药科职业大学人才基地，快步迈入朝阳产业，与中国人寿、中国健康产业投产基金等高端机构合作，规划建设养生养老健康城项目，打造高端健康产业示范基地，营造国内领先的社区养老、智能健康管理、专业机构养老、康复医疗、健康养生等一体化养生养老平台和医养康复综合体。通过腾挪空间再发展，探索小而精、可复制的运营模式，滕头经验有望推广至其他村，带动更多乡村和村民，通过发展绿色生态产业共同致富。滕头村的发展，呼应浙江改革开放先行地和习近平新时代中国特色社会主义思想重要萌发地的建设，未来具有很强的发展力。

（三）滕头村核心文化基因的转化利用

在乡村振兴的大背景下，乡村旅游逐渐成为乡村振兴破局的重要引擎。为避免同质化发展，使乡村旅游保持高质量发展的动力，滕头村可融合核心文化基因，整合旅游资源，凝练不同主题的文旅项目，形成品牌并加强宣传推广，

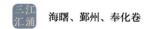

不断推进社会主义先进文化和旅游融合向纵深发展，"以文促旅、以旅彰文"，让"文化＋旅游"实现"1+1>2"。

1. 农耕文化体验园项目

浙江素有"鱼米之乡"的美称。在漫长的传统农业经济社会里，创造了灿烂的农耕文化。滕头村作为农耕型村落，传承了农耕文化，并通过勤劳和智慧，形成了今天的高科技、立体化、生态型农业。滕头村农耕文化体验园，融入自身的核心文化基因，充分利用原有的生态环境、空间格局、产业配套、人力资源、品牌效应等，以"文明寻根·乐哉农耕"为主题，策划农耕文化体验园项目。

农耕义化体验园以滕头村发展历程为背景，通过现场沉浸式体验，结合农耕文明展示与农耕文化体验两个方面，来进行项目规划设计。就农耕文明展示而言，项目根据过去、现在、未来的时间阶段展现不同历史时期的农业生产生活特色，让人见证并体会从传统农业到现代农业的转变。结合滕头村的发展和中国源远流长的农耕文化，挖掘自身的文化特色进行设计以及展示活动，以真人讲解、VR展示、场景布置、现场表演等多种方式展现中国传统的农耕文化，体现中华民族文化的博大精深。就农耕文化体验而言，设立农业体验中心，分为：农产品种植体验区、果树种植体验区、采摘灌溉体验区等，主要面向学生和家庭群体，开展亲子农耕活动、认领果树活动和科普教育活动，使其享受农耕文化的精神熏陶，了解农耕知识、体验先人的劳动智慧、学习先人的劳动精神、增加人与自然的接触、促进人与自然的和谐相处。农业体验中心还可衍生一些拓展项目，比如，游客在体验区种下专属自己的菜，给予一定的费用，等到菜成熟后可通过邮寄获得蔬菜。这种认养方式不仅完成了都市人的田园梦，还能让人品尝到新鲜的食材。此外，还可以开发与农耕文化相关的文创产品，如以牛为主题形象的系列文创产品，树立文化品牌，并通过系列化的文创产品形式体现出不同的个性化特征，打造具有鲜明滕头特色的"网红旅游文创产品"。

2. 特色研学旅游项目

滕头村地理位置优越、交通便利，有国家5A级旅游区，宁波不少院校、中小学在滕头村设立校外实践基地。可在原有基础上，通过合理规划，充分挖掘、深度融合滕头村核心文化基因，做特色研学全流程开发。一是对线下的研学活动，整合原有各项资源，以滕头乡村振兴学院为基础，成立课程开发团队，组建课程专家团队，以受众的认知层次为基础，面向不同学段的学生，面向前来学习"滕头模式"外单位人员，重点打造研学课程体系化建设，形成滕头村特色内容，树立代表性研学品牌，以品质化、精准化方向，逐步实现研学项目输出。此外，无论是在研学项目选取，还是在研学体验活动设计、实施，研学服务提供等各个环节，鼓励村民参与，使滕头文化的真实样貌和优秀内涵得以传承并创新。二是尝试云研学开发。云研学的过程可以是精选课程产品并展示，学员按需购买，利用碎片时间实践完成学习，系统记录学习过程；研学导师可通过"电子板书"直播、群聊等方式进行研学指导；学习完毕提交研学报告展现研学成果并可以持续更新研学成果。在打造云研学课程中，应该秉持研学旅行课程的打造思路，而并非"在线上旅游"。三是云研学可以转化为研学旅行的行前教育课程，或者成为"课后延时服务"中一项素质教育课程内容。未来，以实用高效型研学服务平台为核心，汇聚线上课程、线上导师辅导、研学过程记录、研学成果评价等，形成线上线下融合发展的新模式，未尝不是一个发展升级的路径。

3. "大健康"的康养旅游产业

快节奏的工作生活带来的压力，以及疫情的暴发对人类的生命安全和健康造成的重大威胁等，推动了各个年龄阶段的人对健康问题的反思和重视，"大健康"概念越发深入人心。滕头村创新"旅游+养生+养老"的业态模式，打造滕头健康生态康养城。建立景观资源（以静养生）、空气资源（以气养生）、农耕活动（以动养生）、人文资源（以和养生）、饮食资源（以食养生）、环境资源（以睡养生）六维结构，对旅游资源进行重组和再认识，塑造新的乡村康养旅游产品体系。此外，不同年龄层次的康养需求是不同的。发展康养旅游应具备全生命周期理念，康养产品需匹配不同年龄段、不同需求进行产品的更新迭代。借助乡村区别于城市的慢节奏、良好的环境、健康的饮食、生态农业、住宿产品等，培养健康的人与自然、人与人之间的邻里关系。同时，利用毗邻的浙江药科职业大学和滕头村签订战略合作协议共建特色养生产业基地的契机，注重中医药康养的独特优势，形成居、医、养的特色养老体系。

参考文献

1.裘曙洁、邬志坚、张烜华:《基层党建引领乡村振兴的"滕头路径"探析》,《江南论坛》2019 年第 9 期。

2.谭玉甜、刘淑兰、谭文华:《构建经济发展与生态保护相协调的新时代乡村——基于浙江省宁波市滕头村的启示》,《石家庄铁道大学学报(社会科学版)》2019 年第 2 期。

3.王禹:《川南传统村落分类研究》,《农业与技术》2017 年第 15 期。

4.徐晶晶:《村规民约在乡村治理中的助推作用——基于宁波奉化滕头村的个案分析》,《农村经济与科技》2019 年第 20 期。

5.游祖勇:《一切为了村民过上好日子 世界十佳和谐乡村、浙江奉化滕头村振兴故事(一)》,《当代县域经济》2020 第 9 期。

6.游祖勇:《乡村产业振兴典范 世界十佳和谐乡村、浙江奉化滕头村振兴故事(二)》,《当代县域经济》2021 年第 3 期。

7.张荣昌:《新农村建设中的精神现代性——奉化滕头村"三种精神"个案解析》,《宁波经济(三江论坛)》2012 年第 8 期。

8.张逸龙:《引领春天的奔跑 看滕头农业农村蝶变之路》,《宁波通讯》2019 年第 7 期。

后记

  浙江省文化旅游厅对标习近平总书记赋予浙江"努力成为新时代全面展示中国特色社会主义制度优越性的重要窗口"的新目标新定位，深入实施文化基因解码工程，制定《建设文化标识推进文旅融合行动计划（2021—2025年）》。这项工作旨在建成一批在历史发展过程中长期积累形成，在全省广泛分布，具有鲜明辨识度、广泛传播力、深远影响力的浙江文化标识，与文化"金名片"打造相互叠加、相互支撑，形成"国内影响、浙江气派、古今辉映、诗画交融"的文化浙江新格局。"文化基因解码工程"和文化标识建设已先后被列入浙江省"十四五"规划和"共同富裕示范区实施方案"，是浙江省文化和旅游事业发展、产业升级的战略性、基础性、先导性工作，是浙江省执行党和国家重大战略部署、重大任务的工作，也是浙江省高质量打造的新时代文化高地先行先试重大项目。

  宁波市文化广电旅游局积极推进宁波文化标识建设工作，具体工作由文物保护与考古处负责，宁波市文化旅游研究院组织实施。为切实落实省相关文件精神，宁波制定了《宁波市"浙江文化基因解码工程"发展行动计划（2021—2023）》，成立宁波市"文化基因解码工程"专家团队，制订详细的工作计划。专人负责定期反馈各县（市、区）"一表、一文、一谱、一库"的解码推进情况，编写工作简报，介绍各县（市、区）经验、进展。对县（市、区）调研、数据库填写情况等，整理形成调研报告，梳理"文化基因解码工程"相关讲话、政策，及时组织交流对话。邀请省内专家多次开展专题讲座，辅导基因解码工作以及基因解码报告撰写。至2021年12月，共填报一般元素4294条、重点元素194个、解码报告194份、文化标识任务书14份，全面反映了宁波特色文化。

  2022年，宁波11个项目入选"首批100项浙江文化标识"培育项目，分别是

343

"梁祝文化"（海曙）、"千年慈城"（江北）、"海丝东方大港"（北仑）、"'宁波帮'文化"（镇海）、"东钱湖文化带"（鄞州）、"海洋渔文化"（象山）、"古韵前童"（宁海）、"千年越窑秘色瓷"（慈溪）、"弥勒文化"（奉化）、"阳明文化"（余姚）、"浙东抗日根据地"（余姚）。"阳明文化"被列入"文化标识建设创新项目名单"，"海洋渔文化"被列入"文化标识建设创新培育项目名单"；"张人亚党章学堂""《渔光之城》滨海场景演艺秀"入选浙江省文化和旅游厅公布的"首批文化基因解码成果转化利用示范项目"。

为统筹推进基因解码工作，宁波还启动以"解密文化基因，擦亮宁波标识"为主题的一系列项目。如举办"宁波文化基因短视频大赛"，通过网络、地铁广告等方式，广泛动员全市百姓用短视频为"身边的宁波独特文化基因"解码。宁波市文化旅游研究院则以"江南都市，风华中轴——宁波建城 1200 年解码礼制中轴线文化基因"等为主题，组织拍摄视频，其中包括鼓楼、月湖、天一阁、永丰库等宁波人熟知的文化元素，展现"江南都市、河海之城"宁波的重点、独特文化基因。这些优秀的文化基因解码视频，广泛在凤凰网、宁聚、各大景区、公交车站、地铁、公共文化场所等线上、线下平台推广，在宁聚等网络平台还专门设立《宁波文化基因解码》栏目，扩大了宁波文化基因解码工程影响力。宁波市文化旅游研究院还联合宁波诺丁汉大学、宁聚传媒，申报了宁波市"科技创新 2025"重大专项课题"区域文化基因解码与精准传播"。

本次组织编撰的"宁波文化基因解码丛书"，是宁波推进文化基因解码工程的重要成果之一。本项目立足浙江省文化基因工程数据库成果，立足于县（市、区）各文化基因解码工程对宁波全市的文化元素的系统调查梳理与撰写的文化基因解码报告，由宁波市文化旅游研究院组织宁波大学、各县（市、区）文化旅游部门，以及宁波市内外文化学者、专家，合力深化推进。本丛书共 4 卷，分别为《河海润城：宁波市卷》《三江汇涌：海曙、鄞州、奉化卷》《海国潮起：江北、镇海、北仑卷》《山海锦绣：余姚、慈溪、宁海、象山卷》。其中，毛海莹、高邦旭、林晓莉、王成

莉、詹增涛、胡呈、王意涵、陈丝丝等主要负责海曙、鄞州、奉化、宁海、象山
5个县（市、区）的传统文化元素及全书的所有革命文化元素；负责宁波文化基因
解码工程总体概述，以及藏书文化、海丝文化、慈孝文化等3个重大文化元素，梁
祝传说、浙东史学派等11个重点文化元素。刘恒武、陈名扬、鲁弯弯主要负责江
北、镇海、北仑、余姚4个县（市、区）的传统文化元素；负责阳明文化1个重大
文化元素，河姆渡文化、海防文化等4个重点文化元素。庄丹华、孙鉴主要负责慈
溪的传统文化元素，以及全书所有的社会主义先进文化元素；负责商帮文化1个重
大文化元素，青瓷文化、甬剧等6个重点文化元素。本丛书图文并茂，是对宁波文
化基因解码成果的总结和提炼，是留给后世的一份珍贵档案，也是了解宁波文化的
一个重要窗口，为擦亮宁波文化标识提供了较为成熟的基础研究材料。

"文化基因解码工程"是一项范围广、难度大的工作，兼具社会性和科学性，也
是一项具有开拓性、创造性的工作。根据浙江省文化和旅游厅的要求，基因解码坚
持通俗实用的原则，而尽量回避学术和概念之争。在具体解码路径上，找准四大要
素（物质要素、精神要素、语言与符号要素、规范要素），提取一组基因，从四个维
度（生命力、凝聚力、影响力、发展力）进行评价，进而提出转化利用的对策。研
究文化、梳理文脉，是传承与弘扬、保护与优化优质文化基因的基础工作，这需要
深厚的理论素养与长期的实践研究，宁波大学团队专家学者以及各县（市、区）文
化干部、专家等在编撰过程中都倾注了大量心血。

解码宁波文化基因，不是毫无边界地扩大文化的概念外延，而是选择区域内最
有代表性、最有影响力、最具标识度的文化印记、文化元素和文化成果，深刻总结
地域优秀传统文化的生命力、影响力、凝聚力和创造力，形成一张重点文化元素清
单。其关键性的衡量标准是唯一性、品牌性，凸显宁波海陆文化交汇的鲜明特点，
如庆安会馆等世界文化遗产点，河姆渡遗址、天一阁等全国重点文物保护单位，十
里红妆等国家级非遗项目等。本丛书力求从区域文化传承发展的基本脉络中把握文
化发展的规律，刻画提炼宁波文化的"性格"，揭示宁波城市的精神。这也是本丛书

从 4294 条一般元素、194 个重点元素中遴选 126 个文化基因进行阐述的原因。这一工程研究成果也为宁波市"科技创新 2025"重大专项课题"区域文化基因解码与精准传播"（2021Z017）课题的推进提供了重要支撑。对于这些文化基因的遴选，可能与准确、深刻达有着一定的距离，希望得到热爱宁波文化、关注宁波文化发展的专家的批评与指正。

本丛书的编撰，得到了浙江省文化和旅游厅领导的关心和支持，省文旅厅"文化基因解码工程"领导小组领导和专家多次进行深入指导；也得到了宁波市文化系统各县（市、区）文化部门、各局属单位，以及文化部门老领导、广大专家的大力支持。丛书的出版是各部门紧密配合、通力协作的结果，也是宁波全体文化人集体劳动的结晶，在这里谨向为宁波文化基因解码工程、文化标识建设工程及本书编撰工作付出辛勤劳动的领导、专家、学者、文化干部表示衷心的感谢。尤其是杨劲、韩小寅、陈小锋、陈建祥、宋明耀、郭美星、张如安、贺宇红、徐飞、王军伟等领导和专家精心审读初稿，从打造精品的高度，提出了大量中肯而宝贵的意见和建议。编撰组认真听取意见，并做了仔细修改。

因编写任务重、时间紧，尤其是我们的研究还不够深入，视野和水平有限，书稿还未能做到尽善尽美，难免有不少差错和不足，敬请读者批评指正。

编　者

2023 年 10 月